德国研究丛书

动荡欧洲背景下的
德国及中德关系

DEUTSCHLAND UND DIE CHINESISCH-DEUTSCHEN
BEZIEHUNGEN VOR DEM HINTERGRUND EINES
TURBULENTEN EUROPAS

郑春荣 / 主编

社会科学文献出版社
SOCIAL SCIENCES ACADEMIC PRESS (CHINA)

序言
当前德国内政外交和中德关系

梅兆荣[*]

　　同济大学一年一度的德国发展报告发布会已成为国内德国、欧洲问题研究专家相聚的传统盛会，也是我向大家学习的机会，所以我特别高兴能够参加今天这样的会议。首先我要对同济大学今天这个德国蓝皮书发布会表示衷心祝贺，同时感谢同济大学的盛情邀请。

　　郑春荣教授要我谈谈当前德国的内政和外交及中德关系，我既感到荣幸又有点紧张，因为当前国际形势的特点是复杂多变，不确定性增多。说得不对，欢迎大家指正。

　　第一个问题，谈谈德国内政。首先，当前最重要也是最令人关注的，莫过于今年9月的德国大选，这也涉及德国当前经济、社会、安全等情况。年初加布里尔"让贤"，因为他认识到，由他领军社民党竞选无胜算可能。舒尔茨当选社民党总理候选人后，一度他的新面孔效应凸显，其个人支持率甚至超过默克尔，社民党的支持率也接近联盟党（基民盟/基社盟）。当时一些人问，德国会不会出现"黑天鹅事件"，猜测舒尔茨可能有希望当选。当时我就认为，这是在特定背景下出现的暂时现象，因为：

　　（一）当时德国民意对默克尔的难民政策及其后果，特别是暴恐袭击造成的安全问题强烈不满；（二）社民党连续在巴符州、莱法州、萨安州及梅前州和柏林市的选举中获胜；（三）部分选民当时对默克尔连任三届总理有点厌倦，

---

　　* 梅兆荣，中国前驻德国大使。本文为作者在2017年6月30日在同济大学举行的《德国发展报告（2017）》发布会上的主旨演讲记录稿，经作者审订。

能言善辩的舒尔茨出现时使人有一种新鲜感，人们对其寄予希望；（四）舒尔茨打出"更多公平"的口号，一度传出要把2010议程关于失业者待遇的政策退回去，使社民党内一部分干部和选民备受鼓舞。据媒体报道，一时间很多人为此而加入社民党。记得当时我接受国际广播台采访时就说：第一，选情复杂。不能凭一时现象做判断、下结论；第二，舒尔茨在欧洲议会工作长达22年，任欧洲议长共五年，在欧洲层面人际关系广泛，但在国内知名度不高，对国内政治缺乏经验和声望；第三，"新人效应"可以管一段时间，但不可持续。"新鲜感"过去之后要看他拿出什么样的政策纲领，能否超过联盟党的吸引力；第四，即使在新人效应极盛时期，社民党的支持率仍低于联盟党；第五，社民党在难民政策问题上从未对默克尔提出过原则性的不同意见，还不如基社盟的态度鲜明；第六，离大选还有很长时间，不宜过早下结论，还要观察。

现在，选情已经发生了较大变化：联盟党的支持率明显上升，社民党的支持率退回到原位，比联盟党低10%左右。表现在：第一，最近三个州议会选举中基民盟连续胜利，特别在人口最多的北威州，社民党惨败，这有风向标意义；第二，默克尔在难民政策上不仅做了一点低调的自我批评，而且实际上已做了重大调整，新进入的难民数量已大大减少，远低于基社盟提出的每年20万的上限，基民盟和基社盟已妥协言和，一致应对大选，难民问题对联盟党的选民负面影响已减弱；第三，德国经济情况良好，出口增长空前，财政盈余在欧洲一枝独秀。德国选民在经济政策上对联盟党的信任度历来高于对社民党的信任度。过去有一种说法：联盟党善于经营经济而社民党善于花钱。选民最关心的是自己口袋里的钱是多了还是少了；第四，舒尔茨迄未提出有吸引力的竞选纲领。求稳心理很重的德国人在此情况下更多倾向于信任默克尔。基于上述，我估计联盟党将保持多数，社民党得票率不大可能超过联盟党，不会出现"黑天鹅事件"。现在的问题是，大选后组成什么样的联合政府。联盟党与社民党继续联合执政是一种可能。可能是第二种，联盟党与自民党联合，这个可能性较大，如还不够多数再加上绿党。理论上不排除红红绿联盟，实际可能性不大，因为三党内部迄今意见不一，难以克服。不管德国大选结果怎样，也不管未来政府由社民党主导还是联盟党主导，对中德关系影响都不大，中德关系仍会相对稳定发展。

第二个问题，欧盟内部多种矛盾交织，裂痕累累，德国作为欧盟的主导力量日子也不好过。主要面临三大问题：第一，英国脱欧谈判已启动，英国原则上接受欧盟立场，先解决脱欧问题，后谈未来英欧关系，表明特蕾莎·梅因大选后地位削弱，不得不妥协让步。脱欧谈判先要解决三个问题：一是英国缴多少"分手费"，会有一番博弈；二是各自公民在对方国家生活，今后可以享受什么样的待遇，这曾是导致英国脱欧的主要原因，是个棘手的问题；三是英国脱欧后北爱尔兰的边界问题要澄清，因涉及未来英欧边界问题。这三个问题解决之后才可以谈英欧未来关系如何塑造。理论上 2019 年要谈完，但两年之内解决那么多复杂问题，恐怕还是很难做到的。但不管是"硬脱欧"还是"软脱欧"，对欧盟和德国至少有以下影响：一是使欧盟体量缩小，实力减弱，影响力下降。英国是联合国安理会常任理事国，过去它是"日不落帝国"，海外影响力很大，又是重要的金融中心，脱欧后会使欧盟的影响力缩小；二是英国脱欧后，德国要支付更多的会费以弥补英国退出后造成的窟窿；三是德国对英国的出口会受影响，现在德国企业界已表示担心；四是英国脱欧对其他的疑欧势力可能产生鼓励作用，因此有些国家主张要严厉惩罚英国以儆效尤；五是英国还可能成为欧盟的竞争者，默克尔在一次谈话当中对我领导人说，希望英国脱欧后中国对英国和欧盟能一视同仁，流露出她内心深处怕我利用英欧竞争的可能；只是英国退出后欧盟内部力量结构将重新调整，将需一个整合过程。

　　第二，一体化建设停滞，处于不知何去何从的十字路口。最近慕尼黑应用政治研究中心主任魏登菲尔德教授告我，欧洲需要"一个灵魂"。当然指的是统一的灵魂，因为灵魂多了也不行，难以取得一致。但是统一的灵魂能做到吗？现在新老问题交织。经济上，债务危机的阴影犹存，希腊债务问题没有根本解决，欧盟承诺总额为 860 亿欧元分期资助以确保希腊免于破产，但每一次拨款都要争吵一番。在如何解决希腊债务问题上，欧盟内部和国际货币基金组织（IMF）之间意见也不一致。欧盟内部一些人以及国际货币基金组织认为，最好的办法是欧盟减免希腊大部分债务，剩下少量债务让它自力更生解决。希腊债务累计高达 2000 多亿欧元，有人说 3000 多亿欧元，单靠希腊自身努力是解决不了的，德国迄今坚决不同意减免希腊债务，理由是德国选民不答应，谁要是支持减免希腊债务，选民就不选他。另外，南欧国家失业率很高，年轻人因失业而靠父母资助，用我们中国人的话来说就是成了"啃老族"。法国的改革滞后问题非常严重，现在马克龙想改革，但谈何容易，奥朗德没有解决，马克龙一下子能解决得了？这不是可以靠大话解决的问题。

　　另外，全球化是把双刃剑，一方面通过资源自由流动和各国相互合作推动了生产力的发展，增加了财富；但另一方面也造成发展不平衡和贫富悬殊。有的国家入盟后没有得到所期望的好处，对欧盟感到失望，想另找出路。所有这些，再加上难民危机，导致草根阶层对精英统治强烈不满，右翼民粹主义政党兴起，传统政党的支持率普遍下降。最近因东欧四个国家拒绝执行难民分摊决定，欧盟委员会威胁要对其进行制裁，这又是一个火药桶。除此之外，欧洲暴力恐怖袭击事件频发，内部安全形势恶化。对上述问题如何解决，欧盟内部没有统一认识。不久前欧盟委员会在《欧盟未来白皮书》中就欧洲一体化提出五个设想：一是延续现有的路线；二是限定只作为单一市场；三是遵循"愿者多做"原则，即允许有意愿者在防务、安全和社会事务等领域深化一体化；四是"少而高效"；五是全面推进一体化，即共享资源、权利和决策等。对上述设想，欧盟暂未拿定主意。一般认为，"多速欧洲"将是多数国家的主张，但据说有部分国家不同意。总之，欧盟深陷困境，但不会散架。因为各个成员国都要借助欧盟维护自身利益或从中得到好处；德法等也要尽力拉住中小成员，保持其势力范围和影响力；中小成员国即使对欧盟不满，对外也要打欧盟的旗号显示自己有欧盟这个后盾。欧元区给德国带来很大好处，欧元相对于德国马克更有利于德国出口，而其他一些国家则吃亏，无法通过贬值本国货币促进出口。德国在欧盟的地位和角色也是矛盾重重。冠冕堂皇的说法是，德国无意担任领导角色，是不情愿地被推上领导地位的。实际情况是，德国不少政客以欧洲领导者自居，德国在欧盟机构里占据关键位置，话语权和影响力举足轻重。特朗普称欧盟是德国的工具，或者德国主导欧盟，这个说法不是毫无根据的。过去欧盟决策时法、德、英三驾马车起主导作用，特别是法德两家是核心，现在是德、法、意三国成为新的三驾马车，但实际决策时德国的发言权更大。奥朗德在位时地位虚弱，无所作为，被形容是默克尔的跟班。马克龙胜选阻止了法国极右势力或极左势力上台，有助于稳定欧盟，德国松了一口气。但马克龙不同于奥朗德，他野心勃勃要改革欧盟。他建议设立欧盟财长、统一欧元区财政预算和发行欧元区共同债券，同德国争夺主导权的雄心已见端倪，德方反应是前两项尚可讨论，对第三项建议德国决不能接受。总之，德法能不能和谐合作，同心同德来主导欧盟，还有待观察。意大利承认自己的经济实力、政治文化影响力以及工作效率赶不上德国，但它可以消极抵制。另外，波、匈、捷等东欧国家领导人也不听指挥，在难民问题、执政理念以及涉及国家利益时，就与德法不合拍。所以，德国一些人私下谈话时表示，默克尔表面上很风光，实际上很孤单。看来，德国将在"德国的欧洲"和"欧洲的德国"之间徘徊，既不能当"德国的欧洲"，但也不甘心成为"欧洲的德国"。

第三个问题，谈谈德国外部关系的变化。第一是同俄罗斯的关系恶化以及乌克兰冲突常态化，难以缓解，成为"冻结的冲突"。最近默克尔和普京会晤，在明斯克协议的相关问题上仍没有达成一致。分歧的焦点在于，德国指责俄罗斯吞并克里米亚，要求停止对乌克兰东部亲俄反叛势力的支持，要他促使乌东部亲俄势力停止"进攻"，否则就坚持对俄制裁。但问题是，乌克兰也没有停止进攻，所以相互指责；乌冲突停不下来，西方对俄制裁就不可能解除。西方现在不谈乌克兰危机的根源，而只提普京吞并了克里米亚，破坏了战后秩序。实际上乌克兰冲突的起因是美欧联手挤压俄罗斯的战略空间，想把乌克兰纳入欧盟和北约势力范围，成为西方威胁俄罗斯的桥头堡。这方面的证据很多，包括美国对乌克兰非政府组织提供大量的资助，乌克兰独立广场上闹事时欧盟外交与安全事务高级代表、德国外长等在现场发表演讲支持推翻雅诺科维奇政府，美德分别扶植代理人等，都是赤裸裸的干涉内政行为。在此情况下，俄罗斯让克里米亚"回老家"并支持乌克兰东部亲俄势力，西方则借此对俄进行制裁，让普京日子不好过，并力图促使俄内部出现反对派力量，最后把普京搞掉。这就是乌克兰危机的起因和难以缓解的根源。

值得注意的是，奥巴马有意把乌克兰危机的处理交给欧洲，美国则在背后仍起关键作用，其目的就是使欧俄、德俄交恶，使普京通过与欧盟合作振兴俄经济的计划不能实现。这是分而治之战略的运用，希拉里称之为"巧实力"。乌克兰问题持续发酵，战略上对德国不利。俄罗斯是德国的重要邻国，是潜在的巨大市场，也是军事大国，对于一个国家的外交政策来说，同一个这样的邻国如此交恶并不是好事。

第二是特朗普上台后的德美矛盾，具体的争论焦点大家都知道。一方面要重视默克尔最近讲了几句硬话，她说最近几天的经历让她感受到："从某种程度上我们相互完全依赖对方的时代已经结束，我们欧洲人真的要把命运掌握在自己的手里，我们必须为了自己的未来，为了欧洲人的命运打拼。"仔细分析，她说的是"在某种程度上"和"完全相互依赖"，说明这是相对的，依赖还存在。而且，这些话是在慕尼黑选区竞选时说的，有同社民党抢发言权的用意，是说给选民听的。所以对这些话也不要看得过重。一方面，特朗普此人也不靠谱，对很多问题缺乏了解，他随时可以变。关于防务费用，欧洲国家最近已决定增加，北约内部原先有协议，到2024年北约成员国的防务支出应达到国内生产总值的2%。德国的防务支出现在只占国内生产总值的1.2%，如果按照特朗普的要求，一下子达到国内生产总值的2%，德国有点吃不消。看来还是相互妥协。另一方面欧美经贸关系深度依存，意识形态相近，安全问题上，欧洲离不开美国，反过来美国离开了欧洲，其全球霸权地位也就难以保住，不能以为德美从此就分道扬镳了。

第三个是德土关系恶化升级。本来通过与土耳其合作从欧洲地界外堵截叙利亚难民是默克尔的如意算盘，结果这个合作美梦却变成了交恶由来。根本原因是默克尔和埃尔多安总统的治国理念不同，德国要求土耳其接收欧洲人的价值观，按照欧盟的规矩来治国理政，埃尔多安不能接受，导致相互对骂。现在他们之间的关系没有完全断绝，但在可预见的将来难以和好。

第四个问题，谈谈中德关系。总体上发展良好，相对稳定，合作共赢是主流，合作的广度和深度超过欧洲其他国家，在中欧关系中起引领作用。主要表现是：（1）高层互访密切，超过其他欧洲国家。中共十八大后习主席和李总理都把德国列为首访国家。默克尔在其12年的任期内访华10次，今年李克强总理刚刚访问德国，7月6日习主席又将访问柏林，然后参加二十国集团（G20）汉堡峰会，两位领导人访德相隔不到一个半月，这在历史上是空前的。据说默克尔非常希望习主席去访，因为她现在很需要中国这个合作伙伴。德国现在跟俄罗斯的关系搞得很僵，目前与特朗普关系也不顺，英国正在谈判脱欧，同法国马克龙还在密探之中，联合国安理会五常中，就与中国关系相对顺利。德国要反对特朗普的逆全球化，推进开放的世界经济，中国是一个既有影响力又迫切需要的合作伙伴，可以增加本国的分量。中德贸易额去年达1700亿欧元，中国首次成为德国第一大贸易伙伴；相互投资也很强劲，2016年德国对华直接投资增长74.2%，中国对德非金融类投资增加258%。中德两国没有地缘政治上的直接冲突，互不构成安全威胁，也不存在历史遗留下来的争端；两国经济结构相近，都是制造业和出口大国，但处在不同的发展阶段，虽有小部分竞争，主流还是互补性大。

另外，还存在不少问题。我们对外宣传都是讲积极面多，对存在的问题一般不大报道。但对搞研究的人来说，应该了解全面情况。我认为，适当的披露一点也是需要的，只讲一面对读者来说会起误导作用。搞研究的人，就要全面、客观、真实地了解情况。中德关系中，涉疆、涉藏、涉台问题目前不突出，但不是没有问题。坦率地将，德方从来没有停止过在人权问题上对我们说三道四，常向我们提所谓的个案，干涉我国内政。

在市场经济地位问题上，应李克强总理强烈要求，默克尔最近明确表态，支持欧盟履行中国入世协议第 15 条义务，声称欧盟正在制定新贸易规则，将符合世贸组织原则，不歧视中国，但能否落实令人怀疑。最近中欧领导人会晤未发表公报，就是因为在这个问题上达不成一致，双方有关气候变化问题的共识也没有发表。相对过去，默克尔对中德关系的评价比较积极，但对中国快速发展、实力增强特别是制造业水平提高并具有一定的竞争力，德方的态度却不得不打上一个问号。中国作为一个发展中国家，追赶发达国家的技术水平，从促进人类进步的角度来看，应该受到欢迎和支持。但是，德方有些人怕中国发展以后会成为竞争者，所以想方设法要阻止中国后来居上。早在 2014 年，双方已就"中国制造 2025"和"德国工业 4.0"战略对接达成协议，但迄今进展缓慢，当然有多种原因，但德方有顾虑、态度不积极是主要原因之一。一些德国人认为，中国人很聪明，一学就会，一会就仿制，一仿制就出口，同德国竞争。因此他们要防止中国成为主要竞争对手。有时，借口欧盟内部意见不一，对我进行敷衍搪塞，不解决中国的正当合理诉求。应当说，中德之间的对话较之前坦率，这从一个角度反映了中德关系更加成熟。但有时不得不让人产生一种感觉，即德国人同我们在贸易自由问题上口头上一致，实际也搞贸易保护主义；现在他们强调所谓"对等"，说什么中国可以在欧洲自由并购企业，购买德国库卡等高新技术企业，而德国企业在中国却享受不到同等待遇。应当指出，在贸易、投资上要求绝对对等的说法是不合理的，因为贸易就是互通有无，德国出口到中国那么多汽车，中国能要求也向德国出口同样多的汽车吗？中国人民币还不能自由兑换，可以跟欧元的自由兑换讲对等吗？所以只能讲相互开放，但不可能做到绝对对等。

德国对于中国与中东欧合作的所谓"16 + 1"合作机制心存疑虑，质疑我是否推行分而治之。我们指出，"16 + 1"有利于欧盟的均衡发展，并且是公开透明的，每次开峰会均邀请欧盟观察员参加，"16 + 1"合作项目按欧盟标准进行。在"16 + 1"合作中，我们遵循的是，既要尊重这些国家的独立自主性，又要考虑欧盟的完整性。德方有些人质疑"16 + 1"合作是"分裂"欧洲，这不仅没有根据而且是对中国不信任的表现。中国支持欧盟一体化，愿意看到一个团结繁荣的欧洲，这是人所共知的事实。尽管存在种种问题，中德关系总体上是好的。从发展前景来看，德国可以成为我们实现两个百年目标的重要合作伙伴。在欧洲国家中，德国同中国的关系迄今为止是互利共赢的，在中欧关系中起引领作用。尽管存在一些分歧和摩擦，我对中德关系发展的前景仍持乐观态度。

目录
CONTENTS

试论默克尔 2017 年德国大选
"失败的胜利"

连玉如[*]

摘　要： 默克尔在 2017 年德国大选中赢得了胜利，却败给了选民。默克尔获权组阁，行将开启其第四任联邦总理生涯，得益于其执政的根本原则、实质内容、施政特点和行政风格四方面因素：默克尔奉行"德国优先"的利益政策；坚守德国的经济与社会发展模式，并欲推广至全世界；她务实勤政，以问题为导向；行政风格是冷静低调、平淡简约、兼收并蓄、后发制人。然而，默克尔主导的联盟党得票率为 1949 年以来最差结果，导致国内组阁艰难，一度不得不致力于"左中右"三党谈判；在携手法国做强欧洲方面也受到制约。在对外关系方面，中德关系总体向好发展态势不会改变，但竞争与人权的因素会有所加强。

关键词： 默克尔　2017 年德国大选　"牙买加联盟"　联盟式方法

2017 年 9 月 24 日，德国①举行第十九届联邦议院大选。参加此次竞选的政党共有 42 个。其中，只提出"选区竞选人"而没有提出"州政党名单"的政党 8 个；两者都提出的政党为 34 个。② 选举结果是：共有 6 个政党获得超过

---

　* 连玉如，北京大学国际关系学院教授。

① 指 1949 年成立的德意志联邦共和国；1990 年德国统一以前指西德。

② 德国选民拥有两票，第一票投给选民所在选区的一个议员候选人，采用多数代表制，选出联邦议院 50% 的议员；第二票投给一个州政党名单，按比例代表制计算选票。各政党所获联邦议院的议席数，主要根据第二票各政党的得票率进行分配；第一票选出的直选议员被相应地计算进去。

5%的选票，① 得以进入联邦议院成为议会党。它们是：1、现任联邦总理默克尔领导的基督教民主联盟（简称"基民盟"）和其姊妹党基督教社会联盟（简称"基社盟"）组成的"联盟党"②（黑色），得票32.9%；德国社会民主党（简称"社民党"，红色），得票20.5%；德国选择党（简称"选择党"，蓝色），12.6%；自由民主党（简称"自民党"，黄色），10.7%；左翼党（红色），9.2%；绿党（绿色），8.9%。③ 在这6个政党中，选择党第一次进入联邦议院就位列议会第三大党；自民党成功度过上届议会大选危机，再度挺进议会，得票率还超过左翼党和绿党。德国第十九届联邦议院展现出斑斓色彩的六党政治格局。

现任总理默克尔领导联盟党以各政党中最高得票率赢得2017年大选，获得组阁权。假如组阁成功，默克尔行将开启其第四个联邦联合政府总理任期，从而打破阿登纳总理执政14年（1949~1963年）或科尔总理执政16年（1982~1998年）的记录。然而，默克尔赢得了大选，却败给了选民。联盟党的得票率为1949年以来最差纪录，比2013年上届议会选举减少8.6%；基民盟的选民中有130万人将票投给自民党，还有100万人投票支持选择党。所以，默克尔获得的是一次"失败的胜利"，原因何在？影响几何？围绕这一主题，本文拟先重点分析默克尔执政12年后再度胜选连任的成功之道；然后分国内、区域与全球三个层面阐述其"失败的胜利"的影响，同时聚焦中德关系，分析新时期中德关系发展前景。

一 默克尔2017年胜选连任的成功之道

在国内外观察家眼里，德国总理默克尔是个难解之谜。她成长于东德，

---

① 1953年7月8日签订的德国《联邦选举法》第6条规定：只有在选举中获得至少5%选票的政党，才能在议会中获得席位，反之则不能进入议会。参见乌维·巴克斯（Uwe Backes）、埃克哈德·耶瑟（Eckhard Jesse）著《德意志联邦共和国的党派民主》，德意志联邦共和国大使馆，出版年份不详，第83~85页。

② 联盟党由两个独立的政党组成。基社盟只在巴伐利亚州活动，是德国唯一具有全国影响的地区性政党；基民盟则在除巴伐利亚州以外的其他各州活动。两个政党没有组织上的上下从属关系；但在政治上紧密合作，有统一的竞选纲领、协调一致的竞选活动，在联邦议院组成统一的议会党团，故被并称为联盟党。

③ Bundestagswahl 2017：Endgültiges Ergebnis, in：Pressemitteilung Nr. 34/17 vom 12. Oktober 2017, https://www.bundeswahlleiter.de/bundestagswahlen/2017/ergebnisse.html.

并无从政经验，后却掌控了堪称男人世界的德国保守党基民盟，出任联邦政府首脑 12 年之久。她被称为"铁娘子"或令人生畏的"黑寡妇"，却又天性犹豫、迟疑、平淡而无奇。她的魅力在于没有魅力。过去 12 年，欧洲与全球政局风云变幻，各种危机此起彼伏。美国产生小布什、奥巴马、特朗普三届总统，英国从布莱尔、布朗、卡梅伦到梅更新四任首相，法国也换了希拉克、萨科齐、奥朗德和马克龙四位总统。唯独德国女总理依然故我，以其 2017 年再度胜选传递着恒定与稳健的信息，成为 21 世纪主要国家任职最长领导人，还在 2017 年 6 月美国皮尤研究中心民意调查结果中登上全球"最受信任的领导人"榜首。默克尔的成功之道何在？这里尝试从其执政的根本原则、实质内容、特点与风格四个方面进行分析。

1. 默克尔执政的根本原则

默克尔执政的根本原则是"德国优先"的利益政策。基于此，默克尔属于德国历史上积极意义的爱国主义和民族主义者。① 一国领导人热爱与服务于本国人民，理所当然。但是，二战后于 1949 年成立的德国却不是一个正常的主权独立的统一国家，而是仍然处于被美国、英国和法国三国占领与管制的状态。直到 1955 年，德国才获得国家主权独立，但在国家统一的根本民族利益上仍然没有自主权。"克制文化"遂生成并占据德国对外政策主导地位，特别是在欧洲整合与对法国关系塑造上。老一代德国政治家如施密特、根舍、科尔等都深谙此道。譬如，德国前总理施密特在 2012 年 9 月接受"威斯特伐利亚和平奖"仪式上，曾批评默克尔把国际货币基金组织、欧洲中央银行和世界银行的负责人召集到柏林商讨应对欧债危机的做法是"以欧洲中心自居"。施密特说：召集这些人开会，理应让法国人去做。《威斯特伐利亚和约》签署以来 400 年的历史告诫我们，谁想充当欧洲中心都会遭到失败，何况德国人还背负着纳粹屠杀 600 万犹太人的历史包袱。这一历史包袱会伴随代际更替而变轻，但不会完全消失，德国的邻居也不会忘记。德国前总理科尔也透露过：在欧洲一体化上，德国往往把"在先权"让给法国，

---

① 由于德国背负 20 世纪两次世界大战发动者的罪名，爱国主义与民族主义遂成为负面意义的政治语汇和政治禁区。对默克尔 2005 年上台以后的执政实践，有学者称其为"冷寂的民族主义"。详见 Dirk Kurbjuweit, "Das Gewerbegebiet der Welt-Angela Merkels kühler Nationalismus reduziert Deutschland auf seine ökonomische Größe", *Der Spiegel*, 52/2013, S. 30。

即使是德国原创的主意，有时也要让法国提出较易办成。①

在这种情境下，"国家利益""德意志特殊道路"等在德国都是禁忌；即使涉及利益问题，一般也用"责任"等辞婉转表达。1990 年德国统一以后，曾有德国学者呼吁要为德国的"利益"正名，认为不能简单地将利益政策"妖魔化"、将一体化政策"神圣化"。②然而，这在 20 世纪 90 年代尚不能为国内外大多数人所接受。施罗德总理 2003 年公开反对美国对伊拉克动武的政策，提出必要时走一条"德意志道路"，这引发的负面效应长久难以消除。

默克尔 2005 年 11 月上台执政以后，在其第一份施政声明中就向世界明确宣示："德国的外交与欧洲政策建立在价值的基础上，是利益政策。一项符合德国利益的政策系于同我们伙伴的联盟与合作。"③审视二战以后德国对外关系演进的历史，这不啻为"德国利益"正名；亦是一种"德国优先"论，比 2017 年特朗普版的"美国第一"还早 15 年。

作为东德出身的物理学博士，时年 51 岁的德国女总理恐难晓悟，她为"德国利益"正名，是在为二战以后德国"正常化国家"的长征史篇画句号。默克尔显然听取了德国政治学保守派领袖、曾任科尔总理外交政策顾问的汉斯－彼得·施瓦茨（Hans-Peter Schwarz）等人的建议，以"德国优先"和爱国主义最高准则来矫正其前任红绿联合政府的"欧洲优先"政策；欧洲仍为德国最重要的国家利益之所在，但要置于德国利益之下；注重欧盟的"功能性"作用而不是"海市蜃楼似的欧洲准联邦国家"的远大理想。④譬如，她对上台后面临的欧盟财政危机表态说：德国愿为解决危机做出贡献，但是新政府"将全力以赴维护德国的利益，不会接受过分的财政负担，因为我们自己的财政状况、我们自己的问题不允许这样做"。⑤

---

① 详见梅兆荣《战后德国重新崛起靠的是什么?》，载北京外国语大学《德语国家资讯与研究》，编辑部编《德语国家资讯与研究》第七辑，外语教学与研究出版社，2016，第 68 页。

② 如德国波恩大学政治学教授哈克就持这种观点。详见 Christian Hacke, "Nationales Interesse als Handlungsmaxime für die Außenpolitik Deutschlands", in: Karl Kaiser und Joachim Krause (Hrsg.), *Deutschlands neue Außenpolitik Band 3: Interessen und Strategien*, München 1996, S. 3 – 13。

③ 默克尔的首份施政声明全文详见：Angela Merkel, "Wir werden eine Regierung der Taten sein", Regierungserklärung der Bundeskanzlerin am 30. November 2005, in: *Das Parlament*, *DEBATTEN-DOKUMENTATION*, 5. /12. Dezember 2005, S. 19 – 21。

④ 详见 Hans-Peter Schwarz, "Außenpolitik mit Kompass", in: *Die Politische Meinung*, September 2005, S. 5 – 10。

⑤ 详见默克尔 2005 年首份施政声明，前引文，第 21 页。

默克尔奉行"德国优先"政策，突出体现在 2010 年爆发并影响至今的欧债危机中，引发欧盟成员国乃至国际社会的诸多质疑与批评。譬如，欧洲外交关系委员会驻伦敦编辑主任汉斯·孔德纳尼（Hans Kundnani）在 2011年撰文指出：科尔总理曾驳斥所谓德国将因统一而变成"另外一个共和国"是"无稽之谈"，这是他当政的 90 年代情况；在过去两年中，德国外交政策已经发生变化。尽管德国仍然坚持多边主义外交原则，但已不是"被动反应"和"无条件"地有求必应，而是"施动塑造"和"有条件"地视情而定；将"经济增长"置于其他"非经济"的外交政策利益之上，导致同西方伙伴国冲突；曾几何时的"文明国家"演变成"地缘经济强国"，是为"德国问题的新变种"。[1] 2012 年 7 月，美国财政部长蒂莫西·盖特纳公开警告德国，不要任由欧洲在金融危机边缘挣扎，并强迫邻国整修经济；"如果把欧洲留在深渊之旁，以此作为你们影响力的来源，这种战略不会起积极作用，最终只会增加危机的代价"。[2]

默克尔至今反对搞所谓"欧洲债务联盟"，2012 年还放出狠话说"只要我在世，就不会同意这样做"，[3] 都是"德国优先"利益政策的体现。从她的很多讲话中都可以读出她深厚的民族情怀，对二战以后德国在废墟中崛起并成功驾驭德国统一带来的巨大挑战充满自豪。默克尔在 2015 年难民危机高潮时的名言"我们会成功"（Wir schaffen das）亦是其爱国主义和民族主义情怀的流露。默克尔不仅领导德国成为同其他欧盟成员国一样维护国家利益的"正常"国家，还要将德国的经济与社会发展模式推介到全世界。

2. 默克尔执政的实质内容

默克尔执政的实质内容，是坚守德国的经济与社会发展模式"社会市场经济"，并欲将其推广到全世界。这是默克尔治国理政的根基和远景，也是其承继德国政治连续性的体现。

"社会市场经济"是德国经济学家阿尔弗雷德·米勒-阿尔马克（Alfred Müller-Armack）提出的概念；成为路德维希·艾哈德（Ludwig Erhard）[4]

---

① Hans Kundnani, "Paradoxon Deutschland-Eine geoökonomische Macht in der Zwickmühle", in: *IN-TERNATIONALE POLITIK*, November/Dezember 2011, S. 62–63.

② 美国《华尔街日报》网站 2012 年 7 月 23 日报道，http://world. people. com. cn/BIG5/n/2012/0725/c157278－18593923－2. html。

③ Siehe Markus Sievers und Karl Doemens, "Merkel kämpft gegen Schuldenunion", in: *Frankfurter Rundschau*, 27. Juni 2012.

④ 1949～1963 年出任德国联邦经济部长；1963～1966 年出任德国联邦总理。

1948 年领导实施德国货币改革的奠基石。中国学者裴元伦曾用一句话概括德国社会市场经济是"经济效率 + 社会公正"。他的解读是:"只有自由的高效经济,才能为多一些的社会公正提供现实可能。因此,在效率与公正之间,从迄今的资本主义经济发展历史看,从总体上说还是效率第一,公正第二。然而,德国社会市场经济中的'公正'二字毕竟十分重视社会公正。……即使在自由高效经济的条件下,为达到多一些的社会公正,主要也得通过每一个社会成员自身努力奋斗,即首先要依靠'自助';只有个人确实力不能及时,社会才伸出援助之手,适当提供'他助'。这就是德国战后四十多年社会经济政策所遵循的理论基础和基本原则。"①

德国社会市场经济自 1948 年诞生至今显示出惊人的连续性。当然,其中的"社会国家"因素由于几十年间发展过头,特别是经历 20 世纪 70 年代前半期和 90 年代德国统一以后的"疯狂扩张",导致国家各级财政债台高筑等弊端。因此,必须纠偏和矫正所谓"社会倾斜",实施深刻改革。这是德国经济与社会发展模式另一种形式的连续性体现。施罗德总理在 2002 年开始第二任期后大力推行改革,特别是"哈茨 IV"改革措施等,② 已为此付出沉重代价。③

默克尔 2000 年出任基民盟主席,已开始规划"新社会市场经济"政策;2005 年执政以后明确表示:"社会市场经济"同"基本法""双轨制职业教育"一样,是德国创造的精神财富,启迪了全世界人民的心智;它使德国获得巨大成功,为世人树立了榜样。因此必须坚持。④ "社会市场经济"已被明确写入欧盟《里斯本条约》第一编"共同条款"第 3 条中。⑤ 在实践中,默克尔坚持其前任的改革路线,只是迫于国内压力和出于避免社会剧烈震荡

---

① 裴元伦:"中译本前言",载乌尔里希·罗尔主编《德国经济:管理与市场》,中国社会科学出版社,1995,第 5 页。

② 指将"失业救助金"与"社会救济金"合二为一的改革措施。详见连玉如《国际政治与德国》,北京大学出版社,2012,第 155 页。

③ 施罗德在 2005 年 7 月 1 日曾悲壮地向议会发表讲话,指出在社会领域如医保、养老、劳动力市场结构等实施深度改革,"目的是要继续维系我们的社会国家,使经济适应全球化和我国老龄化社会的挑战"。详见 Gerhard Schröder, Rede vor dem Deutschen Bundestag vom 1. Juli 2005, in: *Das Parlament*, *DEBATTENDOKUMENTATION*, 4. Juli 2005, S. 17。

④ Angela Merkel, Rede vor dem Deutschen Bundestag vom 30. November 2005, in: *Das Parlament*, *DEBATTENDOKUMENTATION*, 5. /12. Dezember 2005, S. 19 und S. 21。

⑤ 《里斯本条约》中译本,详见《欧洲联盟基础条约——经"里斯本条约"修订》,程卫东、李靖堃译,社会科学文献出版社,2010,第 33 页。

等考量，采取了渐进主义的小步走方略，在一定程度上还视情而定地后退一些，以保证改革成效。

在全球化挑战和 2008 年世界"金融海啸"冲击下，能否继续坚持德国的经济社会发展模式，是必须回答的问题。对此，默克尔不仅在国内和欧洲继续高举"社会市场经济"大旗，还要将其推广到全世界。2009 年 1 月 30 日，默克尔在达沃斯世界经济论坛发表讲话说，指出德国"社会市场经济"应该成为世界的榜样，建议在世界范围推广，因为它有助于克服目前的经济危机；社会市场经济给二战以后的德国带来繁荣，是一种界于资本主义和国家经济之间的第三条道路；市场竞争是必要的，但是"竞争不能缺失节度性和社会责任感，如果个体的自由损害了别人的自由，必须受到限制"；为了应对世界金融和经济危机，必须建立负有全球责任的稳定的金融体系，制定国际约束性规则，按联合国安理会模式建立"世界经济理事会"负责监管。3 月 19 日，她又在国内发表讲话说："我们的任务是调整金融产品和金融市场，因此建议共同制订一部可持续经管宪章（Charta des nachhaltigen Wirtschaftens）。"[1]

总之，默克尔在国内、欧洲以及世界范围，都倡导实施德国的社会市场经济模式。2017 年德国大选前一周，默克尔致全体选民一封公开信，再次展示她对德国经济与社会发展模式的坚守。[2] 如今，德国已从 1990 年统一以后的"欧洲病夫"成长为欧洲首强和世界继美、中、日之后的第四大经济体。尽管国际环境复杂多变，德国经济 2016 年仍实现了 1.7% 的增长；失业处于德国统一以来最低点；就业者实际收入创下 20 多年最高增幅；国家三级（联邦、联邦州和乡镇）财政以及社会保险继续保持收支平衡。[3] 德国经济

---

[1] 可持续经管宪章的内涵是：确立原则，防止持久举债和滥用不可再生资源的现象发生。默克尔认为只有世界对此达成共识，才有可能防止危机重演。详见 Angela Merkel, Regierungserklärung zum Europäischen Rat und zum G-20-Gipfel, in: Das Parlament, DEBATTENDOKUMENTATION, 23. März 2009, S. 1-2.

[2] 2017 年 9 月 20 日，德国房东玛格特·舒多玛（Margot Schudoma）将默克尔这封投递到德国每家每户的信送给笔者。默克尔在信中表示：当今时代，无论国际国内都有新的挑战以及可以利用的巨大机遇，因此，要想成功就必须做出正确的选择："首先要有强大的能创造充分就业的成功经济"。她还针对其竞选对手社民党主席马丁·舒尔茨（Martin Schulz）提出的"公正"口号说：要实现公正必须创造前提条件，即强大的经济。

[3] Bundesministerium für Wirtschaft und Energie, Die wirtschaftliche Lage in Deutschland im Dezember 2016, https://www.bmwi.de/Redaktion/DE/Pressemitteilungen/Wirtschaftliche-Lage/2016/20161212-die-wirtschaftliche-lage-in-deutschland-im-dezember-2016.html.

与社会发展模式的成果是默克尔赢得 2017 年大选的基础。此外，默克尔的成功还在于她的务实与勤政。

3. 默克尔的施政特点

务实、勤政、不浮夸、不虚荣、以问题为导向力求解决实际问题，是默克尔一以贯之的施政特点。她 2005 年上台后第一份政府声明的标题就是"我们是一届行动的政府"。① 对 51 岁的东德女物理博士执掌权柄，人们并不看好，认为默克尔顶多撑持半年。但她很快就用实际行动一步一步地打消了人们的疑虑。

默克尔崇尚爱因斯坦的名言"生活似骑脚踏车，必须前行才能避免失衡"。她的前行是以问题为导向。在她看来，解决问题犹如治病，先要诊断病情，然后对症下药。能争取解决的问题，绝不拖延；暂时无法解决的，明确立场并创造条件以后解决。本着这种行动方略，默克尔在宣誓就职后第二天就出访巴黎，开始扭转其前任对法关系的偏差，同时致力于平衡与协调欧盟成员国中法英之间、大小国之间、穷富国之间以及新老成员国之间的关系。这些努力为最终化解欧盟 2005 年财政危机做出决定性贡献。对于棘手的土耳其入盟谈判，她的鲜明态度是：谈判进程是开放的，没有自动时间表；假如欧盟没有能力接收或土耳其不能满足全部入盟条件，就必须考虑继续发展对土特殊关系，将土同欧洲的结构紧密联系起来。②

2007 年上半年，德国出任欧盟轮值主席国。默克尔利用这一机会，同下半年轮值主席国葡萄牙合作，引导欧盟摆脱自 2005 年以来陷入的"制宪"危机，以加强欧盟在全球化背景下的决策效率和国际关系的行为体能力。欧盟 27 国最终于 2007 年 12 月 13 日庄严签署《里斯本条约》，这同默克尔的努力分不开。

德国内外有人诟病默克尔"只拉车、不看路"，缺失战略眼光与长远规划，似有苛求之嫌。在她总理生涯的 12 年间，她一直不得不同各种各样的危机打交道。2008 年横扫世界的"金融危机"暂且不论，仅从欧洲地区来看，近几年来一系列危机接踵而至、扎堆蔓延，如欧债危机、乌克兰危机、恐怖袭击、英国脱欧、难民危机等。面对上述危机，欧盟诸机构及其精英苍白

---

① "Wir werden eine Regierung der Taten sein", siehe dazu Angela Merkel, Rede vor dem Deutschen Bundestag vom 30. November 2005, in: *Das Parlament*, *DEBATTENDOKUMENTATION*, 5./12. Dezember 2005, S. 19 – 21.

② 详见默克尔 2005 年首份施政声明，同上文，第 21 页。

乏力、招架无功；唯独德国女总理奔波在各个危机现场，发挥着突出作用。

2015 年 1 月乌克兰东部战事升级，默克尔联合法国总统奥朗德倡议并同俄、乌两国总统达成第二个《明斯克协议》，促进实现停火。是年夏天，希腊债务危机吃紧，默克尔政府态度坚定且具耐心，对希腊最终的政治妥协起到了至关重要的作用，希腊免于财政崩溃，欧元区亦得以维系。在汹涌而来的难民潮中，默克尔也在致力于应对挑战，但未能争取到欧盟伙伴国在公正均摊难民份额上达成一致。于是，在中国欢庆猴年春节的 2016 年 2 月 8 日，她风尘仆仆前往土耳其，同土总理商讨联合提议北约参与支持欧洲边境管理局和土耳其海岸警卫队工作，打击偷渡，并争取到希腊政府的支持，等等。如今，难民危机已在德国和欧洲得到一定程度的遏制。

对默克尔的欧洲政策至今看法不一、褒贬兼有，如她在乌克兰危机中被认同为"领导者"；在希腊危机中被抨击是"霸主"；在难民危机中又被嘲讽为奉行"道德帝国主义"的孤家寡人。无论如何，在当今不确定性增加的时代，像默克尔这样认真勤勉、沉稳务实的政治家是人们希望看到的。

如果说，默克尔执政的务实特点同其根本原则和实质内容等也可为其他政治家所拥有话，那么，被称为"默克尔主义"①的行政风格就是她所独有的了。

4. 默克尔的行政风格

默克尔的行政风格冷静低调、平淡简约、兼收并蓄、后发制人，这几乎是国内外众口一词的褒扬。其实，这正是她的厉害和令德国各政党生畏之处。所谓"默克尔主义"是否指其执政风格，暂且不论。2017 年 9 月 3 日，默克尔在同其竞选对手社民党主席马丁·舒尔茨（Martin Schulz）进行电视对决时，阐述自己奉行的是"中庸之道"。

正面解读，默克尔的中庸之道可被视为待人接物谦虚谨慎、戒骄戒躁、能够与时俱进和"拿来主义"地吸取各党之长为我所用。譬如，德国绿党反对核能，曾任联邦环境部长的默克尔却因全球变暖而大力提倡核能。然而，在 2011 年 3 月日本福岛核电站事故发生后，她马上转变立场，许诺在 2022 年前关闭德国所有核反应堆。在社会政策方面，默克尔亦采纳社民党不少主张，如她曾坚决反对社民党和绿党倡导的法定"全国最低工资制"，后来却

---

① 我第一次听到此说法是 2017 年 8 月 10 日在德国波茨坦大学访问国际政治杂志 *WeltTrends*（《世界趋势研究》）主编莱蒙德·克莱默教授（Prof. Dr. Raimund Krämer）时。他在交谈中明确提到"默克尔主义"问题。

接受这一建议，将其纳入 2013 年联盟党和社民党大联合政府的"执政联盟条约"。

负面解读，默克尔乃克人、克党之能手；谁与她联姻执政，谁就会被边缘化甚或败北。自民党 2009 年大选成绩骄人，得以同默克尔代表的联盟党组成"黑黄小联合政府"；四年过后，自民党在 2013 年大选中惨败，所得选票连 5% 都没到，从而失去议会党资格。社民党 2005 年和 2013 年两度参加默克尔主导的"黑红大联合政府"，结果在 2009 年大选中输掉 11.2% 的选票；在 2017 年选战中只获选票 20.5%，比首度进入联邦议院的选择党才高 7.9 个百分点，是 1949 年以来最差纪录。历史悠久的社民党人脸上无光，其竞选人舒尔茨在 9 月 24 日大选后当晚宣布，再不同默克尔联合组阁，而要下野主导议会中反对党。

所谓默克尔克人说，过于尖酸刻薄了。其实德国政治存在两大个人无法左右的客观因素；"默克尔主义"行政风格恰好契合或顺应了这两个因素。

第一个因素是德国议会民主制的"总理式民主"特点。德国的国家根本大法《基本法》明确规定并赋予联邦总理三大实权：人事决定权①、方针制定权②和单独负责权。③ 联邦总理的罢免只能通过"建设性不信任投票"来实现。④

第二个因素是德国"政治趋同"的发展态势。1949 年德国政党体制经过几十年的集中化演变，到 2005 年默克尔上台，基本形成联盟党和社民党两大"全民党"轮流坐庄的"准两党制"格局。两大政党均奉行德国的经济与社会发展模式，特别是在"社会国家"的发展问题上。一般认为，联盟党注重经济效率，实施"新自由主义"政策；社民党强调社会公正，青睐"凯恩斯主义"措施。其实，联盟党和社民党均坚守社会市场经济的指导原则；所谓"新自由主义"或"凯恩斯主义"都是界限不清和可以跨越的政策调控手段，特别是在"社会国家"的发展问题上。譬如，1982 年，基民

---

① 德国联邦总理可以决定其政府班子组成人选，即有权向联邦总统建议对各部部长的任用和罢免。参见《基本法》第 64 条第 1 款，载 Dieter Hesselberger, *Das Grundgesetz. Kommentar für die politische Bildung*, Bonn 1995, S. 245。

② 德国联邦总理确定政治总纲并对此承担责任。参见《基本法》第 65 条，同上书。

③ 只有联邦总理才有权向联邦议院提出信任问题，换言之，联邦议院表示不信任的对象只有联邦总理一人。倘若联邦总理因其他原因而终止其任职，各联邦部长的任职也将随之终止。参见《基本法》第 68 条第 1 款和第 69 条第 2 款，同上书，第 248、250 页。

④ 即联邦议院只有在选出一位新总理并提请联邦总统罢免旧总理时，才能对旧总理表示不信任。《基本法》第 67 条第 1 款，同上书，第 247 页。

盟的科尔开启所谓"新自由主义"转折，但在 1990 年德国统一进程中，科尔马上转为"凯恩斯主义"者。2002 年，社民党的施罗德开始推行所谓"向本党进攻"的"新自由主义"改革，将自己赶下台。基民盟的默克尔 2005 年上台后继承了施罗德改革。这些都说明，两大政党意识形态模糊，阵地也是可以互换的。

德国的"政治趋同"突出体现在联邦议院大选上。默克尔 2005 年以后经历过三次大选，都让外人感觉无聊乏味，不及美国大选来得刺激和法国大选令人揪心。德国学美国也搞竞选人电视辩论，却怎么也对抗不起来，反更透出趋同的意味。2009 年大选被视为"共识性竞选"；2017 年大选更是这样。共同执政的两大全民党推出各自主席进行竞选，本就不合逻辑；社民党无法高扬自身特性，应是其竞选失利的重要原因。有鉴于此，社民党人再资深，进入默克尔主导的内阁也仅是一种跟班的角色；加之默克尔的"中庸之道"与"和为贵"方略，社民党形象削弱甚被边缘化，便在所难免。社民党主席舒尔茨大选惨败而铁青着脸宣布下野，再不同默克尔联合组阁，不全是情绪化反应，更是社民党重整旗鼓所必需的决策。

默克尔 2017 年大选获胜连任，但胜得很惨。默克尔"失败的胜利"将对德国内政与外交带来何种影响呢？

二 默克尔 2017 年大选"失败的胜利"的影响

默克尔 2017 年大选"失败的胜利"已对德国的内政、欧洲与外交政策带来了很大影响，首先体现在组阁的艰难和未来政府的稳定上。

1. 默克尔组阁艰难与未来政府的稳定问题

从 1949 年德国成立至今，德国政治的运行无论同其他西方民主制国家进行横向比较，还是同本国历史发展进行纵向比较，都呈现出稳定的特点。在将近 70 年的历史进程中，德国联邦总理只换过八位，即阿登纳（1949 ~ 1963 年）、艾哈德（1963 ~ 1966 年）、基辛格（1966 ~ 1969 年）、勃兰特（1969 ~ 1974 年）、施密特（1974 ~ 1982 年）、科尔（1982 ~ 1998 年）、施罗德（1998 ~ 2005 年）和默克尔（2005 年至今）。联邦政府也主要是由两个政党组成：或是一个大党（联盟党或社民党）同一个小党（自民党或绿党）组成"小联合政府"，或是两个大党（联盟党和社民党）组成"大联合政府"。然而，2017 年德国大选之后，首次出现在联邦一级进行三党组阁摸底谈判的局面，具有划时代意义。

具有划时代意义的，还有上述联邦议院首次形成的"六党格局"。从历史上看，经过 20 世纪 50 年代德国政党的"集中化"过程，德国联邦议院直到 1983 年为止基本稳定在"联盟党""社民党"和"自民党"的三党格局中。1983 年，"绿党"挺进联邦议院形成四党并立。1990 年德国统一以后，"左翼党"的产生与发展使德国议会变为五党生态。2017 年大选后，极右政党"选择党"首次进入议会造成六党格局。德国政党体制从"准两党制"向"多党制"的方向演化。

联盟党和社民党都在 2017 年大选前宣布，绝不同选择党谈判。因此，从数字技术层面来看，其余五个议会党可以生成四种组合：1. "黑红（社民党）"两党组合（53.4%）；2. "黑红（左翼党）绿"三党组合（51%）；3. 黑红（左翼党）黄三党组合（52.8%）；4. 黑黄绿三党"牙买加"① 组合（52.5%）。但是，基民盟选战前就已宣布不同左翼党谈判；社民党选战后立表不再同联盟党搞大联合政府。因此，只剩下唯一的联盟党、自民党和绿党"牙买加"组合可能性。2017 年 10 月 7 日，获得组阁权的默克尔向外界宣布，同自民党和绿党就三党组阁进行摸底谈判。

三个政党联合组阁，在德国联邦层面基本未曾发生过；这时小党的地位十分重要。自民党是 2017 年竞选真正的胜利者，不仅以 10.7% 的两位数支持率重返联邦议院，还有望再度参与执政。自民党主席克里斯蒂安·林德纳（Christian Lindner，38 岁）和绿党主席塞木·奥兹德米尔（Cem Özdemir，51 岁）均年富力强，个性鲜明，力求为本党谋得内阁财政部长和外交部长两大重要职位。

三党谈判能否成功、未来政府是否稳定，取决于这三个在德国政治光谱中"左中右"定位的政党政策能否达成一致。根据德国《明镜周刊》一份调查列出的 16 项政策，三党均有共识的领域只有 2 个，即"移民法"和"巴黎气候保护协定"。另有 3 项涉及减税和联邦州权限的政策，三党有望协调后达成一致。而在其余 11 项政策方面，譬如难民上限、财产税、能源、欧元整合、北约 2% 军费目标等，三党主张分歧明显，妥协困难。② 也正因

---

① 牙买加国旗为黑黄绿三种颜色，故称这三种颜色的政党组合为"牙买加联盟"。

② Florian Gathmann, *Jamaika-Sondierung. Man muß auch gönnen können*, in: *SPIEGEL ONLINE*, http://www.spiegel.de/politik/deutschland/jamaika-sondierung-man-muss-auch-goennen-koennen-a-1175422.html.

为此，三党为期四周多的摸底谈判最后夭折了。

已经执政 12 年的默克尔成熟老练、经验丰富，且善于因势利导，后发制人。但她能否"以柔克刚"，排除各种障碍组阁成功，结成较为稳定和有效率的联合政府，驾驭国内外巨大挑战，特别是国内极右政党的挑战，世人无不翘首以盼。欧盟成员国特别是法国更是这样。

2. 默克尔"失败的胜利"对欧洲政策的影响

除了国内政治层面，默克尔"失败的胜利"在欧洲层面的影响亦不容小觑。对德国大选后的组阁，国际社会特别是作为欧盟成员国的法国十分关注。9 月 26 日，即德国大选后两天，法国总统马克龙在巴黎索邦大学发表题为"重启欧洲"的演讲，意欲十分明显，就是要影响德国政党的组阁谈判，促使它们讨论法国提出的欧洲政策建议。

如上所述，欧盟近些年正遭遇有史以来的一系列深重危机，欧盟机构及其政治精英却应对乏力、招架无功，唯有默克尔德国的作用引人注目。在德国的超强权势面前，法国孱弱、英国脱欧、波匈等东欧国家右翼民族主义势强，欧盟陷入结构性的失衡困境。如何重振欧洲？不仅是德国的根本利益之所在，更是法国总统"重启欧洲"讲话的主旨。

马克龙在演说中强调：欧洲必须强大，成为全球范围强大的经济实体，获得行动能力去迎接世界巨大挑战。如何做强欧洲、实现"同中国和美国平起平坐"的目标？马克龙提出一系列具体倡议。譬如，建立欧元区共同预算，设立欧元区财政部长，在防务、反恐、信息化、生态保护等领域加强合作，重新规划交通、住房、工业领域的政策等。[①] 马克龙深知德国伙伴的支柱作用，决意携手德国重建强大的欧洲。

对于德国来说，热衷于欧盟整合事业的马克龙而不是极右政党领导人勒庞当选法国总统，是天赐福音。对于法国来说，由联盟党和社民党组成"大联合政府"最有利于欧洲整合事业；德国社民党主席舒尔茨长期担任欧洲议会议长，自然会钟情于欧洲一体化事业，对法国倡议采取积极合作的态度。然而，法国极不乐见的"牙买加"组合却偏偏一度成为德国政府组阁的唯一选项。这无疑增加德法联手推动欧洲一体化前行的难度。如在马克龙倡导的深化欧元整合问题上，绿党的立场是积极的，但是自民党却表示质疑。自民

---

① 参见马克龙 2017 年 9 月 26 日在巴黎索邦大学发表的题为"重启欧洲"计划的演讲，http://news.sina.com.cn/w/2017－09－27/doc-ifymeswe0310738.shtml。

党尤其反对法国提出的"赋予欧元区自主预算权"倡议,在欧元区未来发展问题上,提出设立"成员国破产权"(Insolvenzrecht)的主张。[①]

默克尔如何回应马克龙做强欧洲的倡议,世人瞩目,也最为关键。显然,马克龙讲话倡导的是旨在核心欧洲即欧元区内深化欧洲整合的"超国家主义"路径。而迄今为止,在应对欧盟危机如欧债危机的问题上,默克尔更青睐所谓"联盟式方法"(Unionsmethode)。"联盟式方法"一般被视为欧盟决策程序中两种不同性质的方法之一,同"共同体方法"(Gemeinschaftsmethode)相对应。"共同体方法"具有"超国家"性质,其具体流程是:"欧盟委员会"提出立法草案,"欧洲议会"(代表欧盟公民)和"理事会"(代表欧盟成员国)对草案进行讨论并做出决议,可以修改立法草案,但需各自机构多数同意。而"联盟式方法"具有"政府间主义合作"性质,主要通过由欧盟成员国的国家与政府首脑组成的"欧洲理事会"会商定议决问题。[②]对上述看法,默克尔明确表示反对。早在 2010 年 11 月 2 日,她就在一次讲话中力求正本清源,全面系统地阐述其所看重的欧洲政策"联盟式方法"。

3. 默克尔欧洲政策的"联盟式方法"

默克尔是在布鲁日欧洲学院第 61 届学术年活动开幕式上发表其对欧洲政策"联盟式方法"的正本清源讲话的。她首先对下述简单划分表示反对,即把"欧洲议会"和"欧盟委员会"视为"共同体方法"的唯一代表,而将"理事会""欧洲理事会"和"欧盟成员国"看成政府间主义合作的主体,她认为这是一种对立性思维(Lagerdenken),不符合欧洲合作的现实,必须加以摒弃。[③]默克尔对"联盟式方法"的阐释是:

第一,具有综合的性质。默克尔认为,"联盟式方法"是"共同体方法"和成员国之间协调行动兼而有之的综合性方法,即"目标相同、团结一

[①] 详见 Florian Gathmann, *Jamaika-Sondierung. Man muß auch gönnen können*, in: *SPIEGEL ONLINE*, http://www. spiegel. de/politik/deutschland/jamaika-sondierung-man-muss-auch-goennen-koennen-a-1175422. html。

[②] 参见 René Repasi, *Gemeinschaftsmethode sticht Unionsmethode*, http://giegold. korova. co/2014/gemeinschaftsmethode-sticht-unionsmethode。

[③] 详见默克尔于 2010 年 11 月 2 日在布鲁日欧洲学院第 61 届学术年活动开幕式上的讲话,Rede von Bundeskanzlerin Merkel anlässlich der Eröffnung des 61. Akademischen Jahres des Europakollegs Brügge, 2. November 2010, in: https://www. bundeskanzlerin. de/ContentArchiv/DE/Archiv17/Reden/2010/11/2010 – 11 – 02 – merkel-bruegge. html。

致、各司其职、协调行动"。① 她强调应将欧盟视为不可分割的整体,但再好的欧盟政策目标也"必须由各成员国的协调行动去实现。这是'联盟式方法'的要义"。她进一步解释说,问题的关键不是二者必居其一的方法选择,而是欧洲共同目标确定以后"协调行动"还是"不行动"的问题。即使所谓"共同体方法",也有"理事会"在其中参与决策,而理事会是由欧盟成员国代表组成的,"欧洲理事会"也是欧盟的组成部分,"欧盟成员国"是欧盟的建构者而不是其对立面。②

第二,"联盟式方法"的指导思想是《里斯本条约》确定的"辅助性原则"。据此,只要个体或小社会团体或欧盟成员国有能力,就应由他们承担责任和完成任务;大社会团体或成员国或欧盟不要干预,除非个体或小社会团体或成员国不能解决问题。③ 辅助性原则的理论内涵有三个方面:自助、他助、功能性。④ 默克尔正是本着这一原则处理欧债危机的,即危机发生国首先必须自主行动,实行"自助";必要时包括德国在内的欧盟再承担起共同的欧洲责任,实行"他助"。默克尔认为,应把应对欧债危机视为一种义务和机会,不应得过且过地了结完事,而应从"预防"入手,采取旨在保证今后不再发生这种危机的令人信服的措施,从"根"上解决问题。默克尔还说,"共同体方法"并不涉及向欧洲转让职权,只是一种有效行使已经让渡的职权的方法。解决欧洲面临的问题,不能"自动地和最好仅仅依靠欧盟的机构"来进行,而要系于辅助性原则。⑤

可以想见,默克尔在组阁结束开始行政后,于未来的欧洲政策举措方面,还会沿用迄今为止集中体现其欧洲观与政策实践的"联盟式方法"。问题是:欧洲历史的发展逻辑是平衡,不能容忍哪个国家坐大与称霸。理论上这对欧洲所有国家都适用,现实中则主要针对背负纳粹历史罪名的德国。二

① Abgestimmtes solidarisches Handeln-jeder in seiner Zuständigkeit, alle für das gleiche Ziel, ebenda.
② Rede von Bundeskanzlerin Merkel anlässlich der Eröffnung des 61. Akademischen Jahres des Europa-kollegs Brügge, 2. November 2010, in: https://www. bundeskanzlerin. de/ContentArchiv/DE/Ar-chiv17/Reden/2010/11/2010 – 11 – 02 – merkel-bruegge. html.
③ 参见《里斯本条约》第 5 条第 3 款,载《欧洲联盟基础条约——经"里斯本条约"修订》,程卫东、李靖堃译,社会科学文献出版社,2010,第 34 页。
④ 详见连玉如《再论"德国的欧洲"与"欧洲的德国"》,《国际政治研究》2014 年第 6 期,第 19~20 页。
⑤ Rede von Bundeskanzlerin Merkel anlässlich der Eröffnung des 61. Akademischen Jahres des Europa-kollegs Brügge, 2. November 2010, in: https://www. bundeskanzlerin. de/ContentArchiv/DE/Ar-chiv17/Reden/2010/11/2010 – 11 – 02 – merkel-bruegge. html.

战以后发端于西欧的欧洲一体化事业就是从解决德国问题入手，是一种框住德国、对冲或再平衡德国优势的进程。1949 年以后德国历届联邦政府都致力于欧洲整合事业，从阿登纳、勃兰特、施密特、科尔到施罗德莫不如此。对于施密特等老一辈德国政治家来说，二战以后德国重建是西方战胜国乃至欧洲邻国与伙伴帮助的结果，必须时刻心怀感恩之情，立足、携手与服务于欧洲。施密特也强调实施《里斯本条约》确立的"辅助性原则"，但主要强调其"团结互助"层面，而非默克尔的"自助"先行问题。施密特在其著名的 2011 年 12 月社民党联邦大会上的讲话中说：德国出钱相助欧洲困难国家从而推动欧洲整合事业前行，是理所当然的。德国是欧盟"净出资国"理所当然；希腊、葡萄牙、爱尔兰是"净受援国"也是理所当然；为了欧洲货币联盟稳定发展，设立欧洲"转移支付联盟"还是理所当然。关键是，德国不能陷入孤立境地。①

然而，德国在时下欧洲卓尔不群，经济与社会发展状况令人称羡，已经"自我孤立"；这时再强调欧盟成员国好自为之、"自助"先行，势将引发欧盟弱小国家联合、对冲德国强权，"被人孤立"遂成现实。施密特认为，德国孤立，不仅有损于自身，更有损于欧洲。"避免孤立，是德国根本的长远战略利益之所在，高于所有政党的各种利益考量。"为此，必须在欧洲高扬"互助精神"大旗，必要时同意设立"欧洲债务联盟"。施密特语重心长地说道："我们德国人不应只顾民族利己主义，而拒绝这种做法"；假如欧元区不能稳定发展，欧洲的分量必将在全球化的世界中继续销蚀，从而不得不坐视美中两国领导世界的局面出现。②

施密特的讲话同马克龙 2017 年"9.26 讲话"的精神如出一辙。但青睐"联盟式方法"的默克尔能像德国老总理谆谆教导德国人民那样行动吗?! 此外还要看到：德国一度摸底谈判的"牙买加联盟"伙伴中，有绿党的"左拉"，有自民党的"右扯"，还有基社盟的"后拽"，默克尔新一届联合政府的欧洲政策将为何状，实难想象。这时，行将成为强大反对党的社民党如何举措，令人关注。不过，在"牙买加联盟"摸底谈判夭折后，德国的组阁形势又再次悬疑。

---

① Helmut Schmidt, Rede "Deutschland in und mit Europa", auf dem SPD-Bundesparteitag am 4. Dezember 2011 in Berlin, https://www. spd. de/aktuelles/detail/news/deutschland-in-und-mit-europa/11/11/2015/.

② 同上文。

4. 默克尔大选 "失败的胜利" 在全球层面的影响

德国大选历来主拼内政，特别是经济与社会问题，包括对华关系的外交政策问题在 2017 年大选中几无涉及。然而，德国外交正处于 20 世纪 50 年代以来最为重大的转折关头。德国政治学者君特·海尔曼（Gunther Hellmann）认为，作为转折关头的标志是 2014 年 3 月克里米亚危机到 2017 年 5 月北约峰会发生的一系列事件，如与俄罗斯重新对峙、英国脱欧、特朗普胜选等，正在拷问着新一届德国政府。[①] 特朗普入主白宫以后采取的一系列举措对世界格局、地缘政治、欧美联盟、德美关系的冲击是空前的。一向谨言慎行的默克尔也在特朗普 5 月欧洲之行后不无感慨地说道：我们可以倚赖别人的时代已然逝去，我们欧洲人必须切实开始自己掌握自己的命运了。

如何应对全球范围层出不穷的新挑战？默克尔在 2017 年大选之前致全体选民的信中认为：存在迎接挑战的巨大机遇，必须加以利用。然而巨大机遇具体何指，信中并未说明。笔者以为，巨大机遇中含有中德合作发展的成分。

2017 年是中德建交 45 周年。中德关系在德国前任总理施密特、科尔、施罗德打下的基础上，在默克尔主政 12 年间又获得长足发展。譬如，全面战略伙伴关系的建立、中德政府磋商机制的开启，特别是两国先后主办 2016 年二十国集团（G20）杭州峰会和 2017 年二十国集团汉堡峰会期间精诚合作，为双边与多边合作以及全球治理注入了正能量。中德关系总体向前发展的良好态势不会改变，是超越于德国党派政治和政府更迭的。但是，中德关系发展中有三大变量需要注意：一是中国发展和德国的看法；二是德国在欧盟的作用和欧盟成员国的承受力；三是中美关系发展的影响。

从国际关系的结构角度、而不是从意识形态或政治制度出发，中德关系具有一种 "天然盟友关系"（Natürliche Partnerschaftsbeziehung）性质。[②] 然而，德国对外关系强调价值，并以一种使命般冲动意欲在世界范围推行德国/欧洲的 "普世价值观"。从此意义上看，德国对中国具有一种根深蒂固的结构性普遍认知，即视中国为已经消亡的东德的扩大版。对此，笔者曾在一篇论文

① Siehe Gunther Hellmann, "Deutschland, die Europäer und ihr Schicksal. Herausforderungen deutscher Außenpolitik nach einer Zeitenwende", in: ZSE (*Zeitschrift für Staats-und Europawissenschaften*), hrsg. von Joachim Jens Hesse, 2 - 3/2017, S. 329.
② 详见连玉如《中德 "天然盟友" 关系刍议》，《国际政治研究》2008 年第 3 期，第 15～26 页。

中提出"反共原教旨主义"（*antikommunistischer Fundamentalismus*）概念。[①] 它就像一个有色眼镜，决定和影响着德国的中国观，自然也会反复、顽强地在具体的对华政策或理念方面体现出来，譬如经济竞争或人权问题。德国对中国"一带一路"倡议看法的转变也是这方面一个突出事例。[②]

中国发展的根基在于自身，"通过改变自己影响世界"。德国发展的根基在于欧盟；需要正视欧盟成员国既需要又不情愿接受甚至反对德国主导作用的"欧洲/德国困境"。法国怕"衰落"、德国怕"孤立"，分别是法德两国由来已久的历史梦魇。因此，重启或激活德法两国在欧盟整合中的"双引擎"作用，对于欧盟克服危机、在地区与国际事务中发挥积极作用意义重大。中国在处理对德/对欧关系时要考量平衡与协调的问题。否则，关注德国的"欧盟核心大国作用"，引发所谓"中德特殊关系"猜忌，未必会有"促进中欧关系全面发展"的正面效果。

美国总统特朗普上台以后的中美关系发展，会对中德/中欧关系产生影响。在中、美、德三角关系上，不少看法认为：特朗普与默克尔理念相左、矛盾频频，会促使中德两国关系走近。其实，还存在另外一种可能性：特朗普对中国不像其前任那样在人权问题上频繁施压，反而会诱使德国新政府加大对华人权批评力度，从而影响两国关系的顺利发展。德国对美国特朗普的理念再有不满，也不能和不愿割断大西洋联盟的脐带；德国对中国的理念再有认同，也不能和不愿同意识形态相左的中国完全站在一起。

德国同中国一样也是 21 世纪新崛起大国。尽管两国的人口、体量等诸多因素差距较大，但德国是"欧洲的德国"，其在欧洲乃至国际关系中的地位和作用不可低估。默克尔在 2017 年德国大选中胜利了，其成功之道值得进一步深入研究，是观察德国新一届联邦政府内政外交的基础。但是，默克尔胜得很惨，导致其组阁困难，也影响到德国今后的欧洲与外交政策走向。对中德关系发展问题的关注与观察，亦需考虑到默克尔"失败的胜利"的前因与后果。

[①] Yu-ru Lian, "Reflexionen über den Kern der Außenpolitik der Volksrepublik China im 21. Jahrhundert", in: Jens Damm, Mechthild Leutner and Niu Dayong（ed.）, *China's Interaction with the World: Historical and Contemporary Aspects*, Berliner China Heft, Nr. 49/2017, S. 101 – 112.

[②] 在中德两国 2014 年 10 月 10 日签订的"共塑创新行动纲要"第 8 条中，德方明确欢迎中国的"一带一路"倡议，认为"将为中德、中欧合作开创新的机遇并为包括中亚地区在内的沿线国家稳定与繁荣做出贡献"。这在欧洲或国际范围是比较早的表态。但笔者在 2017 年 8 ~ 9 月访德期间，也从德国官员与学者口中听到了对"一带一路"倡议的负面看法，即扩张、强迫与利己。

德国大选：
德国和欧洲的稳定受到挑战？

杨解朴*

摘　要： 本文以 2017 年 9 月德国联邦议院大选结果为切入点，对"在德国经济状况良好的背景下，两大执政党缘何收获 1949 以来的最低支持率"的问题进行了详细的剖析，对目前德国组阁困局及可能的出路进行了探讨。在此基础上，文章分析了当前背景下，德国主流政党、德国社会以及德国外交所面临的挑战。最后，文章从欧盟的多种不确定性、德国的政治稳定性、主流政党的应对以及德国未来在欧洲扮演的角色等方面分析了德国是否依然可称作欧盟"稳定之锚"的问题。

关键词： 德国大选　德国政党　德国外交政策　德国社会问题

　　在 2017 年 9 月的第 19 届联邦议院选举中，默克尔领导的联盟党守住第一大党的地位，迄今与其联合执政的社民党在选举结果公布后，立即宣布败选，同时宣布成为最大反对党，不再继续参与组阁，当时的社民党排除了与联盟党组成大联合政府的可能性。在那样的情况下，默克尔所在的联盟党开始了与自民党以及绿党的组阁谈判。然而，在黑黄绿三党组阁试探性谈判接近尾声时，自民党忽然宣布退出组阁谈判。自民党的退出，给德国新一届政府的组阁带来许多未知数，有媒体评论这一谈判的失败是"默克

---

　　* 杨解朴，中国社会科学院欧洲研究所副研究员，中国社会科学院中德合作中心主任。

尔的一次灾难"，对于一直相对平静的德国政坛的冲击犹如"脱欧"对英国的影响。政界和学界开始讨论德国大选给德国和欧洲的政治和社会带来的不确定性。

一 本次大选结果所透视出的问题及其原因

在本次大选中，默克尔所在的联盟党（基民盟及其在巴伐利亚州的姐妹党基社盟）以33%的支持率获胜，联盟党执政伙伴社民党以20.5%的支持率保住了第二大党的地位。其他跨过5%门槛的政党包括德国选择党（12.6%）、自民党（10.7%）、左翼党（9.2%）和绿党（8.9%）。联盟党和社民党两大人民党所获支持率均为1949年以来的最低水平。与2013年大选结果相比较，本次大选两大人民党遭遇了严重的选民流失，联盟党支持率下滑8.6%，社民党支持率下滑5.2%，两大执政党共损失13.8%的支持率。德国选择党支持率则激增7.9%，成为战后首个进入德国联邦议院的民粹主义政党；沉寂了四年的自民党支持率增长6.0%，重获进入联邦议院的入场券。左翼党和绿党分别以0.6%和0.5%的增长率，成功保住了德国联邦议院的席位。

目前，德国经济处于2008年金融危机以来的最好时期，失业率降到两德统一以来的最低水平。根据经济学人智库（EIU）的预测，2017年、2018年两年德国经济仍将保持稳定增长。在民调方面，有84%的受访者认为目前德国经济情况良好（在2013年大选时这一数据是74%）；在民调中，绝大多数民众对个人经济状况都表示满意。那么，在德国经济状况良好的背景下，两大执政党缘何收获1949年以来的最低支持率？这主要有以下几方面的原因。

第一，民众对社会安全的焦虑和对现实政治的不满推高德国选择党的支持率。在连续遭遇了欧债危机、难民危机、恐怖袭击等一系列的危机性事件后，德国民众的恐惧感与担忧上升，对于主流政党的信任度下降，某些选民对大联合政府处理危机性事件的做法心存不满。部分民众反难民的情绪倍增，在一些"大问题上"希望寻求建制派的对立面，追求民粹主义政党的激情政治，借以宣泄自我情绪。在这种背景下，原主流政党的部分选民转而投身民粹主义政党德国选择党的阵营。在本次大选中，德国选择党是唯一没有选民流失的政党，却从其他阵营吸收了 378 万名选民①。

第二，两大人民党政策趋同，导致选民希望寻找新面孔、新点子。经常有评论认为两大人民党的纲领走向趋同，这种趋同体现在国内社会政策、难民政策以及外交政策等方面。外界经常对基民盟更加自由化以及社民党转向"新中间道路"提出批评。对于已经执政 12 年、代表了"稳定"的默克尔，民众除了对其主张和实施的难民政策不满外，也出现了一定程度的审美疲劳。2017 年初，社民党候选人舒尔茨宣布参选后曾被民众作为新面孔、新点子的选项，产生了"舒尔茨效应"，但无论是舒尔茨本人还是社民党都没有抓住这次机会。在德国民众看来，其竞选纲领最终还是没有挖掘出令选民兴奋的议题，所提出的"社会公平"的竞选口号缺乏具体的实施措施，并且没有坚决彻底地反对默克尔，从而最终导致竞选失败。社民党在 9 月 24 日民调机构初步计票结果公布后，第一时间宣布成为反对党，拒绝再次入阁，也是出于未来长远考虑，旨在摆脱联盟党的阴影，为社民党赢得自身建设和发展的空间。

德国选择党是本次大选最大的赢家，而自民党也表现不俗，据统计，136 万原基民盟的选民、45 万原社民党选民转投了自民党。或许自民党在这次大选中取得的成就恰恰得益于该党的新点子和新面孔。自民党的成就首先在于其在竞选纲领中提出了针对难民的比较强硬的路线，以及对于未来议题给出了清晰的方案，同时该党年轻有为的候选人林德纳也为自民党拉来不少选票。

第三，全球化和欧洲一体化的负面效应为德国选择党提供了选民基础。全球经济危机造成中产阶级缩水，民众中的中低收入者越来越多。伴随着欧洲一体化进程，许多德国民众认为欧盟内部经济和政治不平等加剧，不但体现在经济、财政一体化领域，还体现在难民政策领域。现代化、全球化和欧洲一体化进程促使德国政治、经济以及文化的各个层面都处于一种开放的状态，而当全球化和欧洲一体化带来的负面效应显现时，社会成员之间就会在继续推进积极的全球化还是回归政治上的民族主义和贸易上的保护主义两种路线之间产生分歧。而那些在全球化浪潮和欧洲一体化进程中感到被忽视、

---

① 包括原联盟党支持者（98 万）、原社民党支持者（47 万）、原左翼党支持者（40 万）、原绿党支持者（4 万）、原自民党支持者（4 万）、原弃权者（120 万）以及原其他党派支持者（69 万）。

被伤害的群体恰好在德国选择党对全球化和欧洲一体化的抗议声中找到了发泄的出口。

民调显示，民众对于"我们的社会日渐分离""刑事犯罪案件增多""伊斯兰教对德国的影响变得更大"以及"太多外国人来到德国"表示担忧；绝大多数德国民众认为财富并没有被公平分配，并且认为联邦政府对于财富的公平分配并没有做出足够的努力。对政府满意度调查显示，德国民众对本届政府满意度与上届政府满意度趋同，但55%的选民都对默克尔的难民政策表示不满。61%的德国选择党的选民支持该党是源于对其他政党的失望。德国选择党在东部各州的得票率明显高于西部各州，这是由于德国东部相较于西部处于产业链的低端，难民对于东部劳动力形成冲击，而且东部没有像西部那样拥有接纳客籍工人的经验，同时许多东部的老一代人在统一后经历了人生断崖式的发展，在这一过程中，他们内心存在不满和焦虑。

二　组阁的困局

对于组阁谈判可以持续多长时间，德国法律没有明文规定。在本次大选结束后，一些德国的选举研究专家就曾经提醒存在组阁谈判失败、组成少数派政府或者重新大选的可能性。而当时大多数民众对于组阁谈判仍抱乐观态度，他们认为各党派最终会通过谈判较量，达成妥协共识。德国媒体及分析人士认为圣诞节前后将有可能完成组阁谈判，因为这比较有利于新任政府在年初启动下一年的工作。然而，随着自民党退出组阁谈判，联盟党重启与社民党的谈判之路，同时还将面临谈判失败、组成少数派政府或者重新大选的可能性，使得德国这一欧洲"稳定之锚"似乎不那么稳定了。

1. "牙买加"组合："不可能完成的任务"

默克尔在选举前就宣布不会与左翼党和德国选择党组阁。社民党宣布成为最大的反对党后，当时组阁的最大可能性便是由联盟党、自民党和绿党组成黑黄绿①组合，因其与牙买加国旗颜色组合一致，故而又被称为"牙买加"组合。这一组阁谈判的难度首先在于三党分属政党谱系的左、中右和

---

① 德国各主要政党都有各自相应的色彩定位，这是德国政治文化的一个特色。"黑色"代表保守的联盟党（基民盟/基社盟），"红色"代表起源于工人运动的社民党，"绿色"代表致力于环保、男女平等、维护和平等主题的绿党，"黄色"代表自由派的自民党，"深红"代表左翼党，而"蓝色"则代表民粹主义政党德国选择党。

右，让自民党和绿党共处一个屋檐下是很困难的一件事情；其次联盟党内部，基民盟和基社盟之间在包括难民政策、气候政策等方面也存在意见分歧。那么看似三个党的谈判，实际上是四个党的角逐。

联盟党、自民党和绿党在一些政策领域如欧洲政策、难民政策、气候与环保领域存在严重分歧。例如在有关欧洲未来的发展方向上，对于马克龙提出的有关建立欧元区共同预算、深化欧元区的提议，绿党以及基民盟的部分成员认为是可以考虑的，而自民党对这一提议坚决拒绝。难民政策则是最令各党剑拔弩张的议题：首先在设置难民上限问题上，基民盟和基社盟之间无法达成一致的意见。由于在本次大选中基社盟成绩不佳，仅获得 6.2% 的选票，从其自身发展的角度考虑，基社盟极有可能不会在这一问题上做出让步。而即使默克尔所在的基民盟能做出某些让步，绿党也不会答应的。在气候保护问题上，绿党要求在 2030 年停止使用燃煤发电，并且在同一年新车应停止使用内燃机，而自民党则认为在 13 年内停止使用燃煤发电和内燃机是达不到的目标。对于这一问题，联盟党内部也存在分歧，默克尔曾经强调，要遵守德国政府在气候保护方面制定的目标，到 2020 年前进一步减少温室气体排放，主张停止使用燃煤发电和内燃机，而基社盟则持反对立场。

2. 再次大联合：迟疑的意愿与多种利益的博弈

德国大选结果迫使联盟党和社民党认真思考各自未来的道路，这也就是造成在"牙买加"谈判结束后，再次组成大联合政府存在变数的原因。社民党舒尔茨一度坚持社民党要当反对党，"牙买加"谈判破裂后，社民党处于须担负"国家和社会的责任"的压力下，在总统施泰因迈尔协调下，社民党对联合组阁谈判松口。舒尔茨对其立场松动的解释是，政局发展让人始料未及，社民党有责任共同应对困难形势。然而，联盟党和社民党在税收、环保、难民、养老金、教育等问题上都有分歧，所以舒尔茨说，即便谈判能够达成联合执政协议，也要社民党内投票表决通过才算数，充分显示其疑虑很大。

默克尔希望任何新政府都要继续致力于增长投资和稳固预算。这是默克尔对新一轮组阁谈判的原则立场。基社盟希望社民党"不要提出不切实际的要求"。在财政预算方面，保守的联盟党对预算赤字避之唯恐不及，坚持公共投资应量力而行；主张促进社会公平的社民党则要求加大公共投资。默克尔在这方面愿意做出一定妥协，但"底线"是不能增加债务。在税收制度改革方面，由于当前德国国库盈余达到历史高峰，各党都提出减税方案，但目标不同。社民党希望对中低收入人群减税，对高收入人群增税，这同联盟党有分歧。就是否取消用于原东德重建的"团结附加税"，双方立场也不同。在社会保障领域，社民党坚持引入"全民医疗保险"。目前德国医疗保险体系以"法定医保为主、私人医保为辅"，低于一定收入标准的人群必须在200余家法定保险公司中选择一家参保；收入超过该标准的人可自主选择加入法定医保或私人医保。社民党希望实现单一的全民保险，但基民盟担心这会加重医保支出负担。另外，社民党还提出稳定并逐步提高退休金标准、接纳移民不设上限等要求，在这些问题上估计联盟党不会有过多让步。

目前各方已充分预料到谈判的艰难程度，最终能否有积极结果，既要看合作意愿强烈与否，也要看妥协力度有多大。这场涉及多种利益的博弈不会进展顺利。

3. 少数派政府与重新选举

尽管在近期的民调中，支持少数派政府的民众（51%）略多于支持重新选举的民众（45%）①。但默克尔曾发表言论排除组建少数派政府的可能，将重新选举作为最后的选项，其原因可能在于少数派政府在实际的政府运作过程中很难推动政策执行，会导致政府没有行动能力，最终还是会导致重新选举。而重新选举也存在不确定性和不利因素。从2017年12月的民调数据看，如果重新举行大选，除了绿党和极右翼的德国选择党得票可能增加外，其他政党将没有太大的变化。那么即使重新大选，还会面临目前的组阁难题。另外，重新大选所需花费的资金大约在1亿欧元。而站在目前已经当选的议员的角度看，重新选举对于他们也将存在不确定性。

三 德国主流政党、德国社会与德国外交面临的挑战

默克尔在任12年来，对于德国和欧洲都意味着稳定，她被视作"西方世界的领袖"。然而，目前的选举结果、组阁形势以及德国内政、社会、外交面临的困难，减弱了默克尔头上的光环，令德国的主流政党、德国社会与德国外交面临挑战。

---

① 德国趋势2017年12月7日调查结果：https://www.tagesschau.de/multimedia/bilder/crbilder-strecke-443.html。

　　第一，德国主流政党面临压力与挑战。在本次大选中，两大主流政党遭受了 1949 年以来的最差得票率的冲击，德国选择党首次进入德国联邦议院，实现了历史性突破。实际上，一段时间以来，主流政党整体规模缩水、影响力下降已经是不争的事实。德国政党研究专家尼德尔梅耶（Oskar Niedermayer）对 1990 年以来德国六大主流政党的党员人数进行了统计：六大主流政党的党员人数已经从 1990 年的 240 万下降到了 2015 年的 120 万。在这期间，左翼党党员缩水现象最为严重，规模仅为原民主社会主义党的五分之一，自民党党员流失了三分之二，社民党党员减少了二分之一，基民盟党员减少了五分之二，基社盟党员减少了五分之一。只有绿党党员人数增加了近一半。党员人数缩水的同时，20 世纪 90 年代以来，多数主流政党对于社会各阶层的影响力持续下降。1990 年，六大主流政党的党员人数占符合条件加入政党的德国公民的 3.7%，而到 2016 年这一比例仅为 1.8%。此外，目前大联合政府执政两党政治纲领的趋同及其内部的纷争也造成了它们对于民众的吸引力减少。

　　那么又是什么样的深层原因造成主流政党的影响力下降呢？许多学者认为主流政党影响力的衰落以及民粹主义政党的兴起首先缘于德国社会阶级结构的深刻变化。二战结束以后，德国逐渐形成了中产阶级占多数的橄榄形的社会结构。西德人"相信当时的联邦德国正朝着'均质化的中产阶级社会'发展"。大多数人都将自己视为中产阶级的一员，并且能够轻松地寻找到归属感。在这种背景下，德国主流政党为了选举胜利，在意识形态、竞选主张等方面不断趋中。而中产阶级不同于工人阶级，他们是以一定收入标准划分的社会人群，他们中的大部分中没有明确的政治主张和阶级认同，他们作为选民参加选举时往往是根据候选人和政党的某些具体政治方案来决定自己的选举行为。而主流政党日渐趋中的政治主张会导致部分中产阶级产生政治冷漠，近似的竞选议题不再能引起他们的兴趣。阶级结构的变化为"标新立异"的政党提供了选民土壤。

　　随着全球化和欧洲一体化的发展，部分中、下阶层人民的收入和生活水平下降，民众对主流政党不满，是造成主流政党影响力下降的另外一个原因。2008 年金融危机以来，中产阶级贫困化、下层群体增加的趋势更为明显。欧债危机、欧盟东扩和难民问题进一步加重了德国中下层群体的忧虑。一些民众担心德国国内就业会受来自东欧、土耳其移民的影响。这些因素引起了民众对德国社会市场经济制度、欧洲一体化、全球化的质疑。

中产阶级内部的分裂是主流政党影响力降低、民粹主义政党兴起的第三个原因。德国学者新近的研究表明，右翼民粹主义的支持者往往是那些原先属于建制派的"功利导向者"，即由于职业危机或是生活危机而社会阶层降低的原中产阶层。这些人不仅仅存在于工人之中，也存在于受高等教育的阶层中。其中部分人涉及福利待遇的丧失，更多的是特定群体的权利或说是特权的丧失。① 选择右翼民粹主义的选民，想要从他们自身的失败中找出批评社会的机会。这些人将个人的失败归结于社会。而德国选择党恰好给他们提供了一幅这样的政治愿景，承诺重新建立工业模式下的社会秩序，回归传统意义上的家庭秩序等。从这个意义上说，德国选择党为其选民所提供的是一条反建制、反现代化的道路。

由此可见，主流政党所面临的挑战不仅来自由于阶级结构的变化而带来的意识形态方面的挑战，还来自欧洲一体化、全球化乃至现代化所带来的负面效应。

第二、社会问题日益凸显。在本次大选中，社会贫困，特别是老年贫困以及房租过高的问题，成为热议的社会问题。

近年来，德国经济总体景气度较高，劳动力市场亦呈现繁荣景象，但2016 年 12 月联邦政府公布的《贫困和富裕状况报告》（第 2 版）却显示，德国贫困人口比例②高达 15.7%，2005 年德国贫困人口比例仅为 5.5%。数据显示，德国贫困人口中包含大量的失业者、儿童和单亲孩子的父母以及越来越多的退休老人。德国贫困人口的底层是约 33.5 万的无家可归者（2015年数据，其中 30 万成年人，3 万儿童）。

德国贫困人口增加的原因十分复杂。全球化以及德国为了提高全球竞争力所进行的结构性改革无疑是造成许多低技能劳动者长期失业的原因之一，而全球经济危机造成的中产阶级缩水，民众中的中低收入者越来越多，财富结构固化，赤贫人口增加，也是一个原因。目前，右翼民粹主义政党德国选择党已经成为民众表达对现实政治、对全球化不满的通道，如果这些被社会

---

① 参考〔德〕柯内莉亚·柯佩池（Cornelia Koppetsch）2017 年 5 月 19 日在上海同济大学举办的"全球化挑战下的欧洲"研讨会上的发言"中产阶层的分裂——德国右翼民粹主义的文化社会学视角"。

② 贫困人口比例反映的是收入不足中位收入的 60% 的人口所占的比例——这一标准明显低于平均收入，而德国单身居民 2015 年的月收入贫困线为 942 欧元，一对有两个孩子的夫妇月收入贫困线为 1978 欧元。

主流、政治精英忽视的"被沉默"的阶层站队到民粹主义政党阵营的话，对于德国未来的影响将是不可预测的。因此，从短期看，为维护政治稳定，默克尔应封堵这一风险，关注这一阶层的利益，提高他们的福利待遇。从长期看，德国还需对经济和社会重新进行结构性调整，努力解决由全球化带来的社会不平等问题。

近年来，德国人口老龄化加剧，老年贫困人口增长较快。德国人年龄中位数为46.3岁，在世界范围，仅日本以46.5岁的年龄中位数比德国还老。随着人口老龄化的加剧，老年贫困现象日益突出。目前德国55岁以上的老年贫困人口已经达到570万，而在2010年这一数字为490万。出现老年贫困的最主要的原因便是养老金收入不足。一些政党提出设立"最低养老金"标准、再次延长退休年龄等政策主张。老龄化和老年贫困涉及社会发展的诸多方面，解决并非易事。

近年来，德国房租上涨过快，成为民众不能承受之重。在本次大选中，联盟党和社民党争论的焦点之一在于是否对"房租刹车"的法案补充更严格的规定。2015年，德国联邦议院通过一项名为"房租刹车"的法案，为提高房屋租赁价格设定上限。而这一法案出台的原因是在一些大城市以及大学城出现了房租增长过快，民众负担不起的情况。房源短缺是造成房租上涨的原因。在金融危机之后，德国经济率先复苏并保持稳定发展，吸引了原本保守的德国人以及来自其他国家的投资者将德国房产市场作为投资对象，德国房价在金融危机后以每年大于2%~3%的增幅上涨，这是导致房源短缺的原因之一。另外，廉租房被政府出售，同时因财政问题没有新建廉租房是造成房源短缺的另外一个原因。"房租刹车"的法案实施两年多以来，效果不明显，民众依然叫苦不迭。德国有约55%的人都在租房，而如果租金超过家庭总收入的35%，便会成为社会不稳定的因素。在本次大选中，默克尔所在的联盟党反对实施更加严格的"房租刹车"法案，默克尔认为应新建住房来解决这一问题，其出发点在于扩大基建、增加就业和税收，以此刺激经济发展，同时解决房源短缺问题。而舒尔茨所在的社民党认为应实行更加严格的法案，其出发点在于强调社会公平。但在短期内，两者的实施都存在这样或那样的阻力，德国民众租不起房的状态还将持续。

第三，德国外交形势面临诸多困境。在目前欧洲一体化面临困难、英国脱欧的背景下，德国在欧洲的地位和作用是毋庸置疑的。由于特朗普被许多人认为是对全球自由民主的威胁，俄罗斯被认为对欧洲存在潜在的威胁，加之各方对于德国在全球治理中发挥积极作用寄予厚望，德国在国际舞台上的地位和作用由此日益彰显。然而，当前德国的外交形势却面临诸多的困境，而组阁形势的不确定性更加限制德国在对外关系领域取得任何新的进展。

1. 德美关系：德国在克制和顺从中设法逐渐摆脱依赖关系

目前德国和美国之间主要的分歧点有两个：一是特朗普在多个场合批评德国对美国的贸易顺差；二是特朗普指责德国在军费支出上远低于北约规定的占国内生产总值（GDP）2%的目标（目前德国的军费支出仅占 GDP 的 1.2%，即 360 亿欧元）。默克尔希望在 2024 年将这一缺口补齐，这意味着德国将增加 240 亿欧元的军费开支。在选战中，舒尔茨强烈反对默克尔的主张，在民众面前反复强调应把这些钱用于改善民生。笔者认为，德美关系的这种状态还将继续，德国会逐渐减少对美国在防务方面的依赖性（这一过程或许很漫长）。同时，德国将继续努力处理好与美国的关系，避免与特朗普发生尖锐的矛盾。

2. 德俄关系：不再亲密却保持经济合作关系

在过去几十年中，德俄一直保持着较为亲密的政治关系和紧密的经济合作，但在乌克兰危机期间，德国对俄罗斯采取了强硬的态度，推动了欧盟对俄罗斯的制裁。此后两国政治关系不再亲密，同时德国在欧盟以及欧元区应对俄罗斯的政策上发挥着主导的作用。但德国作为出口大国，一直保持同俄罗斯良好的经贸关系，特别是在能源领域的合作。尽管近年受俄罗斯经济下行影响，双边经贸额收窄，但许多德国企业坚持留在俄罗斯，希望俄罗斯政治经济稳定。2017 年 8 月 2 日，美国总统特朗普签署国会提交的对俄制裁新法案，该法案牵涉欧洲国家参与的能源项目。德国外交部长于 8 月 29 日访美，其主要目的就是不希望美国的制裁摧毁欧洲与俄罗斯的经济关系，特别是能源领域的关系。

3. 德土关系：趋向紧张的关系

自 2016 年开始，德土关系发生了剧烈的变化。《欧土协议》的达成使得德国缓解了难民危机带来的巨大压力，而此后双方由于德国联邦议院通过的《亚美尼亚决议》、土耳其免签待遇和入盟进程受阻、土耳其国内的政治民主化状况等问题产生龃龉，双边关系一度陷入僵局。目前，由于德国与土耳其在北约内部日益紧张的关系以及埃尔多安监禁土耳其裔德国公民等事件，两国关系日趋紧张。目前，德国政府在处理与土耳其的关系上非常谨慎，避免惹恼土耳其，导致欧洲再次出现难民潮。

4. 欧盟内部关系：多种因素相互牵制的关系

一些外国媒体认为，马克龙当选法国总统有利于发展更加平衡的德法关系。但德国下一届政府组阁形势不明，舒尔茨"欧罗巴合众国"的方案比较激进，而默克尔秉持其一贯的较为谨慎的态度，这使得德国支持加深欧洲一体化的方案存在一些不确定性。在欧盟范围内，虽然 2017 年年初出现的民粹主义攻城略地的风险降低了，但存在各种需要解决的实际问题，如贸易问题、债务问题、人口问题、青年失业问题、恐怖主义问题、移民问题、防务问题。还未举行的意大利选举仍然是潜在的不稳定因素。另外，最近匈牙利和波兰政府对待欧盟的抵制态度，也使欧盟内部关系处于紧张和多变之中。

四 "稳定之锚"是否依旧稳定？

伴随民粹主义在欧洲的兴起、蔓延，反欧洲一体化、反全球化、反建制的力量搅动欧盟政局。2017 年，欧盟多个国家举行大选，伴随民粹主义政党力量的上升，欧盟政治局势面临多种不确定性，处于风雨飘摇的欧盟，需要一根"定海神针"来稳定大局。面对德国大选的结果、组阁的困境以及内忧外患，德国还依旧能够充当欧盟的"稳定之锚"吗？

1. 危机叠加、民粹主义泛滥，欧盟政治局势面临多种不确定性

近年来，欧债危机、乌克兰危机、难民危机、英国脱欧、恐怖主义的威胁相互叠加，使得欧盟成员国之间缺乏凝聚力、同床异梦的状况频频发生，欧盟机构缺乏公信力、协调机制难以奏效的情形常常出现，欧洲一体化举步维艰，欧盟陷入了有史以来最困难的时期。而欧洲民粹主义的蔓延所引发的反欧洲一体化、反全球化、反建制的思潮给欧盟的未来增添了更多的不确性。

一些西方学者将英国脱欧视为民粹主义攻城略地的一大胜利，而这一胜利对欧洲其他地区的民粹主义起到了鼓舞的作用。在法国，勒庞领导的极右翼政党"国民阵线"凭借其种族主义色彩和退欧的政治主张俘获不少选民，勒庞在 2017 年大选的对决中虽败给中间改革派的马克龙，但其在法国的影响不容小觑。2016 年 12 月的意大利修宪公投失败，总理伦齐辞职，这一结果助长了意大利极右翼政党"五星运动"及"北方联盟"的声势，为意大利政治和经济局势带来不确定性，影响着欧洲一体化的前途。在 2016 年 12

月的奥地利总统选举中，以排外疑欧为主要号召力的极右翼政党——自由党领导人霍费尔以微弱劣势败北，却为自由党再次在奥地利掀起民粹主义浪潮提供了机会；而在奥地利国民议会选举后，2017 年 12 月奥地利人民党与自由党联合组阁，奥地利成为目前唯一一个政府内阁成员包含右翼民粹主义政党成员的西欧国家。近年来，北欧国家的极右翼政党大有上升之势，而且多数北欧极右翼政党强调民族认同、维护本国利益，强烈反对外来移民、反对欧洲一体化和经济全球化。在受欧债危机影响严重的南欧，左翼民粹主义政党利用民众对现实经济状况不满的情绪，反对欧盟强加的财政紧缩政策，提出恢复本国货币、反对腐败，主张保护底层人民权益，并以此在近年的国家议会选举中获得较高支持率，比如西班牙的"我们能"党和希腊激进左翼联盟等。

在多种危机叠加、欧盟经济复苏缓慢、难民移民问题棘手的背景下，民众对欧洲一体化前途和命运的担忧不断增加，疑欧势力上升，反全球化队伍也随之壮大。民粹主义政党借机上位，反建制、反欧盟、反全球化的主张吸引了部分欧洲民众的眼球。在风雨飘摇的动荡中，欧洲一体化要继续前行，需要一根"定海神针"，而一直被喻为欧盟"稳定之锚"的德国还可以担当吗？

2. 德国政治稳定性受到挑战

相对于其他欧洲国家民粹主义的崛起之势，德国曾一直是个特例，由于民众对历史的反思，民粹主义政党一直没有进入联邦层面，但这一状况在2017 年发生了改变。受到难民危机的影响，从 2015 年年中开始，基民盟和社民党的支持率下降，而反欧元、反欧洲一体化的右翼民粹主义政党——德国选择党却从中获益。

本次德国大选的结果虽然并未超出人们的预料，但组阁形势出现一波三折，却是让许多人始料未及的。就目前的情况讨论德国政治的稳定性应从多个角度加以考虑。

第一，政府正常运转，是否代表一切如旧？在组阁形势存在多种变数并且遥遥无期的情况下，根据德国《基本法》第 69 条，在新总理任命前，应总统要求，现总理及联邦政府有义务作为看守内阁继续行使政府职能，但目前的政府无法通过新的法令或实施大的改革措施以及做出对于未来有重大影响的战略规划。所以，目前德国的政府仅仅是维持国家机器继续运行，其余的动力无法提供。

第二，德国选择党进入联邦议院，未来的新政府决策会受到哪些影响？

就目前的情况而言，还没有哪个主流政党愿意与德国选择党组阁。那么如果大联合谈判取得成功，德国选择党将作为最大的反对党，担任联邦议院预算委员会主席。预算委员会负责监控联邦支出，并且决定在哪些领域投资多少，同时有关欧元区稳定的财政资助也是由这个委员会审批。这一权限将有利于德国选择党推行其政治主张。对国内政策和德国的欧洲政策形成掣肘。但德国的主流党派或许会在联邦议院的一些机制上进行设置，对其形成制衡。

第三，默克尔是否还是稳定的代名词？英国脱欧公投以及特朗普在美国大选中获胜有利于默克尔留在政治舞台上。因为此时的欧洲急需一个强有力的领导人来主导与英国的脱欧谈判、抵制欧美民粹主义泛滥对于全球化的威胁。但经历此次选举以及组阁的挫折后，默克尔在党内以及民众中的支持率有所折损，默克尔此次是否能够连任仍存在变数。德国法律对于总理的任期没有限制，多数政党研究专家仍然推测默克尔即使连任，至多还有 4 年的任期。而"后默克尔"时代后继无人，"后默克尔"时代德国的稳定性依然是个问号。

3. 主流政党的应对之策

如上文所述，在本次大选中，61% 的德国选择党的选民支持该党是由于对其他政党失望。因此，德国主流政党目前所尽量争取的便是如何把选民从选择党的阵营中拉回来。社民党为了这一目标，曾放弃组阁，宣布成为反对党。而"牙买加"组合谈判破裂的一个原因也是各方无法改变自身的原则立场，否则将无法面对自己的选民。对于默克尔所在的联盟党来说，早已迈开步伐去挽回失去的选民。

在默克尔第三届政府任期内，作为中右翼政党的基民盟经常被诟病奉行中间路线，默克尔执行的某些政策让基民盟丢失了选民，比如对难民的欢迎政策，再比如对南欧国家的纾困措施和欧洲中央银行的政策等，均在德国民众中引起了强烈的不满情绪。不但如此，默克尔的政策路线也遭到了来自其姐妹党基社盟和她所在的基民盟成员的批评。

面对基民盟在难民危机中支持率的下滑、党内成员对难民政策的批评与争吵以及德国选择党的逆势而起，当时为备战 2017 年大选，默克尔领导的基民盟就做出了路线调整。2016 年 12 月，在德国埃森召开的基民盟党代会上，默克尔以 89.5% 的得票率再次当选为基民盟主席，同时，这次党代会通过的决议确定了基民盟向"右"转的基调。决议框勒出基民盟竞选纲领所包含的主要议题，其中包括右倾的内容，如加强边境控制、减轻将非法移民驱逐出境的法律障碍、禁止蒙面罩袍（如波卡），以及一项不加税的承诺。决议还提出一项提案，呼吁联邦政府取消父母为外籍的德国人的双重户籍。虽然这一决议与默克尔一直以来奉行的政策相去甚远，但默克尔还是公开表示支持上述决议。从这一转向可以看出，党内出现了越来越多对默克尔中间路线不满的情绪。为了继续掌控基民盟，默克尔被迫向党内的保守派妥协。此外，基民盟向"右"转也是为了遏制右翼民粹主义政党德国选择党的上升势头，并且挽回一些丢失的选票。

未来，为了捍卫自身的地位，从德国选择党手中夺回失去的选票，德国主流政党是否在经济层面会更多地转向保护主义和侧重社会公平，在文化层面转向保守主义，在政治层面转向民族主义国家，将是一个值得研究的课题。

4. 德国未来在欧洲的角色定位

在传统上，德国是一个更多关注自身的国家。在欧债危机过程中，德国被推到了欧洲领导者的位置，其后在乌克兰危机的处理中，德国在欧洲外交与安全领域表现出积极有为的态度，成为解决这一危机的欧洲一号领导者。对于扮演欧洲领导者角色，德国经常处于犹豫不决中。而当欧洲团结面临考验，英国公投脱欧，欧盟国家脱欧、疑欧的倾向有所增强，欧盟急需一个领导者的时候，默克尔2017年的新年讲话中，坚定地表达了继续推动欧洲一体化前行的决心和希望领导欧洲的愿望："当整个欧洲一起面临全球竞争、欧盟外部边界保护或者难民问题的挑战时，欧洲也应该团结一致共同寻找解决问题的答案，不管这多么困难、多么旷日持久。并且德国对在其中扮演领导角色充满兴趣。"

而在目前德国国内形势存在诸多变数，组阁陷入困境的情况下，笔者认为：

第一，德国在推进欧洲一体化问题上将有所后撤。默克尔的权威受到挑战，各政党政策偏好的复杂性减少了新政府在欧洲政策上取得一致的可能性，德国选择党进入联邦议院对德国的欧洲政策形成压力。而为了赢回失去的选民，执政党在欧洲政策上会有所顾忌。会迫使德国的领导人在国内事务上投入更多的精力，在欧洲政策上会更加顾及德国的利益。

第二，德国在欧盟的角色需重新定位。德国独大的状态将会改变，在"后默克尔时代"德国和欧洲的稳定都将面临不小挑战。德国在国际舞台上所需承担的责任，以及未来德国为推动欧洲一体化所必须做出的国内利益的牺牲，都将成为国内民众对政府不满的因素。

德国选择党述评简析

——兼议德国议会制度衍化

夏汛鸽[*]

夏汛鸽[*]

摘　要： 在互联网大数据的重要时代条件下，国内外有关媒体工作者或学者对德国 2017 年议会大选结果，尤其是对所谓"大选黑马"德国选择党的媒体述评，作为一种研究方式，应受到充分的关注。2017 年德国联邦议会大选再次说明，德国独特的多党体制特征并未发生本质上的改变，尽管出现了德国选择党这样政治主张极右、政治实践异端的政党。我国德国研究学术界曾经提出，究竟是什么机制保证德国通过议会程序法制化和政党轮流执政规范化来实现国家政权运作的正常化？德国政党二元体制的内涵如何发生变化？德国众多小党从何而来、地位何以上升、何以影响大党和整个德国政局？德国选择党的出现，深化了这些命题持续存在的现实价值内涵。尽管所谓"二元体制"日渐式微，但其稳定的基础架构并非可以轻易撼动。在所谓"三角均势"架构下衍生的选择党、自民党、绿党、左翼党四小党的"四边形张力"，继续生动体现着德国现代议会民主制度的包容特质对稳定国体政体的重要作用，已经并正在继续深化德国经济社会"动而未乱"的结构调整；以动荡的欧洲和德国为深刻背景，德国联邦制架构下国家政党政治体制，在不断衍化变异中维系着超越党派意识形态差异的持续稳定。

关键词： 德国选择党　德国政治体制　德国议会制度　衍化

在互联网大数据的重要时代条件下，国内外媒体工作者或学者对德国 2017

---

* 夏汛鸽，全国工商联智库委员会委员。

年议会大选结果，尤其是通过媒体对所谓"大选黑马"德国选择党（选择党，Alternative für Deutschland-AfD）的述评，作为一种研究方式，应当受到充分关注。例如有评论认为：四年一度的德国议会大选尘埃落定，德国战后第十九届议会诞生。德国基督教民主联盟/德国基督教社会联盟（简称基民盟/基社盟，它们组成"联盟党"）获票32.9%，虽保住了议会第一大党的地位，但结果远低于预期；德国社会民主党（社民党）在新旗手马丁·舒尔茨的率领下，虽费了九牛二虎之力，却仅获得20.5%的选票，创下历史新低。本次大选真正的看点在于其他四个小党的"铜牌"争夺战：上次大选德国自由民主党（自民党）出局后，德国左翼党和德国绿党曾为少了一个对手而暗自窃喜；但今年大选，不仅自民党经过四年的谷底挣扎，实现了得票10.6%的"王者归来"，而且，选择党在反欧盟、反欧元、反移民、反伊斯兰化的民粹浪潮中，成为第二次世界大战后第一个进入德国联邦议会的极右政党，并以13%的得票率一举坐上了第三把交椅。选择党的成功，是本次大选爆出的最大"冷门"。① 2017年德国联邦议会大选落下帷幕后，这种媒体述评式研究力度不减、文献剧增。笔者谨主要针对相关可能有典型意涵的中文述评文献，选择性地进行若干简要归纳分析。同时，根据所分析内容的需要，适当引用或说明若干德文报道资料来源，尽管这类引用或说明也许会有不尽贴切之处。

一　又一个绿党？

有文献认为，② 自欧元危机爆发后，大多数德国人一直对德国联邦政府应对欧元危机的所作所为持反对态度。2013年2月成立的选择党，期望利用德国老百姓的恐惧心态从中获得政治利益。在某种意义上讲，选择党和德国很多党派有点类似："似曾相识燕归来"，在德国被统称为"抗议党"。它们大都是在某一件事情上对政府的做法极度不满或者完全无视而诞生的。最典型和最成功的例子是现今的绿党。20世纪80年代初创立时，绿党党纲主要围绕着一个政治主题：环保。绿党之所以成功，是它能够顺利地把政治目标扩张到其他各领域，并且受到广大德国公民的支持和认可。

不过，事实上所谓绿党"顺利地把政治目标扩张到其他各领域"，乃至

---

① 参阅扬之《2017德国大选：极右翼选项党成最大"冷门"》，观察者网，2017年9月25日。

② 参阅周磊《德国选择党兴起的原因和他的将来》，新浪博客，2014年6月17日。

"受到广大德国公民的支持和认可"，作为一种过程其实并不顺利，也并非完全受到公民的支持与认可。① 否则，就无法完整准确地理解和认识何谓德国的"抗议党"。20 世纪 60 年代末，德国左翼学生运动经过激进发展，包括频繁的街头抗议活动，进而陷于停滞和分裂，然后逐步与反对破坏环境、反对增加核电站的市民运动相融合。在学生运动中曾经发挥重大影响的左翼马克思主义传统，与市民运动中涌现的强调个人发展和精神活动、强调可再生能源的"绿色理念"相结合，为新出现的绿色政治奠定了广泛的社会基础和相应的理论基础。在这一深刻的历史背景下，当时核能问题与核武器部署问题的突现，执政党对非传统政治运动及其代表的新政治议题的消极回应，德国对获得一定数额选票的政党给予财政补偿的特殊选举规定等，形成了有利于绿党成为新政党的政治契机，进而促成绿党从绿色团体向绿色政党的转化。直到 1979 年 3 月，由自由主义和保守派的生态学家组成的"独立德国人行动委员"和"未来绿色行动"组织一起，联合当时德国最大的反核能和生态组织"德国市民生态组织联合会"共同成立了德国绿党联合会"选择政治联盟－绿党"。1980 年 1 月，德国绿党才正式成立，并从 1998 年到 2005 年成为德国执政党之一。

此外，前几年在德国政坛上曾经出现过昙花一现的"海盗党"。海盗党 2006 年在德国成立，它唯一的政治宗旨可以被认为是：网络自由。由于其在全德国的支持度也曾一度高达 13%，相当多的德国人都认为，德国海盗党很有可能成为德国第二个绿党。然而，出于多种原因，德国海盗党没能如愿以偿。主要原因之一是党内不团结，其次是政治目的有限。简要的历史回顾表明，德国的所谓"抗议党"们尽管发展路径五花八门，但实现其政治目标的"不顺利"则可能是共同的特征。至于要得到德国乃至欧洲广大民众的支持与认可，同样也是"不顺利"的；想要顺利，前提条件是要有适当的历史机遇。众所周知，"历史机遇"往往"可遇而不可求"。

概而言之，绿党在德国乃至欧洲政坛的政治影响力是渐进积累的；选择党其实也是如此，尽管其由于成立时间不长而具有"政治暴发户"的某些特征。上述相关文献和当时欧洲及德国的主流舆论几乎都认为，"到 2017 年德国联邦议会大选还有三年，在政坛上三年时间非常漫长，说不定到那时选择党已经成为历史了"。但同时，还是较为理性地提出，"世事难料，当 2017

---

① 参见夏汛鸽《生态市场经济：德国为例》（绪论），中国经济出版社，2015。

年大选期逼近的时候必定会有所变动"。此类文献对德国选择党 2014 年在欧洲议会选举中胜出的偶然因素和必然因素进行了较为客观的分析。有文献曾认为，按照当时的情况，还无须高估德国选择党对欧洲或德国的政治影响力；德国选择党在欧洲议会的作为，完全取决于其在德国的政治实力。2014年，选择党在德国还没有进入任何一个议会，更不用谈执政。对选择党而言，当时的首要任务是务必在德国三个州（勃兰登堡、萨克森和图林根）议会大选中胜出，扩展其政治活动的平台，为 2017 年德国联邦议会大选做准备。能否在德国州议会大选中胜出，在德国政坛先站稳脚跟，也不完全取决于选择党本身。就算选择党 2014 年能顺利进入德国相关州议会，也不完全代表其有机会在德国州的层面参政执政。尽管如此，相关文献还是认为，2014 年欧洲议会选举对德国选择党是一把双刃剑。德国选择党尽管对进入欧洲议会欢欣鼓舞，但更希望进入德国联邦议会；欧洲议会只是过路平台，选择党的最终目的是在德国政坛上拥有一席之地。

诚然，所谓"世事难料"需要事实来说明。有文献通过较为详尽的相关数据，对选择党在 2017 年德国联邦议会大选中"崛起"的原因予以评论。[①]其一，选择党选民理念一致。选择党选民对本党怀有强烈的认同感。选择党99% 的选民认为，只有选择党真正意识到，德国民众正在失去安全感；99%的选民认为必须降低伊斯兰教对德国的影响；96% 的选民认为要更严格地阻止难民流入德国；85% 的选民认为选择党是德国唯一一个可以真正表达抗议的政党；仅有 35% 的选民认为选择党并未与德国其他极右派保持足够的距离。其二，获得较多新增选票。2017 年德国联邦议会大选投票率较 2013 年增加了近 5%，新增参与投票的选民人数达到 330 万。其中选择党势力最强的萨克森州以 75.4% 的投票率创下历史新高。本次大选 330 万新增选票中有120 万（占 36%）投给了选择党，70 万（20%）投向自民党，联盟党和社民党仅收获 38 万（11.5%）和 36 万（10.9%）。其三，选民对本届政府满意程度较低。有一半的德国选民对本届大联合政府整体表示不满意，而对社民党的满意度更低，只有 39%。虽然有 84% 的德国选民对德国目前经济形势和自身的经济状况满意，大多数人认为德国民主体制运转良好，但这并没有体现在他们的选票之上。原本在 2013 年投了联盟党票的选民中有 98 万改

---

① 参见《技术贴：N 张图读懂德国选民把选择党捧上议会第三大党的执念》，澎湃新闻，2017年 9 月 27 日。

投选择党，占了 1818 万联盟党选民的 5.4%，即其 20 个选民中就有一个变节。而原属社民党的选民中也有 47 万人改投了选择党。当然不应主观地认为，上述统计数据就是"世事难料"的全部内容。然而和当初绿党在德国政坛"强势崛起"的情形一样，选择党也是通过"选票强势"反映了德国政治生态与时俱进的深刻变化。

二 何谓政治诉求？

显然，不能将选择党的政治定位与绿党简单类比。即使作为德国多党体制下的"文中之义"，尤其是在当今德国政坛出现"政纲趋同"的现实背景下，可以在德国名目繁多的政党纲领或口号中找出趋同的"蛛丝马迹"，但任何简单类比或许都有违政治学研究的科学准则。有文献分析指出，[①] 2008 年之后，国际金融危机未消、希腊债务危机接踵而至。当时，政治意志压倒并干预市场规则：为了将希腊留在欧盟内，欧元国家以及国际货币基金组织同意向雅典提供多次纾困贷款。由于这些措施涉及纳税人的切身利益，所以导致欧盟内许多知识精英和普通民众的不满。在这一背景下成立的选择党，是对德国现有政治以及主流意识的一种"叛逆"，如：质疑欧洲一体化，反对欧盟单一货币政策，要求重新恢复德国旧货币马克，等等。2015 年夏，大规模的难民潮对欧盟形成强烈冲击，也改变了德国的政治生态。默克尔政府在毫无准备和协调的情况下，向难民打开国门，为德国在全球赢得了极高的人道声誉。但是，难民带来的伊斯兰文化和本地的基督教文化的"不匹配"现象越来越明显，尽管对所谓"不匹配"现象也同样存在不同观点的争论。

因此，如同众多媒体分析文献所指出，弥漫在德国社会中的不满情绪，使选择党党内代表经济自由主义的原领导让位于党内的民族保守主义势力，但不改的是其党的"反派"角色。作为一个民族主义保守政党，选择党常常被德国主流媒体和政治对手称为"极右势力"或"新纳粹"，但选择党并未选择象征亲近家园和土地的纳粹传统颜色：褐色，而是用浅蓝色来代表自己的政治诉求。在德意志文化中，"蓝"是浪漫主义的代表色，不仅象征着对美丽的追求，还包含面对现实痛苦时的某种"自恋感动"（narzisstische Gerührtheit）。德国浪漫主义的政治诉求，是所谓一尘不染的"蓝花情结"，

---

① 参阅扬之《2017 德国大选：极右翼选项党成最大"冷门"》，观察者网，2017 年 9 月 25 日。

其实也是对工业现代化一种感伤或失落的反应。当新的全球化浪潮再次给德国经济社会带来迷茫和不安时，选择党将"蓝"作为党色是为了更好地顺应德国社会的怀旧情感，尽管这样的评判有"失之武断"之嫌。诚然，对所谓的"蓝色情怀"，在选择党内也有不同的理解。最极端的例证可能是，德国选择党著名核心人物之一佩特里女士在 2017 年德国联邦议会大选之后，对媒体公开发表"与蓝色情怀划清界限"的言论。[1] 并且"身体力行"，断然退出选择党，仅以独立议员身份进入德国联邦议会。这种近乎"戏剧性"的政治诉求表达方式，使人们对选择党"蓝色情怀"所展示的"反派"色彩，或许有了"另类的领教"；而"另类"通常是德国社会政治生活中"党朋结社"的重要特性，一方面表达了"民主国家"的"自由内涵"，另一方面蕴含着"法治国家"面临的"多元挑战"。

如同上述文献所分析，自 20 世纪 70 年代以来，德国经济社会中的政治生态出现新的不平衡现象：虽然先后出现过诸如"共和党""自由公民联盟""希尔党""德国社会联盟"等新的右翼政党，但均未成气候。右翼势力在德国之所以"声名狼藉"、很难生存，其原因之一是当年纳粹给德国带来的灾难使右翼思潮和势力臭名昭著，其次是对纳粹残余的清算以及对现代媒体的左倾影响。不过，德国右翼政治势力基础存在比例并不低。2017 年德国联邦议会选举中，德国各行业选民对选择党投票的比例总得票率中工人群体占 21%、职员 13%、公务员 10%、个体商户 12%、退休人员 11% 以及失业人员群体为 22%。[2] 而且，十分重要的"选情"在于，选择党的代表人士并非那些新纳粹组织的"光头党"成员，而是来自中产阶层的"知识精英"，党的核心人物几乎全部受过高等教育；很多党员以前都是基民盟党员，有较深厚的政治背景或较丰富的政治经验。[3] 这样的社会政治资讯，无论对社会

---

① Vergl.：EX-AFD-CHEFIN FRAUKE PETRY "Ich möchte nicht länger sozial geächtet werden" Von Peter Huth，Matthias Kamann ｜ Stand：01.10.2017 ｜ https：//www.welt.de/politik/deutschland/article169195180/Ich-moechte-nicht-laenger-sozial-geaechtet-werden.html.

② 参见《技术贴：N 张图读懂德国选民把选择党捧上议会第三大党的执念》，澎湃新闻，2017年 9 月 27 日。

③ 参见周磊《德国选择党兴起的原因和他的将来》，新浪博客，2014 年 6 月 17 日；姜锋《"左中右"视角掩盖了西方社会矛盾》，《环球时报》，2017 年 9 月 29 日；《德国选择党：紧抓选民情绪》，参考消息网，2016 年 12 月 15 日；《德国大选"稳中有变"新政府未来面临更多挑战》，人民网－人民日报，2017 年 9 月 26 日；《德国选择党，昙花一现还是洪荒猛兽》，环球时报－环球网，2017 年 9 月 27 日；《技术贴：N 张图读懂德国选民把选择党捧上议会第三大党的执念》，澎湃新闻，2017 年 9 月 27 日。

普通公众还是对专业研究者来说，都意味着人们不应也不再可能对所谓"右翼"与"左翼"进行简单"排队"或"划分"，也不应再简单粗略，而是应当力图准确地评估当代德意志民族清算纳粹历史陈渣的文化自信和理论自信。

而且，与较普遍的舆论猜测不同的是，选择党的选民并不都是德国社会生活中的所谓"落伍者"。据德国媒体报道，选择党选民的社会成分，实际上与绿党、自民党等高度重合。同时，与人们普遍的印象不同，选择党的主要支持者也并非所谓德国的"全球化失败者"，即低收入群体。选择党支持者中低收入群体的比例甚至低于社民党和左翼党，与联盟党相仿。"在人心不安的时代里，顾及选民的情绪才是至关重要的"。或许正是这种情绪因素，才为选择党聚拢了横跨社会各阶层的大批不满者。选择党的成员仅 2.8 万。除了具有强烈民族主义情绪的德国人，选择党还吸引了一批所谓"正直的保守公民"，例如律师、公务员和商人。选择党的多数支持者不但有工作，而且比普通德国人挣得更多且受教育程度更高。在 2016 年进行的调查中，德国选择党约 80% 的受访者表示其经济条件"良好"或"非常好"。仔细分析选择党的选票增长来源，大部分集中在移民占比较低的德国东部地区，这里发展相对落后。选择党在该区域获得的选票，比 4 年前增长了 15.6%。据德国电视二台报道，在 5 个前东德联邦州，选择党的支持率是 21.5%，仅次于基民盟（26%）。

德国选择党更具体的政治诉求，可以概括为：反对欧元和欧盟、反对主流政党、反对文化多元化、反对"政治正确"、反对代议制。同时，也包括涉及德国普通民众切身利益的某些政策主张，例如在国家和公民的安全方面：要求加强警力，改善警察装备，提高警察待遇，扩大警察的执法权限；在让公民直接参政方面：要求学习瑞士，实行公投，让公民有权改变和拒绝议会通过的法案；在确保最低工资方面：要求用法律的形式保护最低工资，提高低收入者在劳资关系中的地位，以此减少贫困；主张在德国就得遵守德国法规：国家必须坚决反对在"多元文化"的名义下形成"平行社会"；主张妇女的自主权不容谈判：伊斯兰不属于德国，穆斯林在德国必须按照基本法承认男女的平等地位；主张移民不是权利，而是特权：德国有权自主决定接收谁，德国应该按需接收有专长的外国人；德国绝不能变质，必须永远是德国人的德国；主张保护边境：欧盟的外部边界已经不保险，申根协议基本失效；德国必须恢复对自己边界的有效管控，同时保证欧盟内部的人员和物资的自由流通。① 显然，选择党政策主张被包装的"民族"和"民生"两大因素，在一定程度上对德国普通民众具有相当强烈的感召力。

所以，也有文献较客观且从理论分析的角度指出，认为德国选择党的政治纲领"简单粗暴"是不准确的。否则，完全无法理解为何选择党2013年9月就在德国联邦议会选举中获得4.7%的选票，成为1953年以来在德国联邦议会大选中选情最好的新建政党。在欧洲和德国经济社会矛盾深化的背景下，高举反主流政党旗帜的选择党不断调整和发展其政治纲领，在经济上坚持退出欧元区的诉求；在能源上主张保留核能；在政治制度上要求通过全民公投来做出国家重大决策；在社会政策上反对伊斯兰教在德国传播，反对多元文化社会。选择党反对德国主流政党的几乎所有政策，反对德国社会精英提倡的"政治正确"。依托反主流的政治纲领，选择党2016年9月先在德国梅克伦堡 - 前波莫瑞州以20.8%的得票率超过得票率19.3%的基民盟，成为该州仅次于社民党的第二大党；两周后又在具有指标意义的柏林获得14.2%的选票，进入首都议会。选择党在短短3年多时间内就在德国16个联邦州的13个中获得州议会议席，使其在2017年德国大选中进入联邦议会几乎没有悬念。在一定的历史条件下，所谓政党政治体制下多党政治的观念多元化，通常也更具体地表现在相关政党政治诉求的文化理念差异、区域发展差异，以及传统意义上的党员成分差异等诸方面，德国选择党的出现，只是再次提供了一个"典型环境"中的"典型案例"而已。同时，至少现在可以认为，选择党这个"典型案例"在不尽相同（也不可能完全相同）的历史环境下，依托丰富多彩的德意志民族精神文化家园，利用相对完备的西方议会民主制度规范，立足与时俱进的现代德国经济政治文明，尤其是顺应德国在欧洲乃至世界经济政治一体化浪潮中积极而标志性的重要影响，演绎了一幕较为精彩的"政治活报剧"。②

三 颠覆政治生态传统？

关于德国选择党异军突起的经济社会内涵，有关文献综合分析认为，选

① 参见《德国选择党：紧抓选民情绪》，参考消息网，2016年12月15日。

② https://www.welt.de/politik/deutschland/article169248699/Warum-Muenster-unempfaenglich-fuer-die-Parolen-der-AfD-ist.html. Bundestagswahl 2017 Wo die AfD besonders erfolgreich war. Stand: 21.11.2017 | Quelle：N24/Kevin Knauer.

择党在短短 4 年时间里异军突起，体现了德国选民对经济社会现实和生活现状的具体感受，[1] 以及由此而做出的政治选择。德国经济在不太景气的世界经济中能够多年保持增长态势，政府财政实现盈余，劳动力市场基本能提供充分就业的机会。但是，经济增长带来的财富没有均衡分配，从 2005 年到 2015 年德国面临"相对贫困威胁"的人从 14.7% 增加到 15.7%，德国东部则高达 19.1%。德国选民虽有能充分就业的机会，但新的技术和劳工政策深刻地改变了就业岗位，从过去终身单一岗位就业，转变到现在的多岗位就业、短期就业。未来 15 年现有工作岗位的 60% 将消失，许多普通劳动者为保住工作机会被迫在多个职位中奔波。德国传统家庭在分化，人们所依赖的基本社会结构不尽稳定，单亲有孩家庭受贫困威胁的比例高居 44%，相对贫困在代际传承。众所周知的难民问题激发选民对社会不稳定的不满，一些普通民众指望国家提供稳定的保障，但现实往往使他们一再失望，而通过选择党人们似乎找到了发泄不满的渠道。应当坦然承认，从所谓"不满"的性质，来分析作为"欧洲经济发动机"的德国经济社会现实的文献并不多见；将这种"不满"的性质，归结于德国选择党顺应民意而"悄然上位"的原因，虽有"拔高"之嫌但亦有道理。问题的关键可能在于，德国现有的各类政党，谁能够立足国情正确地"捏拿"社会"不满"的性质并提出相应的政治主张，谁就会尽可能多地获得选票。

尽管笔者提出，不应也不再可能对德国所谓的"右翼"与"左翼"进行简单"排队"或"划分"，也不应再简单粗略地而是应当力图准确地评估当代德意志民族主流意识形态清算纳粹历史陈渣的文化自信和理论自信，乃至德意志联邦共和国国家与人民的制度自信和道路自信，但"入乡随俗"，还是得认同选择党成为逾 50 年来首次进入德国联邦议会的极右翼政党，被欧洲乃至德国经济界称为"震撼事件"。2017 年德国联邦议会大选后，欧元在亚洲早盘交易中下滑。[2] 欧洲证券市场专业分析人士认为，德国联邦议会大选显示，选择党的支持率大幅上升，导致默克尔女士在组建执政联盟时将面临巨大挑战。尽管默克尔仍然努力成功赢得本次大选，但其所在的保守派阵营选民支持率大幅流失。选择党获胜造成了德国联邦议会新的裂变，使默

---

① 参见姜锋《"左中右"视角掩盖了西方社会矛盾》，《环球时报》2017 年 9 月 29 日。

② 参见《惊呆！德国大选制造两个重大意外 欧元遭抛售》，FX168 财经报社（香港）讯，2017 年 9 月 25 日。

克尔女士必须面临带领一个极不稳定执政联盟的局面。

这种局面在经济上也立即有了生动的表现。2017 年德国联邦议会大选结果令欧元开盘走低。欧元/美元早盘下挫 0.4%，报 1.0906，有分析人士指出，欧元/美元后市可能会测试 1.1860 附近的支撑位。① 虽然在 2017 年迄今上涨 13% 之后，许多汇市分析人士认为，欧元/美元年底收盘料位于 1.20 上方，但有关德国组建政府旷日持久的谈判可能会打压市场人气。在亚洲市场早盘，外汇市场流动性较低，当前市场走势可能只是开头，欧元晚些时候可能会出现更深的回调。大选的结果可能引发投资者对于避险资产的需求，这可能令瑞郎（0.9702，0.0016，0.17%）和德国国债受到买盘支撑。2017 年迄今瑞郎兑欧元已经下滑约 8%，而 10 年期德国国债的收益率已经翻了一番多。由于投资者预计在 2018 年初意大利大选前反欧元政党会遭到更有力的打击，反欧元的德国选择党优于预期的大选结果可能导致欧元汇率遭受进一步打击，尽管对此还需要更长时期的观察和研判。

就选择党对德国政治生态传统的颠覆而言，相关文献分析指出，② 在德国的政治生态中，德国基社盟占据最右的位置。在很长时期内，许多比德国基社盟更右的政党均被划为"极右"或"纳粹党"，或受到德国联邦宪法保卫局监控，或面临被政府取缔的窘境，或自我淡化、自行消失。长期以来，联盟党一直是德国保守派的大本营。默克尔女士担任基民盟主席后，大幅度推行"社民党化"的结果，虽然为联盟党赢得不少中间选民，却导致党内保守信众的不满，即所谓默克尔的"左倾路线"对基民盟带来的潜在危害：联盟党所代表的保守基础已开始动摇，再不改变策略，恐怕会积重难返。③ 进一步的文献分析认为，选择党正是钻了默克尔女士的"左倾"空子，并在很短时间内不断坐大，甚至大有取代联盟党，成为新保守派大本营的趋势。2017 年德国议会大选结果的"冷热之间"，反映出德国当前政治生态观点分散、力量分裂的现状。继续沿用传统"左中右"的政党分类范式，似乎已无法有说服力地解释上述变化，也无法解释其与德国社会现实之间的关系。④ 与其说 2017

---

① 来源：Zerohedge、FX168 财经网。

② 参见扬之《2017 德国大选：极右翼选项党成最大"冷门"》，观察者网，2017 年 9 月 25 日。

③ Vergl. : STIMMEN SIE AB Sollte die Union politisch nach links oder nach rechts rückenü Stand：07. 10. 2017 | https://www. welt. de/politik/deutschland/article169404163/Sollte-die-Union-politisch-nach-links-oder-nach-rechts-ruecken. html.

④ 参见姜锋《"左中右"视角掩盖了西方社会矛盾》，《环球时报》2017 年 9 月 29 日。

年德国联邦议会大选结果是选择党的胜利，不如说是对德国执政党的抗议和惩罚，与德国传统政治谱系中的所谓"左中右"并没有太大关联。看来，不应对所谓"右翼"与"左翼"进行简单"排队"，或者对所谓"左中右"进行简单"划分"，正在逐渐成为国内外德国问题研究学者们的共识（或者共识之一）。

统计显示，2017 年德国联邦议会大选民调上升幅度最大的是自民党（升幅 5.6%）和选择党（升幅 8.3%）。由于没有政党愿意与选择党合作组阁，德国媒体普遍认为所谓的"牙买加模式"（联盟党、自民党、绿党三党组阁）可能性最大。不过，所谓"可能性最大"也意味着"变数也很大"，在每次联邦议会选举后过长的"组阁谈判期"令德国社会普遍感到厌倦的情况下，更是如此。[①] 选择党崛起所引发的广泛担忧，集中到一点可以总结为，此次德国联邦议会大选结果，彻底改变了德国联邦政党的光谱和德国联邦议会的政党力量结构，选择党将不断挑战政府和"围猎"默克尔。[②] 例如根据规定，德国联邦议会内最大反对党代表将出任联邦议会预算委员会主席；尽管"所幸"社民党明确宣布成为议会反对党，由此可能遏制选择党若作为议会最大反对党对于政府工作尤其是政府财政方面的制约，然而"遏制和反遏制"将如何上演，人们拭目以待。可以预期并且实际上已经"眼见为实"，选择党的"挑战和围猎"绝不仅仅是让未来任何形式的德国执政联盟，即可能出现所谓联盟党与绿党或自民党组成少数派政府，或者联盟党再次与社民党组成大联合政府，或者联盟党最终还是与绿党和自民党组成新政府"感到不舒服"，其锋芒还将具有颠覆性质："牙买加谈判"破裂后，选择党要求

---

① 参见《德国大选出口民调显示默克尔连任成功》，《人民日报》2017 年 9 月 25 日；《德国执政党组阁谈判濒临破裂　默克尔或面临危机》，2017 年 11 月 20 日；《默克尔遭遇最大执政失败》，《环球时报》2017 年 11 月 21 日；《德国自民党宣布退出正在进行的试探性组阁谈判/组阁谈判失败　默克尔面临三个选择》，《北京青年报》2017 年 11 月 21 日；《"牙买加联盟"谈崩　德国组阁陷困局》，《人民日报》2017 年 11 月 22 日；《默克尔称组少数派政府不如重选》，《北京青年报》2017 年 11 月 22 日；《默克尔：不害怕重新选举》，《环球时报》2017 年，11 月 23 日；Vergl. : UMFRAGE Die Jamaika-Parteien verlieren an Zustimmung. Stand: 08. 10. 2017. https://www. welt. de/politik/deutschland/article169412150/Die-Jamaika-Parteien-ver lieren-an-Zustimmung. html.

② Vergl. : (1) NEUES PARLAMENT Die Angst vor der AfD in den Bundestagsausschüssen. Von Philip Kuhn | Stand: 02. 10. 2017 | https://www. welt. de/politik/wahl/bundestagswahl/article169266969/Die-Angst-vor-der-AfD-in-den-Bundestagsausschuessen. html (2) ALBRECHT GLASER Fraktionen lehnen AfD-Mann als Bundestagsvizepräsident ab. Stand: 02. 10. 2017 | https://www. welt. de/politik/video169237236/Fraktionen-lehnen-AfD-Mann-als-Bundestagsvizepraesident-ab. html.

默克尔女士立即辞职。德国媒体普遍认为，一旦重新举行德国第19届联邦议会大选，"牙买加谈判"桌上的各方都可能受损，而选择党可能继续获益。笔者以为，假设条件下的"重新大选"如果真正发生，尽管选择党的获益肯定还是有限度的，但"默克尔下台"的概率则肯定会增加。

四　出路何在？

就德国选择党的发展前景来说，尽管选择党在欧洲和德国政坛创造了所谓"震撼和奇迹"，国内外仍有大量文献用"内部争吵、外部威胁"的基本意涵来形容德国选择党的生存现状和发展前景。[①] 例如，德国知识界较为普遍的担忧认为，选择党或将威胁德国民主。从已进入德国联邦州议会的一些德国选择党议员情况可以看到，他们通常无意从事有序的议会工作，而是热衷于争吵。有德国媒体认为，与半年前相比，选择党民意支持率已大幅下降，原因是意识形态争吵、内部权力斗争和明显右倾使其失去一些中间路线选民的支持。同时连选择党高层都认为，选择党内部缺乏纪律，成员中存在无政府主义者，以及一些"愚蠢与胡闹的行为"。事实上，以德国选择党前主席佩特里女士为代表的"温和派"希望走"现实政治"路线。佩特里女士在德国联邦议会大选后突然宣布退出选择党在德国联邦议会的党团，使选择党"温和派"与"极右派"的内斗进一步公开激化。

至于德国选择党面临的"外部威胁"，其内涵可能在于，其一，德国政坛中最具煽动性的事务：难民危机，似乎已从人们的视线中消失。如有德国媒体认为，移民潮已经缩小为涓涓细流：那些已抵达德国的外来人口正忙于融入德国社会。选择党曾经警告的犯罪激增、恐怖活动频发和社会崩溃等预言，在德国并未成为颠覆正常经济社会秩序的可怕现实。其二，选择党不太可能根本颠覆德国现有政治体制，尽管在一定程度上可以认为，本次德国联邦议会大选是显示欧洲右翼民族主义情绪的重要标尺之一。选择党异军突起固然冲击了德国政治生态，但新的政治生态也有可能反过来影响甚至重塑选择党。[②] 在德国现有法律框架内，极端的右翼言行违法。选择党虽然在德国政坛上跃升为第三大党（严格意义上讲依然是"小党"），但在政治实力上

---

① 参见《德国选择党，昙花一现还是洪荒猛兽》，环球时报－环球网，2017年9月27日。
② 参见《新闻分析：右翼政党异军突起冲击德国政坛生态》，新华社，2017年9月28日。

与联盟党和社民党仍有不小的差距。其三，德国社会分裂的无形之"墙"，只会激发德国国民加强团结。尽管第二次世界大战后将德国一分为二的"柏林墙"已被推倒，但由疏远、失望、愤怒产生的无形之"墙"在一些人心中变得顽固，"墙"的背后是被煽动起来对德国民主制度深深的不信任。尽管 2017 年德国联邦议会选举结果反映出德国社会愈加尖锐的对立和不满，但德国人民总体团结一致，坚决反对客观存在于德国社会包括新纳粹团体（运动）中的极端民族主义（民粹主义）这一社会本质不会根本改变。① 2017 年 10 月 3 日在德国美因茨市举行的两德统一 27 周年纪念活动中，德国总理默克尔等联邦政府、议会、宪法法院要员，以及各联邦州州长和社会各界代表的出席，尤其是德国总统施泰因迈尔的演讲十分鲜明、坚定地表达了上述"团结一致"的坚定信念："纳粹永远不再属于德国"。

尽管在当今法治的德国社会，无论德国总统属于何种党派，其公开演讲及公务活动都不会偏向于任何党派，但施泰因迈尔总统的演讲还是强烈地表达了坚决反对包括极右翼思潮的国家意识。这样的国家意识是在德国《基本法》精神原则下的"超党派意识"，在本质上得到绝大多数德国人民的拥护。或许，纪念德国统一 27 周年庆祝活动现场深蓝色的基调氛围，有力地表达了超党派国家意识远比浅蓝色的德国选择党主张更坚实、更坚定地符合德国国家利益和德国人民的意愿，也向全世界展现了当代德国国家意识的本质和国家行动的未来。同时，也恰当地表达了德国主流意识形态对"异端理念"的宽容与包容。笔者谨认为，值得提出的是，我国有关媒体对德国选择党的客观报道，是上述"宽容与包容"在当代国际关系或国际政治中的折

---

① 参见《德国总统警告　分裂德国社会之"墙"已经出现》，新华社，2017 年 10 月 4 日。(1) Vergl.：REDE ZUR DEUTSCHEN EINHEIT Steinmeier stellt Bedingungen fürs Deutschsein. Von Hannelore Crolly, Mainz | Stand：03. 10. 2017 | https：//www. welt. de/debatte/kommentare/article169289922/Wo-sich-Wulff-etwas-traute-ist-Steinmeier-nur-defensiv. html. (2) STUDIE ZUR BUNDESTAGSWAHL überraschende neue Trennlinie in Deutschland. Stand：06. 10. 2017 | https：//www. welt. de/politik/deutschland/article169364450/Ueberraschende-neue-Trennlinie-in-Deutschland. html. (3) TAG DER DEUTSCHEN EINHEIT Ein Volk? Auch 27 Jahre nach der Einheit ist das vielen fremd. Stand：03. 10. 2017. | https：//www. welt. de/politik/deutschland/article169173 604/Ein-Volk-Auch-27-Jahre-nach-der-Einheit-ist-das-vielen-fremd. html. (4) "MAUERN AUS ENTFREMDUNG" Alexander Gauland fühlt sich nicht angesprochen. Stand：04. 10. 2017. https：//www. welt. de/politik/deutschland/article169293910/Alexander-Gauland-fuehlt-sich-nicht-angesprochen. html. (5) UMFRAGE Ein Viertel der Deutschen wünscht sich Neuwahlen. Stand：05. 10. 2017. https：//www. welt. de/politik/deutschland/article169331291/Ein-Viertel-der-Deutschen-wuenscht-sich-Neuwahlen. html.

射，在一定程度上表现了中国特色社会主义国际风范的深刻政治内涵之一。①

五　历史或许惊人相似，但可能不会简单重复

2017 年德国联邦议会大选结果再次说明，正是在总体上透明、规范的法制环境中，德意志联邦共和国逐步发展了自己独特的多党制，或者说多党林立、互争政权的温和多党体制。其主要特征曾经是：政党数量多；多数政党间意识形态或政策主张逐渐趋同；政党间相互产生"向心力竞争"；允许出现联合政权并具有鼓励联合政权的政治结构。第二次世界大战后不久，在德国西部地区曾有 500 多个组织要求建立政党，尽管受到西方盟国的限制，实际仍成立了 150 多个政党。② 而从 1998 年开始，按照德国政党法规定，有资格参加德国联邦议院大选的政党达到 40 多个，③ 实际存在的政党显然更多。

历史同样再次证明，上述德国独特的多党体制特征至今并未发生本质上的改变，尽管出现了德国选择党这样政治主张极右、政治实践异端的政党。我国德国研究界曾有的相关研究认为，德国政党林立是各种错综复杂的社会矛盾相互作用的结果，包括宗教斗争在新的历史条件下通过党派斗争得到缓和与控制，传统意义上的阶级斗争、矛盾与对抗导致的维护工人阶级利益的组织和政党的产生，民族主义主张德意志民族统一与地方主义代表诸侯国利益的冲突孕育出形形色色的地方党，外来居民与本地居民矛盾尖锐化所产生的各类维护居民利益的政治组织，以及在工业社会发展产生的社会问题对社会阶层和利益集团产生剧烈冲击的深刻背景下出现的农民党，或者以保护生

---

① 参见《默克尔称组少数派政府不如重选》"相关新闻"：《德国选择党：说我们是纳粹"实在很冤枉"》（本组文/据新华社），《北京青年报》，2017 年 11 月 22 日。

② 顾俊礼：《德国的联邦共和制》，载杨祖功、顾俊礼等著《西方政治体制比较》，世界知识出版社，1992，第 335 页。参阅夏汛鸽《生态市场经济：德国为例》（绪论），中国经济出版社，2015。

③ K-J. Holzapfel（Hrsg.），Deutscher Bundestag, 1999 Rheinbreitbach, S. 38. 转引自甘超英编著《德国议会》，华夏出版社，2002，第 81 页。1998 年按得票率统计排名前 27 位的德国联邦议会参选政党是：德国社民党、德国基民盟、德国基社盟、德国绿党、德国自民党、德国民主社会主义党、德国巴伐利亚党、保卫德国自由公民联盟、德国 2000 年机会、德国基督教中间党、德国人民联盟、德国灰豹党、德国共和党、德国家庭党、德国妇女党、保卫德国马克党、德国马列主义党、德国动物保护党、德国民族民主党、德国环保法党、德国生态民主党、德国效忠圣经党、德国非选民党、德国共产党、德国社会联盟、德国中央党。近年来，又出现德国海盗党、德国选择党。参阅夏汛鸽《生态市场经济：德国为例》（绪论），中国经济出版社，2015。

态环境为主要纲领的形形色色的小党，乃至目前出现带有民粹极右色彩言论或主张的德国选择党，等等。大约在 2013 年之前，德国独特的"二元制下的三角均势"政党体制格局，从政治学一般规律的角度或者从制度安排的一般意义上来观察，已经维系了相当长的时期。对此，至少有几个方面是值得继续深入探讨的：其一，议会制程序与轮流执政的相互关系，或者说究竟是什么机制保证通过议会程序法制化和政党轮流执政规范化来实现国家政权运作的正常化？其二，二元体制与三角均势的关系，即二元制的内涵如何发生变化、三角均势是否继续稳定？其三，大党与小党的关系，即小党从何而来、小党地位何以上升、小党何以影响大党和整个德国政局？

显然，德国选择党的出现，有力地印证了上述命题时空内涵的正确性质，更有力地深化了这些命题持续存在的现实价值内涵。尽管所谓"二元体制"日渐式微，即德国传统意义上联盟党和社民党两大党的势力日渐走弱，例如，其参与德国联邦议会选举的"联合份额"从 1987 年的 81.3% 降低到 2017 年的 53.4%，但其稳定的基础架构并非可以轻易撼动。① 笔者曾经提出，对于德国现代政党发展历程中，德国绿党作为"小党""生态党"及"运动党"出现，对此国内外学者已经开展了相应研究和分析，最主要的内涵是对德国绿党异军突起以及对二元政党体制挑战的关注。② 以特殊的激进思想小党身份进入德国联邦议会，绿党曾经着实在德国政坛掀起了一场针对德国政党二元体制的革命。尽管这场革命直到今天并没能在最本质的意义上"推翻"德国政党政治体制"二元化"的根本构架，但是由于德国两大政党的轮流执政主要通过与小党结盟才能实现，从而也在根本上改变了德国政坛政治力量的对比。从这个意义上讲，这种成功也为选择党，乃至未来德国政坛可能出现的其他新党做出了榜样。

不必讳言，当初德国绿党和今天德国选择党在德国政坛新的"政治洗牌"中占有重要的"一席之地"，本身就证明了其适合德国国情而存在的价值。在所谓"三党鼎立"格局，或者所谓"三角均势"架构下衍生的选择党、自民党、绿党、左翼党四小党的"四边形张力"，不仅继续丰富衍化着

---

① 参见《技术贴：N 张图读懂德国选民把选择党捧上议会第三大党的执念》，澎湃新闻，2017 年 9 月 27 日。

② 顾俊礼：《德国的联邦共和制》，载杨祖功、顾俊礼等著《西方政治体制比较》，世界知识出版社，1992，第 342 ~ 344 页。参见夏汛鸽《生态市场经济：德国为例》（绪论），中国经济出版社，2015。

德国独特"二元制下的三角均势"政党体制格局，继续生动体现着德国现代议会民主包容特质对稳定国体政体的重要作用；而且已经并仍在继续创造德国"小党独大（或小党争大）"的政党体制大观，已经并仍在继续衍化德国经济社会"动而未乱"的结构调整：以动荡的欧洲和德国为深刻背景，德国联邦制架构下国家政党政治体制，在不断衍化变异中维系着超越党派意识形态差异的持续稳定。

难民危机对德国的挑战及影响

胡 黉[*]

摘 要： 在应对难民危机过程中，德国主要面临难民危机被"政治化"、安全风险难以管控、德在欧洲一体化中"主导"地位遭受质疑这三大挑战。这三项挑战相互影响，加大应对难民危机的难度。受此影响，对内整合部门资源、调整与民众沟通政策，对欧支持"多速欧洲"方案、激活"法德引擎"，并欲在全球事务尤其是安全事务中发挥更大作用。

关键词： 难民危机 德国 政治化 德国在欧盟角色

2017 年 9 月 24 日，德国大选结果揭晓。执政的联盟党及社民党的得票率都创下了历史新低，而极右翼政党德国选择党（Alternativeüfür Deutsch-land，简称 AfD）则异军突起，一举获得 12.6% 的选票，极右翼政党在战后首次进入德国联邦议院。作为主打"难民牌"的政党，德国选择党在本次大选中的"成功"让人意识到：尽管一度"沉寂"，难民危机在德国政治中仍然有着深远的影响。

事实上，在 2015 年夏天难民危机爆发之后，德国政府已经采取系列措施管控危机，并取得了明显成效。经过早期的徘徊后，从 2015 年底到 2016年初，德政府逐步形成一套明晰、成体系的应对方案：对内集中精力应对难民涌入过程中产生的融入、安全等相关问题；对外借力欧盟、北约等多边机构，通过与土耳其签订合作协议、关闭西巴尔干路径、打击人口贩卖等方

---

* 胡黉，原中国国际问题研究院欧洲所实习研究员。

式，控制难民大量、长期流入①。在这两方面的共同作用下，进入欧洲及德国的难民数量有了明显减少，难民危机得到有效缓解。

尽管如此，但如前文所说，从 2017 年大选的结果来看，难民危机在当下仍然是德国国内政治焦点，尚未平息。难民危机被"政治化"、难民危机背景下内外安全风险交织、德国在应对难民危机主导地位所引发欧盟其他成员国的担忧等几大挑战未得到妥善解决，相互间关联性增强。受此影响，德内外政策均有所调整，体现在加强部际协调、探索一体化新路径、加强全球事务参与等方面，这些变化既是为应对难民危机的冲击，亦是德国面对欧洲、全球新格局、新秩序的摸索与尝试。

一 难民危机对德国的多重挑战

（一） 难民议题被"政治化"，撕裂德国社会共识

各国涉欧议题的"政治化"② 在欧洲一体化进程中一直是常态，但此次难民危机被"政治化"所导致的负面效应尤为突出。正如联合国难民署负责保护事务的助理高级专员沃尔克·图克（Volker Türk）所说，难民危机被"政治化"激发"民粹主义政治、有害的公共辩论以及人们的恐惧心理"③。

难民危机被"政治化"的突出表现是德国极右民粹势力的崛起并获取政治空间，颠覆了德传统政治格局。极右翼民粹势力如国家民主党、新纳粹势力等长期在德国政坛上活跃，但始终被视为"异端"，其种族主义、排外倾向不为德国主流社会所接纳。但在此次难民危机中，新的极右势力取代传统

---

① 在德政府如何应对难民危机方面，学者已多有论述。详见郑春荣《欧洲难民危机背景下德国在欧盟中的领导角色》，载郑春荣主编《德国发展报告（2016）：欧洲难民危机背景下的德国》，社会科学文献出版社，2016，第 1 ~ 13 页；伍慧萍《难民危机对于德国政治经济与社会的影响》，载郑春荣主编《德国发展报告（2016）：欧洲难民危机背景下的德国》，第 14 ~ 40 页。

② 学界对"政治化"的定义及作用多有不同看法，但综合来看可以概括为"国内政治行为体动员大众关注、参与和推动欧盟决策争论"的过程。在此前讨论中，尽管不乏对"政治化"消极影响的担心，譬如认为对民众的动员"威胁而不是推动了一体化进程"，但"政治化"仍更多地被认为是一个中性的、描述欧洲一体化客观发展的状态。详见李明明《论欧洲一体化的政治化进程》，《社会科学》2012 年第 11 期，第 31 ~ 38 页。

③ UNHCR, "UNHCR's Türk warns against growing politicization of refugee and asylum matters", 08 Oct 2015, http://www.unhcr.org/news/latest/2015/10/56152fa76/unhcrs-turk-warns-against-growing-politicization-refugee-asylum-matters.html.

极右政党，成为"反难民、反移民"的主力军。其中以"欧洲爱国者抵制西方伊斯兰化"运动（Patriotische Europäer gegen die Islamisierung des Abendlandes，一般简称为 PEGIDA）和德国选择党为主要代表。其中，成立于 2014 年 10 月的 PEGIDA 运动在难民危机以来，在德东部多次组织反移民游行，参加人数众多①。德国选择党则为极右翼在德国政坛争得一席之地，在 2016 年以来的多场州选举都有突出表现，并在 2017 年联邦大选中一举成为议会第三大党。

极右势力之所以能够突破传统的"政治正确"，获得政治空间，有两方面因素：首先，难民危机事态发展为极右翼势力的抬头提供了充分的空间。难民危机使极右论调"合情化"②，日益获得民众共鸣。在危机爆发之初，德国政府片面强调收容难民的人道主义考虑，未与民众做充分沟通。尽管初期民众响应政府号召，民间对难民的大量涌入持友好、支持态度，但随着涌入难民数量的持续增多，与难民相关的治安案件相继发生，文化、生活习惯上的巨大差异使得民众对于难民的容忍达到临界点。2015 年底巴黎暴恐事件与科隆性侵事件的相继发生，直接改变了德国民间与社交媒体上对于难民的态度，民族、种族主义的呼声开始成为主流③。与此同时，德国主流政党亦未能对这些诉求及时做出回应，给了极右翼势力填补舆论真空的机会④。其次，极右翼势力也充分利用这一机会，德国选择党借机将"反移民"包装为政治焦点，在选举中高歌猛进，成为德国政坛上的重要力量。德国选择党本身政策关注的转变充分说明了这一点。德国选择党作为反欧元政党出现，但随着难民危机的爆发，德国选择党迅速将其关注议题从"反欧元"转移到"反移民、反伊斯兰"上。在这一过程中，德国选择党内部一度出现"路线之争"，更为激进的一派最终成为党内主流，进一步巩固、强化德国选择党的反移民立场。而联邦大选的结果，也说明了德国选择党这一策略的有效性。

---

① 见宋全成《难民危机背景下的德国社会及其变化》，载郑春荣主编《德国发展报告（2017）：大选背景下的德国》，中国社会科学出版社，2017，第 67~83 页。

② 课题组对德国学者的访问，2016 年 9 月。

③ Bastian Vollmer and Serhat Karakayali, "The Volatility of theDiscourse on Refugees in Germany", *Journal of Immigrant & Refugee Studies* (2017), pp. 1 – 22.

④ Sebastian Stier, Lisa Posch, ArnimBleier and Markus Strohmaier, "When populists become popular: comparing Facebook use by the right-wing movement Pegida and German political parties", *Information, Communication & Society* 20：9（2017），pp. 1365 – 1388.

除了极右翼势力借助难民危机"上位"外，难民危机被"政治化"还表现在"反移民"议题成为各主流政党之间，甚至是政党内部争论的焦点。执政联盟中基民盟、基社盟立场相左，默克尔所在政党基民盟内部对难民政策也有不同声音。如基社盟主席泽霍夫就多次批评默克尔的难民政策，要求为德国接收难民的数量"设置上限"，基民盟元老、财长朔伊布勒也曾对默克尔难民政策表示不满①。而除了来自右翼主流政党的压力外，默克尔政府的难民政策同样遭到左翼的批评。以绿党及部分非政府组织为代表的左翼群体将对默克尔的批评重点放在德国与难民来源国签订的遣返等条例上。他们批评默克尔政府通过将土耳其、阿富汗等国认定为"安全的第三国"，从而允许将难民遣返回这些国家的做法。并希望能够允许难民家庭团聚。尽管主流政党的言论相对克制，攻击对象是默克尔的"门户开放"政策而不针对难民，但其实质上使得有关"反移民"的辩论长期存在于主流政坛，获取了民众的高度关注，并直接影响各联邦州选举的结果。这已经是难民议题"政治化"的表现，在某种意义上也可认为是"民粹政党"的成功。

在难民危机"政治化"的过程中，政党、民众立场倾向极化，难民议题的讨论更类似于政治上的"选边站队"而忽略了具体政策。默克尔相对成型的、走中间道路的危机解决方案难以服众。默克尔的难民政策"形左实右"，表面上强调人道主义立场，严拒设置难民人数上限，实际上采取加强安全措施、加速难民遣返等一系列举措尽量降低难民对德国社会的影响，并威慑、阻止新难民到来。这一策略看似能够满足各方面要求，既维护了"自由世界"的价值观，又照顾到民众对难民大量涌入的排斥情绪，但在难民危机"政治化"背景下却是"两头不讨好"。"政治化"放大左右两翼诉求，推动政党、民众立场极化，要求政府采取更为激进的政策，收获"早期成果"，而默克尔寻求中间道路的方案只可能在长期收效，短期内难以获得认可甚至难以"自圆其说"。但亦有许多学者、评论家认为，默克尔"形左实右"的难民政策原本即不自洽，长期来看默克尔的举措必将失败，"展现更多的人道主义考虑及姿态"与"满足要求收紧难民政策的呼声"之间的矛盾终难以化解②。而大选后曾经在联盟党、自民党及绿党之间举行的"牙买加"组

① Simon Marks, "Schauble says German Migration Policy Was A Mistake", 29 Jan 2017, https://www.politico.eu/article/schauble-says-german-migration-policy-was-a-mistake/.
② Cameron Abadi, "The Dam Will Hold. Until It Doesn't", 4 Oct 2017, http://europeslamsitsgates.foreignpolicy.com/part-5-the-dam-will-hold-until-it-doesnt-germany-europe-merkel-EU africa-migration.

合组阁谈判则正体现这一点。绿党与联盟党、自民党之间在难民议题之间的鸿沟难以弥补，难民议题"政治化"仍将持续。

（二）难民危机引发安全威胁升级，政府应对受掣肘

自难民无序涌入以来，德国相继发生科隆新年性侵案、六月至七月系列恐袭、圣诞市场恐袭等一系列与难民相关的安全事件，威胁不断升级，边境安全、社会安全与恐怖主义相互交织。

恐怖主义是难民危机冲击下德国面临的主要安全挑战。突出表现在2016年7月的多起小规模袭击及袭击未遂案件，及12月圣诞市场的"独狼式"恐袭。难民的大量涌入所带来不稳定局面加大了德国政府防范恐怖主义威胁的难度。难民甄别及遣返工作不力、大批难民滞留，均为恐怖主义的长期渗透提供便利。而申根区内边境开放以及欧盟成员国间出入境系统等各项数据库之间的信息共享不足[1]，使得潜在的恐怖分子一旦进入申根区，其追踪成本及难度都极高，难以完全覆盖。加大了德国及欧洲各国遭到恐袭的可能性。德国情报机关在内部文件中称德国已经成为"恐怖主义的中心"[2]。

与此同时，极右势力煽动针对难民的暴力袭击，冲击社会稳定。在民粹主义的煽动下，部分极端民族主义者对难民聚居区进行打砸抢、袭击外国人、纵火等犯罪行为，一度稳定的德国各族群关系在难民危机的冲击下急速恶化[3]。此外，外部环境的持续动荡亦威胁欧洲边境安全。自土耳其发动未遂政变以来，欧土关系持续紧张，也使得欧洲政治家与民众对于"欧土协议"的有效性有所担忧：一旦土方不遵守欧土协议，放开欧土边界，其境内的300万叙利亚及其他各国难民[4]将涌入欧洲，引发新一轮且规模更大的难

---

[1] Janosch Delcker, "Germany to press for entry-exit registry in Schengen area", 24 Mar 2016, https://www.politico.eu/article/germany-to-press-for-entry-exit-registry-in-schengen-area-thomas-de-maiziere/.

[2] Leigh Boobyer, "Merkel's migrant policy has made Germany and Terrorist Hub of Europe-security services", 6 Nov 2017, https://www.express.co.uk/news/world/876145/Angela-merkel-migrant-europe-isis-terrorism-security-syria-germany.

[3] 见宋全成《难民危机背景下的德国社会及其变化》，载郑春荣主编《德国发展报告（2017）：大选背景下的德国》，第67~83页。有学者证实了极右翼对类似袭击的煽动作用，且指出此种攻击行为具有"感染性"，见：Sebastian Jäckle and Pascal D. König, "The dark side of the German 'welcome culture': investigating the causes behind attacks on refugees in 2015", West European Politics 40: 2 (2017), pp. 223-251.

[4] 根据欧盟委员会报告，至2017年10月，土耳其境内有超过340万难民，详见http://ec.europa.eu/echo/files/aid/countries/factsheets/turkey_syrian_crisis_en.pdf。

民潮。中东局势亦不见乐观，叙利亚冲突持续、沙特与伊朗间的争斗依旧，特朗普上台以来的美中东政策调整致使中东地区局面进一步复杂。此外，作为欧洲的东南门户，巴尔干安全局势依旧不稳，恐怖主义、武器及毒品的走私、人口贩卖与非法移民等问题也直接影响欧洲稳定①。动荡的周边局势使得难民数量不断增加，增大欧洲边境管控的难度，对欧洲构成持续性压力。

如何引导民众正确看待并处理难民危机与安全威胁之间的联系，一直是德国政府面临的棘手挑战。为避免极右翼势力借题发挥，激发民众对难民的恐惧心理，德国政府在应对难民危机所衍生的安全威胁中相对低调。在难民危机爆发之后直至 2016 年初，在难民的大量涌入与安全威胁之间建立联系的做法在德国国内一度被"刻意压制"。既是因为其时尚未有证据支撑"难民涌入危害德国安全"的说法，也因为类似观点违背德国社会一直坚持的"政治正确"，有种族歧视之嫌。但极右翼坚持将难民与安全威胁相联系，并批评德国部分主流媒体并未公正、客观呈现难民涌入的全貌，而是受政治正确"蒙蔽"，仅在为政府行为背书，并指责媒体为"撒谎媒体"（Lügenpresse）②。而即便在巴黎恐袭、科隆性侵案发生之后，尽管德国民众对于难民的态度已有明显反弹，亦担心难民引发的安全隐患，但德国政府仍倾向于以社会治安及文化冲突的角度看待这一事件，未能及时回应。在这段时间内，德国政府工作重心也更多放在难民接收与安置上，并在欧盟层面上力推难民摊派方案，安全威胁仍不是政府工作的焦点所在。直到 2016 年 7 月四起由难民或移民实施的袭击开始，难民危机所引发的安全威胁问题才被高度重视。德国政府开始推出多项安全措施，如赋予警方更大执法权、允许联邦国防军在出现恐怖主义袭击时与警方进行合作等，在圣诞市场恐袭之后更进一步加强安全措施③。

尽管推出了系列安全举措，但民众整体上的不安全感仍有所上升，也进

---

① 详见 "Why Black Sea Matters", New Strategy Center and Center for American Seapower, Hudson Institute, Jan 2017, https://newstrategycenter. ro/wp-content/uploads/2016/04/Why-the-Black-Sea-Matters-Policy-Paper-NSC-and-Center-for-American-Sea-Power-II-engl-A4-9ian2017 - 1. pdf。

② 该词在德国具有特殊背景，在纳粹时期被用于针对支持犹太、共产党以及国外政权的媒体。详见王剑一《难民危机中的"谎言媒体"》，http://globus. caixin. com/article/934/。

③ 德国政府打击恐怖袭击的具体措施详见 https://www. bundesregierung. de/Content/DE/Artikel/2016/07/2016 - 07 - 27 - schutz-von-terror-massnahmen-zur-sicherheit-und-besseren-integration. html 及 https://www. bundesregierung. de/Content/DE/Infodienst/2017/02/2017 - 02 - 08 - sicherheit/00-sicherheit. html? nn = 437032#group2。

一步助推难民危机的"政治化"以及极右翼势力得势。在 2017 年大选前的相关民调显示，移民与恐怖主义威胁是民众在本次德国大选中最为关注的议题。正是在这种背景下，德国选择党在大选中获得第三多的选票，充分说明其借助民众不安全感，将难民危机"政治化"策略收到了实效。

(三) 德国在欧洲一体化进程中的"主导"地位遭受质疑

在难民危机的冲击下，德国视角下的欧洲一体化进程受阻。这主要体现在两个方面：一方面，欧盟其他成员国对"德国主导"产生担忧，质疑德国的领导方式；另一方面，难民议题揭开并放大了欧盟新老成员国之间的矛盾。

德国在欧盟内部的主导地位自 2010 年债务危机以来日益明显。在债务危机、乌克兰危机以及难民危机应对中，德国的地位高度凸显，已经成为欧盟"不可缺少的"国家。如波兰外长所言，各国更担心的是德国"不作为"而非其"实力"。但伴随着德国在债务危机以及难民危机中的强硬表现，这种认可逐步转化为对德国"过分主导"的担忧。德国在债务危机期间主导紧缩政策，已引发信任问题[1]。德国被认为将本国利益考量置于欧元区整体利益之上，在其领导权的收益大于成本时才扮演领导角色[2]，既犹豫不决，又专横霸道。在债务危机期间，各国尽管接受德国主导的应对方案，但其更多的是"屈从"于德国的经济实力，而并非以"宽容共识"的方式达成妥协。欧盟其他成员国对于德国的角色出现了种种质疑。有关"德国问题"的讨论重新被摆上台面。

在难民危机中，德国强行推动难民分配方案进一步加剧这种担忧。德国为应对难民危机，在未与他国协调的情况下，暂停执行《都柏林公约》并在理事会上强推难民分配方案，要求欧盟各国均接收一定数量的难民，招致东欧国家尤其是维谢格拉德集团的强烈抵制，不仅方案无法执行[3]，还加剧了

---

① 金玲：《欧债危机中的"德国角色"辨析》，《欧洲研究》2012 年第 5 期，第 17~28 页。

② Magnus G. Schoeller, "Providing political leadership? Three case studeis on Germany's ambiguous role in the eurozone crisis", *Journal of European Public Policy* 24：1 (2016), pp. 1 – 20.

③ 截至 2017 年 9 月 26 日实行配额的期限，欧盟国家只完成了安置难民全部任务的 28.7%。在维谢格拉德集团四国中，波兰与匈牙利拒收所有避难者申请，斯洛伐克的难民配额为 902 人，但实际接收了 16 人，捷克的配额为 2691 人，接收了 12 人。详见 https://www.amnesty. org/en/latest/news/2017/09/eu-countries-have-fulfilled-less-than-a-third-of-their-asylum-relocation- promises/。

与该集团的矛盾。四国联合发表声明，谴责德国将自身意愿强加于人，推行"道义帝国主义"，认为德在享受难民带来的"人口红利"的同时，却要求其他成员国为其埋单，其中匈牙利和斯洛伐克两国更将欧盟委员会告上法庭。而正是由于难民分配方案未能实现，在欧土协议这一替代方案于 2016 年 3 月最终出台之前，德国政府始终未能向民众展现出其解决难民大量涌入问题的手段，在某种程度上放大了难民危机的"危害"，给予了极右翼政党将难民议题"政治化"的空间。

从波兰、匈牙利等国立场上看，其强硬拒绝难民分配方案既出于东欧国家无接受难民的"历史经验"，国内宗教、文化更为保守，难以接纳大规模穆斯林等考虑，更有利用难民危机激发国内民粹思潮，将难民危机"政治化"从而达到巩固国内政治地位的企图。匈牙利欧尔班政府即利用其反难民、反布鲁塞尔的立场获得民众支持，有效缓解了该党在难民危机爆发前因腐败而引发的信任危机。[①] 波兰法律与公正党也通过将难民塑造为"对波兰国家安全的威胁"等"舆论战"，在 2015 年 10 月的议会选举中大胜[②]。

在欧债危机加剧南北欧分化之后，难民危机进一步撕裂了东西欧之间的关系。在这段时间内，波兰、匈牙利等国国内政治出现的"非自由主义的民主"（illiberal democracy）倾向恶化了以柏林、布鲁塞尔为代表的老欧洲与华沙、布达佩斯之间的关系。在法国受制于内部事务，无力分享欧盟领导权后，德国引领下的欧洲一体化步履蹒跚。

二 难民危机影响德内外政策

上述挑战所折射的，是伴随着难民危机的爆发及发展，德国所面临的"后真相"时代崛起、一体化动力不足的大环境。德受此影响，对内整合部门资源、调整与民众沟通政策，对欧支持"多速欧洲"方案、激活"德法引擎"，并欲在全球事务尤其是安全事务中发挥更大作用。

---

① 课题组对匈牙利学者的访问，2016 年 9 月。

② 具体实现方式及分析见 Piotr Cap, "From 'Cultural Unbelonging' To 'Terrorist Risk': Communicating Threat in the Polish Anti-immigration Discourse", *Critical Discourse Studies* (2017), pp. 1 – 18, 及 Michal Krżyzanowski, "Discursive Shifts in Ethno-Nationalist Politics: On Politicization and Mediatization of the 'Refugee Crisis' in Poland", *Journal of Immigrant & Refugee Studies* (2017), pp. 1 – 21。

（一）对内整合政治资源应对"政治化"及安全这两大挑战

在德国政府应对难民危机的过程中，许多深层次的难题逐渐凸显，譬如联邦与州如何分权，自由与安全如何兼顾等。在此背景下，德国政府意识到需对内整合政治资源的必要性。

德政府采用系统性的"全政府"（whole-of-government）手段应对难民危机，以迎接难民危机"政治化"及安全威胁升级两大挑战。2016 年德国国防部出台新安全政策，将"全政府"方式保障安全列为德国首要战略优先。[①] 新安全政策认为内外安全界限模糊、混合战争方式涌现都严重威胁国家安全，因此要求政府部门、社会及媒体、网络、水电等关键基建部门以综合手段应对。

尽管新安全政策并不直接指向难民危机，但其"全政府"解决问题的方式在"难民危机"的应对中得以呈现。"全政府"方式要求各政府部门，以及联邦与州之间的协调配合，防、驱、疏并行管控安全风险。以联邦总理府为中枢，联邦安全委员会或其他部际协作模式进行协调。联邦安全委员会原本只处理军售等相关事务，但在新的安全战略中，则强调德联邦安全委员会的枢纽作用。在总理府统领下，德联邦内政部、司法部、外交部、经济合作与发展部、国防部等部门共同应对危机。而在难民危机的解决过程中，即可以看到这一思路的印迹：其一，内政部、司法部防控潜在威胁。内政部加强对入境移民的甄别与审查，赋予警方更大执法权，并与司法部合作放宽监控条件，收紧居留许可的发放。其二，外交部、内政部、经济合作与发展部共同驱离非法移民、疏解国内压力。外交部、内政部加强与难民来源国、中转国的谈判，并与经济合作与发展部合作，以经济援助为杠杆，加速难民遣返，减少新移民入境。其三，国防部与经济合作与发展部加强在非行动的协调，加强发展援助政策与安全政策的融合，推广德"预防性安全手段"，以欧盟马里训练项目（EUTM）为示范，推动非洲各国安全能力建设，意在稳定非洲环境，从根源上减少难民产生。这些综合手段共同作用，一改难民危机爆发之初，从联邦到各州政府混乱不堪的局面，德国"难民危机"的应对才逐步进入正轨。

---

① BMVg, "White Paper: On German Security Policy and The Future of the Bundeswehr", July 13, 2016, http://www. gmfus. org/publications/white-paper-german-security-policy-and-future-bundeswehr.

　　与此同时，默克尔政府在难民危机事态相对平息之后，为应对难民危机"政治化"所带来的消极影响，其重审了沟通策略，因应"后真相"时代。2016 年有关难民危机、英国脱欧公投、美国大选虚假信息大肆传播，"后真相时代"成为德国一大热词，成为慕尼黑安全会议的主题①。有关难民问题的假新闻也层出不穷，在民众中造成恐慌。德政府意识到"后真相时代"的严峻性，推进社交媒体法案限制虚假消息传播，同时重视难民危机沟通策略。不再片面强调移民好处及人道主义考虑，默克尔公开承认难民与恐袭"有关联"，并承认沟通、处理方式失当②，既争取民众理解，亦平息党内"强硬派"对其的质疑。在大选期间，基民盟与其他主要政党达成"默契"，避免难民议题在大选中发酵，减少"政治化"所带来的风险。

　　然而，只进行国内协调不足以在整体上应对难民危机。德国仍只是难民的"接收国"，在欧盟层面上仍需要与入境国及中转国配合。因此，除了在难民政策上进行具体协调，推动各成员国间的合作及信息共享外，反思一体化路径，进一步推动一体化也成为德国面临难民危机挑战时的必然调整。

（二）德反思欧洲一体化路径，重启法德引擎，支持"多速欧洲"方案

　　难民危机中欧盟行动能力缺失、德领导方式未获支持，迫使德国对当前一体化路径及德领导方式进行反思。

　　强调德法引擎成为重要政策方向。德法两国既互为各自最重要伙伴，德法合作也是欧洲一体化基石及最重要推动力。但由于国内经济不景气，债务危机以来，除了在乌克兰危机中扮演积极角色外，法国在欧盟中角色明显弱化，致使德在欧洲事务中表现出"一枝独秀"但"孤木难支"的态势，德法合作同样式微。在意、西等第三国无力替代英国、填补英脱欧公投后留下的权力真空背景下，重启"法德引擎"成为两国共识，也是必然选择。一方面，德法双边交流重新活跃。在法国总统竞选期间，法总统候选人菲永、马克龙及阿蒙相继到访柏林，表达对法德合作的支持。法新任总统马克龙、德

---

①　"Munich Security Report 2017: Post-Truth, Post-West, Post-Order?", Feb 13, 2017, https://www.securityconference.de/en/discussion/munich-security-report/.

②　Janosch Delcker, "Angela Merkel: Refugee Policy Misunderstood, Not Mistaken", 见 https://www.politico.eu/article/angela-merkel-refugee-policy-misunderstood-not-mistaken-berlin-elections-migration-afd/。

新外长加布里尔都在上任次日访问对方国家，加布里尔更表示德法合作仍是"德外交政策基石"。而在特朗普上台、跨大西洋关系面临不确定性的背景下，两国在跨大西洋关系政策上亦加强协调，两国外长的政策主管官员共同访美，意在维护跨大西洋关系，并向美重申德法合作对欧洲的"特殊重要性"。另一方面，德法两国也加强在欧盟层面上的共同发声。默克尔与法前任总统奥朗德共同表态支持"多速欧洲"；在容克白皮书公布之后，德法外长共同声明欢迎欧盟委员会这一决定；而在英国脱欧公投次日，双方外长就宣布将在防务联盟等方面加强合作，军事上双方也共同加强在非洲投入，同时组建联合空军。马克龙在德国大选结果刚刚出台之际，就发表了雄心勃勃的"重建欧洲"的演说，意在敦促德国新领导人与其合作共建强大欧洲，默克尔也对该演讲给予高度评价，认为是"法德加强合作的基石。"尽管双方态度积极，但如默克尔所言，还需"关注细节"，法德能否真正合作还有赖于法国国内的改革情况，以及双方能够在欧元区改革等棘手问题上达成妥协。当前德国新一届政府组阁形势并不明朗，对于法德轴心能否如人们期待般重启仍具有较大不确定性。

除了法德合作，如何带动欧盟整体，或者大多数国家共同向前亦是德国对欧政策调整的重要方面。自债务危机以来，德国以在难民危机应对中出现的"意愿联盟"的讨论与实践为基础，与其他核心欧洲国家提出"多速欧洲"方案。2017 年以来，默克尔对此方案多次表态支持，认为欧盟各国"应有勇气接受个别国家走在前面、稍微领先的事实"。在当前欧盟官僚化严重、成员国分歧日益增大的背景下，只有通过"意愿联盟"的方式，才能够切实推动一体化的发展。除实用主义考量，德国亦视"多速欧洲"为推动一体化再启的方式，并以安全与防务政策为具体实践的抓手。德国的新安全政策明确指出，将"致力于推动欧洲安全与防务联盟的长期目标的实现"。英国公投脱欧之后，德法亦携手推进防务联盟讨论。但德同时强调，应在欧盟现有框架内进行"多速欧洲"实践，不能因"多速欧洲"造成欧盟解体。

（三）在安全领域及全球事务中发挥更大作用，以获取难民危机解决的空间

尽管难民危机当前更多被视为欧洲的危机，但在德国看来，应对难民危机的视野不应局限在欧洲内部，难民产生的根源在于非洲、中东等不发达地区，必须在全球层面上加大对这些地区的投入，才有可能"根治"难民产生的根源。

新安全政策指出，"承担国际稳定和安全责任"是德国国家安全的关键领域。德国认为难民危机以及大规模移民的根源在于地区不稳定局势，非洲急剧增长的人口将是欧洲未来"最大挑战"[①]，维护全球尤其是非洲稳定局势有助于本土安全。

德国虽希望在欧洲框架内完成此目标，但难民危机表明当前欧盟并不具有足够行动能力，欧盟的政策工具亦不完善。因此，德强调在欧盟"能够在全球舞台上扮演更重要角色"前，需代表欧洲"守住阵地"。[②] 为此，德发挥其在危机预防及发展援助上的优势，加大在非安全领域上的投入，协助部分非洲国家加强安全能力建设，并提出与非洲合作新战略框架草案。提升非洲议题在全球多边场合的关注度，引导议程设置。借二十国集团峰会之机将非洲列入核心议程，要求各国"承担责任"，呼吁在非设立稳定的投资机制；并与摩洛哥在 2017 年、2018 年两年共同主持联合国"全球移民与发展论坛"，打破"一国一年"惯例，以引导 2018 年出台的《联合国全球移民公约》议程设置，并推动在移民政策上的国际合作与协调[③]。通过这些方式，德国意在协助非洲吸引更多的投资，以发展促稳定，从根源上降低非洲青少年大量外流尤其是非法移民、偷渡到欧洲的可能性。

三 结语："失序"压力下的德国

难民危机的爆发结束了默克尔治下德国人所习惯的稳定的政治、社会形势，将全球及欧洲的"失序"局面注入德国。欧盟自 2008 年以来接连遭受欧债危机、乌克兰危机等重大事件冲击，中东北非地区的连年动乱亦影响欧盟周边安全稳定，欧盟以及法国、意大利等欧洲大国在全球的实力及影响力均有所下滑。但德国依仗自身强劲的经济表现及有利的地缘政治条件，有效

---

① BAKS, "Minister im Dialog: # DFS 2016 geht Fluchtursachen auf den Grund", 28 Sep 2016, https://www.baks.bund.de/de/aktuelles/minister-im-dialog-dfs2016-geht-fluchtursachen-auf-den-grund.

② Frank-Walter Steinmeier, "Germany's New Global Role", https://www.foreignaffairs.com/articles/europe/2016 – 06 – 13/germany-s-new-global-role.

③ Steffen Angenendt and Anne Koch, "International Cooperation on Migration Policy: Dare to Do More!", *SWP Comments*, June 2017, https://www.swp-berlin.org/fileadmin/contents/products/comments/2017C21_adt_koh.pdf.

缓冲上述事件对本国的冲击。在此期间,德国尽管意识到全球权力格局正进行转变,尤其是"新兴经济体的崛起"将改变世界秩序,但同时认为这种改变仍然是长期、渐进的,可依靠欧洲一体化进程"对冲",自身所处的安全、稳定的局面仍然可控。[①] 但 2015 年夏天,在欧元区债务危机警报未除之际,难民危机的突然爆发再次冲击欧洲整体秩序,在随后的两年时间里,难民危机裹挟英国脱欧、特朗普上台、欧洲民粹势力上升等系列事件,动摇西方"自由世界"的稳定局面及价值观,德国"失序"风险高企。

难民危机"政治化"、安全威胁升高、欧洲一体化遭受挫折等三项挑战,只是"失序"大背景下德国所面临的困境在难民议题上的聚焦。难民危机背后所体现的民粹主义、非传统安全威胁、欧洲一体化动力不足等问题,直接威胁德国与欧洲的稳定与繁荣。难民危机本身所带来的多重挑战相互叠加的特点也决定了德国、欧洲难以单纯"就事论事",将关注点集中在难民议题之上,而需要一个更为宏观的看待问题的角度以及更具有全局性的应对方案。德国为应对难民危机所采取的种种举措,探索应对新困难、新挑战的方法,对内加强协调,对外以欧盟作为外交政策基石,加强在全球事务上的参与,"迎接"新的全球格局与挑战,正是这样一种尝试。然而收效究竟如何,既取决于具体政策的协调与执行,更有赖于当下德国、欧洲政治家们放宽视野,不为党派之争过度束缚,拿出上一代欧洲领导人的魄力,共同解决问题。

---

① "Review 2014-Aussenpolitik weiter denken", http://www.aussenpolitik-weiter-denken.de/en/topics.html.

欧洲一体化的制度困境和路径重塑

徐四季[*]

徐四季[*]

摘　要：欧盟现在面临的种种危机其实是根植于欧盟与生俱来的制度困境——民主匮乏和过度民主的双重困扰，权能分裂带来的治理能力赤字以及政治、经济和社会的全面认同危机。以英国脱欧为起点，欧盟启动了一体化的反思进程，寻求更加务实的一体化方案，"多速欧洲"成为新的路径选择。目前，欧盟内部利益和价值分化组合呈现出新的特征，次区域分化明显，"大国协调"增强，"意愿联盟"形成——"多速欧洲"的实践基础业已成熟。不过"多速欧洲"理念的真正实施还面临着知易行难的局面。

关键词：欧洲一体化　制度困境　多速欧洲

2017 年 3 月 1 日，欧盟委员会发布了《欧洲未来白皮书：2025 年欧盟27 国思考与设想》，以纪念奠基欧洲一体化的《罗马条约》签订 60 周年，同时回应英国"脱欧"所带来的欧盟内外对欧洲一体化前途的质疑和争议。过去十年，一直被视为区域一体化典范的欧盟被各种危机——欧债危机、乌克兰危机、难民危机、国际恐怖主义袭击和民粹主义力量崛起——持续困扰；在国际政治经济局势加速演变的大背景下，欧洲一体化的进程发展到了一个方向性选择的岔道口。然而，正如《欧洲未来白皮书》在序言中引用60 年前欧洲之父罗伯特·舒曼对欧洲建设的设想，即"欧洲建设不会一蹴

---

　　* 徐四季，北京外国语大学德语学院副教授、博士。

而就，也不会依据单一的计划，将通过实施团结基础上的具体成就实现"，①
欧洲一体化的进程从来都是在危机中破冰前行。笔者认为，欧盟现在面临的
种种危机其实是根植于欧盟与生俱来的制度困境；剖析这些制度困境将有助
于我们更清晰地勾勒出欧洲一体化进程路径重塑的前景。

一　欧盟与生俱来的制度困境

欧盟是全球化时代区域一体化进程的成果，所以，对于目前欧盟所面临
的问题必须被投放到一个更广阔的全球背景下来考察。不难发现，欧盟的三
大制度困境——民主匮乏和过度民主的双重困扰，权能分裂带来的治理能力
赤字以及政治、经济和社会的全面认同危机——是与生俱来的，并在过去十
年间被不断放大和激化。

1. 民主匮乏和过度民主的双重困扰②

民主是欧洲的主流价值观之一，但欧洲一体化却长期受到民主匮乏和过
度民主的双重困扰——在欧洲层次上，欧盟机构一直被认为缺乏民主合法
性，也就是所谓的"民主赤字"，欧盟机构也被认为是缺乏效率和民主的官
僚机构；在成员国层次上，当涉及欧洲事务的时候，成员国往往举行全民公
投，出现公民参与的过度化。

欧盟民主合法性的缺失历来为人所诟病。民选的欧洲议会权力有限，而
且欧洲议会议员都是各国根据各自国内的议题由国内选民选举；而欧盟实际
的执行机构——欧盟委员会并不是选举产生的，而是由理事会任命的，出现
了国内选民授权的权力在欧盟层次上得不到监督的情况。"通过把政策的制
定和实施的权力从民选的机构转移到各国任命的欧盟委员会，欧盟的治理实
际上弱化了民主过程"。③

欧洲债务危机使欧盟的民主赤字问题更加突出。这集中表现在欧元区各
种机制的建设中。"如果说欧盟还有形式上的政府（欧盟委员会）和议会

---

① European Commission, *White Paper on the Future of Europe*, 01. 03. 2017, http://europa. eu/rapid/
press-release_IP - 17 - 385 - _en. htm.

② 王明进：《欧洲一体化之船驶向何方——当前欧盟的多重危机与重大不确定性》，《人民论
坛·学术前沿》2017 年第 7 期，第 29 ~ 31 页。

③ John Weeks, *Crisis of Governance: EU Democratic Deficit*, 10. 03. 2017, http://www. socialeurope.
eu/2017/03/crisis-governance-eu-democratic-deficit/.

（欧洲议会），欧元区则二者均无。欧元区决策形式上是由 19 个成员国协商决定，但起决定作用的仍是大国。"① 欧洲治理中的"民主赤字"问题在欧元区得到了充分的放大。例如在应对欧债危机的过程中，主要的决策是在欧元区财长和首脑会议层面上进行的。这导致应对危机的决策与主流民意脱节，欧盟对希腊援助被指责为既违背援助方又违背受援方的民意——由于欧盟要求希腊实施紧缩政策和改革计划将导致社会福利的削减，希腊民众表示强烈反对；欧元区其他国家的主流民意则是反对救助希腊，德国政府虽然支持救助希腊，但民意调查则显示 85% 的德国人反对向希腊让步，51% 的人支持希腊退出欧元区。②

英国脱欧公投则是公民过度政治参与对民主造成的另一种伤害，使民众对西方的民主产生怀疑。全民公投也称全民公决，是一种直接民主形式，它至少存在如下的问题：操作成本大，需要动员全体选民；风险很高，由于群众获取的信息很难保证全面且正确，很容易被少数人操作而产生极端的结果；全民公决没有缓冲机制，没有回旋的余地。③ 英国前首相卡梅伦在 2013 年宣布举行脱欧公投，本是为了获得党内疑欧主义者的支持而采取的一种策略。没想到公投的结果却是多数人赞成脱欧，令人大跌眼镜。在英国脱欧公投动员过程中，政客们并没有把脱欧的事实真相告诉公众，而是通过虚假的信息煽动选民，迎合民粹主义的情绪。在英国脱欧公投通过之后，很多选民连呼后悔，切切实实地上演了公民过度政治参与造成的闹剧。实际上，在民主的旗号下，欧洲国家现在倾向于更多的全民公投。2016 年，除了英国的脱欧公投，还发生了意大利伦齐政府发起的宪法改革公投，荷兰举行的有关欧盟与乌克兰签订联系国协定的公投等。全民公投现在已经被滥用，成为政治家回避政治责任的手段。而在欧洲一体化问题上，欧盟各成员国的民意都是分裂的，这是因为欧洲一体化本来就是精英们的设计，而由于涉及主权让渡等敏感问题，一旦征询广大选民的意见，欧洲一体化就很难推行，《欧洲宪法》在法国、荷兰被否决，英国脱欧公投的通过就是明显的例子。

一方面是民众对欧盟民主合法性的不信任，导致公众认为欧盟是精英统治，存在严重的官僚主义，是一个缺乏民主的机构；另一方面，全民公决被

---

① 张健：《从希腊危机看欧洲一体化的前景》，《现代国际关系》2015 年第 9 期，第 44 页。

② "Austere? Your Word, Not Ours", *The Economist*, 18 - 24. 07. 2015, p. 46.

③ 何包钢：《直接民主理论、间接民主诸形式和全民公决》，载刘军宁等编《直接民主与间接民主》，生活·读书·新知三联书店，1998，第 16 ~ 23 页。

滥用，公民政治参与过度，导致群氓行为，把本该专家决策的议题交给了大众，极易产生极端的结果。

2. 权能分裂带来的治理能力赤字[①]

欧盟的权力来源是成员国以条约为基础的主权让渡，其行动能力也受制于此。随着一体化的不断深化，欧盟获得的权能日益增加，涉及经济、社会、内政与司法以及对外关系领域，但核心权能仍在成员国手中。单一市场、共同货币并没有伴随共同的财政、预算和经济政策；申根区实现人员自由流动，却没有共同的外部边界保障、完善的申根信息体系、有效的内务和司法合作以及共同的移民和避难政策支持。针对这样的制度性缺陷，欧元和申根协定都被广泛认为是"早产的大胆政策设计，规则不一，机制脆弱，系统性危机将使得整个政治进程坍塌"。[②]

欧盟治理成效取决于成员国之间的协调与合作，而目前进程缓慢、效率低下，面临权能分裂导致的严重治理能力赤字。债务危机发生时，欧盟层面缺乏危机应对机制，除了条约规定"不救助原则"的制度性束缚外，欧盟有限的预算资源也难有作为。"政府间方式"成为应对危机的主导性方式，各国基于自身的观念和利益分歧以及国内政治的束缚，造成危机不断延宕，向核心欧洲蔓延。难民危机与债务危机虽然性质不同，但同样暴露了欧盟的制度性缺陷。一方面，在难民问题日益与安全威胁以及身份认同相互关联的背景下，面对极端右翼势力的排外压力，成员国基于主权敏感性，日益采取不妥协的立场；另一方面，一体化尤其是申根区人员的自由流动，使移民问题显著，且具有超越主权和边界的欧洲特性，需要欧盟层面应对，由此造成危机僵局：欧盟既缺乏危机应对机制，又没有足够的能力加强边境安全；成员国层面缺乏妥协意识，难民分配方案久拖不决，危机最终演变为全面的政治、社会和安全危机，并成为英国脱欧的关键驱动因素之一。

欧盟成员国在转移一部分权力给欧盟的同时，继续保有一部分权力。这种国家治理权力的分割是一种制度上的先天不足，势必造成欧盟的治理效率低下和治理功能缺失。例如，欧盟的双层治理体制（欧盟层面＋成员国层面）造成了立法的碎片化，多种法律体系同时运行，法律条文内容重复甚至

① 金玲：《欧洲一体化困境及其路径重塑》，《国际问题研究》2017 年第 3 期，第 52～53 页。
② Kiran K. Phull and John B. Sutcliffe, "Cross Roads of Integration? The Future of Schengen in the Wake of the Arab Spring", in: Finn Laursen (ed.), *The EU and the Eurozone Crisis: Policy Challenges and Strategic Choices*, Ashagate Publishing, 2013, pp. 177–179.

相互抵触，大大降低了决策的效率和效果。①

3. 政治、经济和社会的全面认同危机

最深刻的困境是民众对一体化保障和平与繁荣已无共识，"很多欧洲人认为联盟要么非常遥远，要么过于干预自身的日常生活，质疑其附加值"。②欧盟所倡导的自由市场经济、社会福利国家和一体化模式正在遭遇全面的认同危机。

首先被质疑的是欧洲福利主义。20 世纪 70 年代，欧洲工业化国家内部的社会认同度较高，产生了不同模式的"福利国家"。一些西欧和北欧国家通过社会再分配制度，既提高劳动力素质，又提高企业竞争力。欧洲经济共同体建设还为欧洲企业创造了更大更好的内部市场，在经济发展、社会和谐与政治稳定之间形成过良性互动。但是好景不长，随着经济全球化的深入发展和欧洲竞争力的持续下滑，欧洲的社会和谐机制受到严峻考验。欧洲共同体建立以后，一边快速扩大内部市场，一边延续欧盟一些发达成员国的"社会伙伴关系"，在欧盟范围内鼓励"最佳社会实践"，带动了南欧成员国社会福利水平的向上趋同，这成为其劳动生产率和竞争力降低的重要原因。庞大的福利开支也是债务危机的重要原因之一。希腊债务危机爆发以后，西部欧盟国家主动地、南部欧盟国家被动地削减社会福利、紧缩公共财政，试图提高市场竞争力。然而，这种紧缩在欧盟内部并没有达成社会共识，在发展并不均衡的欧盟国家之间出现了诸多矛盾，特别是面临大幅削减社会福利的南欧国家民众通过罢工、示威、游行和投票反对等方式表达强烈不满，给政府造成了巨大压力。在越来越大的社会鸿沟面前，欧盟各成员国政府用于干预社会的能力和权力却越来越小。而逐渐获得了更多权力的欧盟因为没有统一征税的授权，无法在欧盟全境有效地干预市场和社会，无法提供与经济发展水平相适应的社会保障和福利。目前，欧洲民众的不满情绪不仅表现为反分配不公和反财富鸿沟，而且表现为反经济全球化、反欧洲一体化，甚至反对欧洲联合的基本价值和基本原则。③

其次被遗弃的是多元文化主义。自 20 世纪 90 年代开始，欧洲移民人数不断增加，甚至达到了非同寻常的规模。之前，移民还不是一个很大的问

---

① 周弘：《欧洲三大顽症待解》，《人民日报》，2016 年 11 月 13 日第 5 版。

② European Commission, *White Paper on the Future of Europe*, 01. 03. 2017, http://europa. eu/rapid/press-release_IP – 17 – 385 – _en. htm.

③ 周弘：《欧洲三大顽症待解》，《人民日报》，2016 年 11 月 13 日第 5 版。

题，因为在通信科技不发达的背景下，移民很难与原国家或原群体产生联系。然而，现在的时代发展与以往有所不同，全球化和互联网科技的发展让沟通变得更为简便和寻常。在这样的时代中，一个具有二代移民身份的青年可以在足不出户的情况下被引导成为一个激进分子。随着难民潮的涌入和恐怖主义袭击的频发，越来越多的欧洲人开始认为穆斯林少数族裔对欧洲国家的核心价值观是一种威胁。欧盟所倡导的多元文化主义被遗弃，甚至被一些学者认为是已经失败了。对欧盟国家而言，如何形成一种欧洲身份，创造一个话语空间，吸纳不同族裔融入，适应日益多样化的欧洲，是一个亟待解决的问题。①

最根本的疑虑还是在于欧洲国家应该以什么样的方式联合起来。欧洲一体化的愿景是经济联邦主义基础上的政治联邦主义。② 从迄今为止的实践来看，一体化历史进程的实质是在"多样性中实现统一"，成员国的妥协、团结和共识文化是一体化不断推进的根本原则。但是，历经多重危机侵蚀，成员国利益与价值分歧不断加剧，欧盟正经历前所未有的团结与共识危机。2016 年 9 月，欧盟委员会主席在例行盟情咨文中表示："成员国之间从未拥有如此少的共同立场和彼此能够合作的领域，欧盟也从未经历过如此严重的碎片化。"③

欧盟范围内最新民调显示：82% 的受访者表示欧洲一体化的经济缺乏足够的社会保护；超过半数受访者表示国家的政治制度未考虑他们的利益；56% 的受访者认为未来一代的生活将更艰难；在欧盟 28 国中，21 个国家的多数受访者认为全球化威胁到国家身份。④

二　欧洲一体化的路径重塑："多速欧洲"

基于制度困境，欧盟面临重塑一体化路径的方向性选择。欧盟在应对债务危机到难民危机的过程中，一直致力于推动成员国转移更多权能，通过深化一体化克服制度性缺陷，实现解决危机、加强认同的目标。但是，残酷的

---

① 阚天舒：《欧洲转型的"冰与火之歌"——评安东尼·吉登斯的〈动荡却强大的大陆：欧洲的未来走向何方?〉》，《国外理论动态》2017 年第 2 期，第 115～116 页。

② Anthony Giddens, *Turbulent and Mighty Continent: What Future For Europe?*, Great Britain, 2014, p. 29.

③ Jean-Claude Juncker, *State of Union 2016*, Brussels, September, 2016.

④ European Commission, *Future of Europe*, Special Eurobarometer 451, December, 2016, http://ec. europa. eu/commfrontoffice/publicopinion/index. cfm/Survey/getSurveyDetail/yearFrom/1974/yearTo/2016/surveyKy/2131.

经济、政治和社会现实表明，欧盟的危机应对逻辑陷入僵局，方案无法有效实施，导致不同类型的危机相互叠加，演化为全面的经济、政治和社会危机。以英国脱欧为起点，欧盟启动了一体化的反思进程，寻求更加务实的一体化方案，"多速欧洲"成为一体化路径的方向性选择。

1. 《欧洲未来白皮书》中对一体化未来的几种设想①

欧盟委员会在《欧洲未来白皮书》中设想了一体化未来的五种前景：第一，"照旧模式"，即联盟沿着当前路径，聚焦和实施既有改革议程，针对不断出现的挑战，适时更新政策优先、定期修正立法，到 2025 年实现经货联盟、单一市场、申根、反恐合作以及外交政策领域内合作的渐进式深化；第二，"单一市场模式"，即仅保留单一市场，此模式下成员国通过双边应对新挑战，欧盟规制减少，只有市场竞争无社会保护的欧盟面临"向下竞争"的局面，欧盟集体行动能力削弱；第三，"多速欧洲模式"，欧盟 27 国共同沿"照旧模式"前行，不同的"意愿联盟"在既有条约框架下，通过具体政策领域，例如防务、内部安全、税收以及社会事务等深化合作；第四，"少做高效模式"，欧盟 27 国在更少的优先领域集中资源，能够在有限领域内更迅速、更坚决地采取行动，欧盟拥有更强大的政策工具直接实施集体决议，类似于欧盟当前在竞争政策和银行业联盟内的角色，但在其他领域内，联盟停止或减少行动；第五，"共同做更多模式"，所有成员国在所有领域内共同深化一体化，欧盟层面决策更快，执行也更有效率。②

在上述五种前景中，"单一市场模式"和"共同做更多模式"作为两个极端的一体化前景，在实践中不具现实可能性；其他三种一体化前景都具有现实可能性，彼此之间并不相互排斥。基于欧盟面临的多重危机和深层困境，欧盟政治精英表示"照旧模式"无法应对挑战，创始国及欧盟大国均展现责任意识，表示通过"多速欧洲"寻找新的一体化动力，实现团结合作附加值，重新凝聚欧盟的向心力，"多速欧洲"共识正在欧盟范围内形成。

2. 关于"多速欧洲"理念的论战③

"多速欧洲"并非新理念。1994 年，德国基民盟外交政策发言人卡尔·

---

① 金玲：《欧洲一体化困境及其路径重塑》，《国际问题研究》2017 年第 3 期，第 61~62 页。

② European Commission, *White Paper on the Future of Europe*, 01.03.2017, http://europa.eu/rapid/press-release_IP-17-385-_en.htm.

③ 龙静：《"多速欧洲"的发展及其对中欧关系的影响》，《和平与发展》2017 年第 4 期，第 82~84 页。

拉默斯与基民盟主席沃尔夫冈·朔伊布勒共同撰文，呼吁组成一个"核心欧洲"，首次提出了"多速欧洲"的发展模式。① 其他类似的提法或主张还包括"欧洲同心圆""有差别的一体化"和"菜单式欧洲"等。它们的核心思想和根本目的都是要克服欧盟成员国发展水平参差不齐、国家利益与偏好各不相同的阻碍，允许部分成员国选择性地参与特定领域更高水平的一体化进程，由此形成新的动力，带动欧盟整体的一体化进程继续发展。

"多速欧洲"理念在欧盟发展历史中曾多次引发整个欧洲范围内的热议和辩论。比较著名的包括以下几场：

* 1994 年，法国总理巴拉迪尔公开提出"三环欧洲"思想，认为应由法德等少数国家组成最核心的内环，"建立起在货币与军事领域结构更完善的组织"，相对较弱的国家组成第二环，而欧洲的其他国家则构成第三环。② 紧随其后，德国基民盟和基社盟联合组成的议会党团发布政策报告，指出可以由德法两国加上荷兰、比利时和卢森堡三国共同组成"硬核"，由该"硬核充当核心，推动欧洲的一体化，不允许个别成员国以否决票阻止其他国家加强一体化的努力"，并提出以"多种速度"的欧洲为基础，改革欧盟的运作机制。③ 这场由法德两国共同发起的规划立即引发了欧洲范围内的激烈争论。

* 2003 年，美国发动伊拉克战争，导致欧洲内部出现支持与反对两大阵营，形成新老欧洲之间的分裂。同年 5 月，德国哲学家哈贝马斯协同法国哲学家德里达共同撰文，对跨大西洋关系进行反思，并延伸到对欧盟未来发展的思考，提出既然欧洲统一进程到目前为止呈现停滞，有必要先建立一个"核心欧洲"——以法、德两国为轴心，加上荷、比、卢三国以及意大利——扮演"火车头"角色，带动一列共同外交与安全政策的列车，发展制衡美国强权的反制力量。以"双速发展"统一

① 尤尔根·哈贝马斯、雅克·德里达、翁贝托·艾柯等著，丹尼尔·李维、马克斯·潘斯基等编《旧欧洲·新欧洲·核心欧洲》，邓伯宸译，中央编译出版社，2010，第 11 页。
② "Balladure wants three-tier EU", *Independent*, 29.08.1994, http://www.independent.co.uk/news/world/balladur-wants-three-tier-eu-1386574.html.
③ 怀新:《"欧洲船队"能同时驶达彼岸吗?——关于"多速欧洲"的争论》，《国际展望》1994 年第 21 期，第 8 页。

欧洲纵使仍有疑虑，但也不惜一搏。① 两位哲学巨擘的文章一出，立即引发了整个欧洲知识界对"核心欧洲""多速发展"的关注和辩论。

● 2004 年 5 月，以中东欧国家为主的 10 个国家同时加入欧盟，再次引发了"核心欧洲"和"多速欧洲"的相关讨论。前社会主义阵营国家的大批加入加剧了对一体化前进方向和原则的意见分歧。新成员国更倾向于采用政府间合作原则，而非涉及主权让渡的超国家主义原则。因此，以法德等支持欧盟联邦化的国家为首再次提出了引入"多速欧洲"发展模式的想法。②

尽管"多速欧洲"的理念饱受争议，但这几次论战毕竟使得欧洲人对一体化进程的认知更趋理性和务实。2017 年 2 月的凡尔赛会议终于将"多速欧洲"确认为欧盟发展模式的一个可选项。

3. "多速欧洲"的实践基础③

当前，欧盟内部利益和价值分化组合呈现出新的特征，次区域分化明显，"大国协调"增强，"意愿联盟"形成——"多速欧洲"的实践基础业已成熟。

欧盟的次区域分化主要表现为南欧国家（又称地中海俱乐部）加强合作的态势。南欧七国在欧盟内有彼此协调的传统，但并无共同的身份认同，也无机制化合作形式。共同的债务国身份以及移民和难民挑战，催生了彼此的认同与合作意识。2016 年 9 月，首次南欧国家非正式首脑峰会在雅典召开，讨论了包括紧缩和增长问题、地区稳定与和平、难民和移民等共同关切。希腊方面称，峰会目标是"促进合作与协调，影响欧洲议程"。④ 此后，南欧国家分别在里斯本和马德里举行了第二次和第三次峰会，不仅进一步沟通彼此关切，还对一体化未来表达共同立场，合作日益走向机制化。

"大国协调"领导的合作模式正逐渐展现。法德是欧洲一体化的主要引擎，近年来，法德力量失衡，核心运转不畅，英国公投退欧激发了欧盟大国

① 尤尔根·哈贝马斯、雅克·德里达、翁贝托·艾柯等著，丹尼尔·李维、马克斯·潘斯基等编《旧欧洲·新欧洲·核心欧洲》，邓伯宸译，中央编译出版社，2010，第 23~33 页。
② Marcin Zaborowski, "Germany and EU Enlargement: From Rapprochement to 'Reapproachment'?" in: Helene Sjursen (ed.), *Enlargement in Perspective*, ARENA Report February 2005, P. 46.
③ 金玲：《欧洲一体化困境及其路径重塑》，《国际问题研究》2017 年第 3 期，第 58~59 页。
④ "Facing Slow to Low Growth: EU's Poor Nations Plot Next Move", *CNBC*, 09. 06. 2016.

以及创始国的身份和责任意识，大国合作展现团结，并主导了欧盟未来发展方向的辩论。"大国协调"表现为两种形式：一是德国、法国和意大利三大创始国的合作与协调。英国退欧公投后，三大创始国第一时间在柏林举行会议，发表共同声明，表示致力于欧盟团结，并确定了"欧盟未来"辩论的方向。2016 年 8 月，三国在象征欧洲团结的意大利文托泰内岛再次会晤，为欧盟反思进程确定重点。二是德国、法国、意大利和西班牙的四方协调。2012年，四国曾举行峰会协调应对欧盟增长危机，共同宣布 1300 亿欧元的增长计划，并表示应对危机需要"更多欧洲"，"四方协调"形式初显。2017 年 3月 6 日，四国领导人在纪念《罗马条约》60 周年会议前会晤凡尔赛，发表共同声明，提出一体化"多速欧洲"的改革方向，表明四国在英国脱欧后形成强大的一体化核心的政治意愿。

此外，难民危机也强化了欧盟范围内"意愿联盟"的形成与合作。"V4国家"（匈牙利、波兰、捷克和斯洛伐克）加强合作，反对难民分配计划，提出灵活团结原则；荷兰等国试探性提出"迷你申根"；德国率"意愿集团"推动与土耳其以及非洲合作等，都是内部"意愿集团"行动方式的表现。

三　结语

制度困境下，"多速欧洲"成为欧洲一体化进程新的路径选择。当然，"多速欧洲"的真正实施也面临着知易行难的局面。各方对如何实践"多速欧洲"，包括"多速欧洲""意愿联盟"的构建、启动深化合作的领域以及实现"多速"的方式等并未制定清晰路线图。更为艰难的挑战是，"多速欧洲"路径不仅需要在效率和团结之间寻求有效平衡，还需厘清不同"多速圈"引发的机制性冲突。基于多数中东欧国家以及南欧部分国家对"多速欧洲"的强烈反对，大国协调主导推进的方式同样面临触发新一轮政治危机的风险，包括加剧核心与边缘的冲突、政府间模式与超国家机构之间的紧张以及其他国家对"大国主导"的担忧，加剧欧盟的团结危机和成员国离心倾向。从根本上讲，"多速欧洲"的顺利推进还是要取决于欧洲大国的战略协调。当前推动"多速欧洲"的核心力量——法国、德国和意大利的国内政治均处于重塑之中，主流政党面临反建制疑欧政党的巨大压力，一体化政策均面临战略性调整。因此，欧洲一体化的最终走向仍然具有诸多不确定因素。

德国对欧盟面临的多重危机的政策立场

李文红[*]

摘　要: 德国作为欧盟最大经济体,与欧盟利益密切交织在一起,推进欧洲一体化始终是德国外交最重要的一个支点。近年来,欧盟出现多重危机,如乌克兰危机、难民危机和恐怖主义袭击等,这些危机相互影响,重挫欧洲一体化进程,挑战欧盟根本利益,同时也对德国国家利益构成严峻挑战。在此危急时刻,德国态度鲜明,立场坚定,团结欧盟国家,直面乌克兰、难民、恐怖主义、民粹势力、英国脱欧等多重危机挑战,有针对性地采取多方举措,有效减缓各类危机损害,发挥了欧盟内核心大国的积极作用,为维护欧盟团结、稳定欧盟局势做出了贡献。

关键词: 欧洲一体化　欧盟危机　德国立场　原因分析

一　欧盟面临的多重危机对德国构成严峻挑战

欧盟作为二战后比较成功的区域一体化组织,近年来却遭受不同危机的挑战,既有乌克兰危机等传统地缘安全危机,也有难民危机和恐怖主义等非传统安全危机,还有英国脱欧、民粹主义力量崛起引发的欧盟凝聚力危机,等等,这些危机交织在一起,引发了民众对欧盟前景的担忧和质疑,同样也对德国构成了严峻的挑战。

---

* 李文红,北京外国语大学德语学院教授、博士。本文原载《国际论坛》2017 年第 5 期,收录本论文集时有所改动。

1. 乌克兰危机对德国的传统安全构成严重挑战，危及德俄关系，考验德国的外交政策和外交行动能力。2013 年 11 月 21 日乌克兰危机爆发后，很快演变成乌克兰与俄罗斯以及俄与欧美之间的博弈与较量，"欧洲自二战以来半个世纪的和平与安全秩序遭遇了严重挑战和威胁"。[①] 乌克兰危机不仅关系到欧盟的切身利益，影响欧洲的地区安全，也牵涉德国一系列重大利益。首先，乌克兰在地缘战略方面具有重要意义，它既是欧盟向东方扩展的桥头堡，也是欧俄缓冲要地。尤其是德国在地缘上更靠近乌克兰，乌克兰危机直接危及德国的地缘安全。其次，乌克兰危机严重损害德俄关系。德国是俄罗斯的第一大贸易伙伴，危机爆发后，德俄贸易额从 2012 年的 380 亿欧元下降到 2016 年的 215 亿欧元，在此期间，有 500 多家德国公司退出俄罗斯市场。俄罗斯还是德国最大的能源供应国。根据国际能源署（IEA）数据显示，俄罗斯对德国的能源供给，占德国天然气进口约 38%，石油进口约 35%，煤炭进口约 25%。[②] 危机直接威胁到德国的能源安全。再次，乌克兰危机直接考验德国的外交行动能力。德国在处理乌克兰危机过程中，既要坚持西方国家对俄强硬立场，对俄进行制裁，又要防止冲突失控，为此必须将对俄的制裁控制在一定范围内，还要协调欧盟内不同国家的不同诉求，这对德国外交来讲是一个巨大的挑战。

2. 难民危机冲击着德国在欧盟的领导能力，也严重影响了德国的国内政治形势。中东剧变尤其是叙利亚危机以来，大量难民通过地中海和西巴尔干路线不断涌入欧盟国家。2015 年后，难民规模迅速扩大，欧洲大陆面临二战以来最严重的难民危机和移民潮。这种难民危机对德国的挑战表现在两个方面。首先，难民接收问题引发了欧盟内部的矛盾和分歧，对德国在欧盟的领导能力构成挑战。面对难民潮的持续发酵，欧盟也曾提出了多种应对方案，都因成员国态度不一，最终没有形成获得所有成员国支持的解决方案。欧盟的团结一致原则遭到了前所未有的破坏和挑战。[③] 由于默克尔总理不愿为难民设置接纳上限、不赞同封锁欧盟边境，其在欧盟内正变得日益孤立。在以

① Wolfgang Richter, "Deutscher OSZE-Vorsitz 2016 Strategische Herausforderungen", *SWP-Aktuell* 7 (2016), p. 1.

② Matthias Basedau and Kim Schultze, "Abhängigkeit von Energieimporten: Risiko für Deutschland und Europa?", *GIGA Focus Global* 8 (2014), p. 2.

③ 刘静：《从难民危机看欧盟一体化——以德国态度转变为视角》，《法制与社会》2016 年第 6 期，第 140 页。

前，德国往往和法国一起携手应对危机，然而，在此次难民危机中，法国的角色几乎完全缺失，如上所述，这和法国国内右翼民粹势力的强大有着紧密关系。法国的缺位使得德国的行动犹如"单干"。① 中东欧国家（尤其是维谢格拉德集团四国波兰、捷克、匈牙利和斯洛伐克）由于缺乏接纳移民的历史经验，对接纳难民所表现出的拒绝态度非常明显。波兰、捷克、匈牙利和斯洛伐克四国总理于 2017 年年初在波兰首都华沙举行会晤，就拒绝接受欧盟难民分配方案问题达成一致。波兰外长维托尔德·瓦什奇科夫斯基 6 月 12 日在华沙表示，对于欧盟"如果不接收难民，那么将受到财政上的惩罚，以及能被切断欧洲补贴资金"的威胁，波兰"不接受"。其次，难民危机给德国带来严重的政治和社会问题。执政联盟内部及各党派之间分歧不断，极右翼党派势力扩张，民意转变迅速。2016 年 1 月 5 日，科隆总火车站发生有移民背景的性侵案，震动德国朝野。2016 年 9 月 1 日，在民调机构"趋势与选举研究会"（Infratest dimap）的"德国趋势"民调中，受访德国选民仅 45% 对默克尔的工作感到"满意"，较 8 月下滑 2 个百分点。德国民众不仅担心社会治安恶化，甚至担心自己被来自其他文化圈的人异化，担心失掉欧洲同一性，以及担心社会和物质状况会在未来陷入不安全境地。②

3. 恐怖主义对德国构成越来越严峻的现实挑战。随着中东局势持续动荡和"伊斯兰国"等极端势力崛起，欧洲成为国际恐怖主义攻击的主要目标之一。德国曾是面临恐怖主义袭击威胁较低的国家，现在恐怖威胁警报不断，反恐形势也日趋严峻。2016 年 9 月 10 日，德国联邦内政部长托马斯·德梅齐埃接受《图片报》采访时说，德国境内潜在的极端主义人员呈增多趋势，人数已经超过 520 人，创下历史最高值。这些"危险分子"中约 360 人可能随时参与谋划恐怖袭击或发动"独狼式"袭击。2016 年 9 月 13 日，德国警方逮捕了 3 名来自叙利亚的恐怖嫌疑犯。他们被指是极端组织"伊斯兰国"成员，而且可能与巴黎恐袭有关。2016 年 12 月 19 日，一辆卡车冲入柏林市中心的一个圣诞市集，造成严重的人员伤亡。德国联邦内政部长德梅齐埃发表声明称，这是一起有预谋、有目的的袭击案。12 月 21 日，"伊斯兰国"发表声明，称柏林袭击案为一个"伊斯兰国"战士所为，他完成了攻击

---

① 郑春荣：《难民危机考验德国在欧盟的领导力》，人民网，2016 年 5 月 13 日，http://world. people. com. cn/n1/2016/0513/c1002 - 28347406. html。

② Konrad Adenauer Stiftung（KAS），Auslandsinformationen，Nr. 11/12，2015，S. 10，http:// www. kas. de/。

"十字军联盟"国民的任务。2016 年 12 月 31 日，默克尔在新年演讲中称，过去的 12 个月历经了"许多考验"，而伊斯兰恐怖袭击"毫无疑问是最艰难的考验"。2017 年 4 月 24 日，德国内政部公布的数据报道，德国 2016 年的犯罪嫌疑人中，外国移民人数飙升至 174438 人，比上一年上涨 52.7%。据德国媒体报道，"伊斯兰国"极端组织已渗入并利用德国联邦国防军从事恐怖活动。德国 Funke 传媒集团从德国军事反谍报部门（MAD）获得的消息称，伊斯兰极端主义者以申请加入德国联邦国防军的方式进入军队并获得德国的精尖武器。德国军事反谍报部门现已从该国军队中查出 20 名伊斯兰极端主义者，同时还有 60 起疑似案件正在调查中。① 德国最高刑事法官确认第一次判决一名穆斯林分子，他企图接受叙利亚恐怖组织培训。2015 年 5 月，两个叙利亚人在柏林和马格德堡被逮捕，他们是印度耆那教教徒（Dschiha-distenmiliz Al-Nusra-Front），主张恐怖和杀戮，被判处两年半监禁。10 月，一名 27 岁在慕尼黑的德国青年人两次企图进入叙利亚作战地区，"为圣权国家而战"（einen islamischen Gottesstaat），他在慕尼黑机场被捕，被判处两年半监禁。另有报道，迄今至少有 29 名退伍军人进入叙利亚和伊拉克，其中一部分还加入了"伊斯兰国"极端组织。被德国军事反谍报部门怀疑为恐怖分子的还有 268 名涉嫌的极右翼分子，64 名可疑的"伊斯兰国"极端分子以及 6 名疑似极左分子。② 恐怖主义正由威胁变成现实，恐惧情绪在德国日渐增长，导致反移民情绪增长和民粹主义力量跃升，威胁到德国社会稳定和国家政治安全。

　　4. 英国脱离欧盟将使欧盟的政治、经济和外交格局发生深刻变化。对德国的对欧政策构成重大挑战，也使德国经济的未来受到影响。2016 年 6 月 23 日英国举行脱欧公投，超过半数的英国民众选择退出欧盟，这一结果重创了欧洲一体化进程。有多家调研机构此前的调查均显示，英国民众支持"脱欧"比例越来越高于"留欧"派，仅大约 41% 的受访者支持英国留在欧盟，18～24 岁的年轻人比例接近 70%，但 55 岁或以上人中有 64% 表示支持"脱欧"。根据有关机构预估，实际投票群体中，仅 56% 的年轻人会去投票，而

① 中新社柏林：《德国军队被曝遭伊斯兰国渗透　查出多名"内鬼"》，中国新闻网，2016 年 11 月 6 日，http://www.chinanews.com/gj/2016/11 - 06/8054453. shtml。
② 田园：《德查出军中二十名极端主义分子卧底》，载《光明日报》2016 年 11 月 6 日。

较年长组约80%受访者表示会去投票。① 英国脱欧对德国的挑战主要表现在
两个方面：首先对德国的欧洲政策构成挑战。德法历来是欧盟的发动机，为
推动欧洲一体化，德国不惜对英国多次让步，英国脱欧无疑意味德国对欧政
策的重大挫折，同时对德国未来欧洲政策构成挑战，即如何更好地把欧盟27
个成员国拧在一起，继续推动欧洲一体化进程。其次，英国脱欧将对德国经
济造成严重影响。早有机构预测，如果英国脱欧，英国的经贸活动将不受制
于欧盟，英国因此可省去每年接近100亿英镑（约合144亿美元）的欧盟预
算"摊派"费。亲脱欧者还认为，离开欧盟后，英国可以抛弃那些阻碍就业
的监管，给英国自己制定法律和选择贸易伙伴的自由。然而，英国脱欧将给
英国经济带来严重打击，对英国年轻人的发展带来很多现实障碍。首先，若
英国退出欧盟，英国经济可能陷入衰退。国际货币基金组织（IMF）主席拉
加德2016年5月13日表示，英国脱欧对英国经济将会是一个"糟糕到极
点"的选择。该组织6月17日发布的一份报告中写道，如果英国选择离开
欧盟，对于英国经济前景的影响将会是负面且巨大的，极端情况下，英国
2019年的经济增速相对于留在欧盟，可能会放缓1.5%~5.5%的水平。其
次，脱欧对英国与欧洲的贸易带来负面冲击。欧盟是英国的第一大出口目的
经济体，占英国出口总额的46.9%，同时欧盟也是英国第一大进口来源经济
体，占英国进口总额的52.3%。如果英国脱欧，英国经济赖以运转的许多协
议、规定和法律依据将被打破，该国经济将发生剧烈震荡。比如，英国将需
要争取到欧洲单一市场的准入，要与其他60个国家和地区重开贸易协定谈
判，要将数以千计的欧盟法规重新写入英国法律。评级机构穆迪认为，脱离
欧盟将在短期甚至中期内对英国经济带来负面影响。中期经济影响主要取决
于英国能与欧盟协商达成怎样的新贸易协定②，再次，对家庭的打击也是很
大的。英国财长奥斯本在4月中旬的一份报告中表示，英国脱欧之后，英国
经济到2030年可能下降6%左右，这意味着英国每个家庭的收入每年损失
4300英镑（6100美元）。报告中还指出，加入欧盟的总体经济效益显著高于
任何潜在的选择。数据显示，由于较低的价格，英国购物者每年节省350英
镑（约合511美元），其中有一部分节约来自欧盟。还有，英国就业可能缩

---

① 江濡山、何懿文：《解读"英国脱欧"六大影响》，新浪财经专栏，2016年6月24日，
http://finance.sina.com.cn/zl/china/2016-06-24/zl-ifxtmwei9236869.shtml。
② 江濡山、何懿文：《解读"英国脱欧"六大影响》，新浪财经专栏，2016年6月24日，
http://finance.sina.com.cn/zl/china/2016-06-24/zl-ifxtmwei9236869.shtml。

减。截至 2015 年 9 月的一年时间里，有 17.2 万欧盟居民净流入英国，占比高达 53.3%。根据学者的研究，欧盟移民平均年龄在 30 岁左右，移民流入在一定程度上缓解了英国的老龄化问题，而且欧盟移民平均学历高于本地人，通过纳税等方式实现的对财政的净贡献超过福利索取的比例达到 34%。所以脱欧限制移民并不利于英国经济的长期增长。[①]

英国还必须支付给欧盟"分手费"，法国经济部长布鲁诺勒梅尔表示，这笔款可能高达 1000 亿欧元，"英国必须付清对欧盟的欠款，这是进行脱欧谈判的先决条件，没有商量余地"。[②] 此外，脱欧后英国在欧盟贸易政策上的话语权将减小。

英国脱欧后，毫无疑问，将由德国独家扮演"扛鼎"的角色，这意味着德国的付出和责任会变得更大、更艰巨。

首先，德国经济将遭受一定冲击。英国脱欧使德国失去一个重要的伙伴。不同于法国，英国与德国共同代表着市场经济的准则。德国智库伊福经济研究所（Ifo）负责人福斯特（Clemens Fuest）2016 年 6 月 16 日表示，如果英国在 6 月 23 日公投后退出欧盟，在最糟情况下，德国长期经济增长率可能下降 3 个百分点。此前，德国工业协会和德勤会计师事务所的一项针对 215 家德国企业的联合调查显示，英国脱欧令多数德国企业感到不安，其中 71% 的被调查企业认为，英国脱欧将导致金融市场不稳定；60% 的企业认为，资本市场和汇率波动将加剧；46% 的德国企业可能把直接投资由英国转投欧洲大陆；43% 的德企预计，德国出口产品将遭遇海关关税上涨。[③]

其次，德国要挑起欧盟更沉重的担子，在欧盟中承担更大的出资份额。自欧元创建以来，德国的财务一直看好。自从 2000 年以来，德国经常账户盈余达 1.8 万亿欧元，欧元的疲软使德国出口行业欣欣向荣。但是，如果把法国、意大利、西班牙的同一时间的经常账户加在一起计算，它们总体的经常账户赤字竟近 1.2 万亿欧元。而欧元区中的一些债务国则陷入了难以摆脱的困境，人为的低利率，使它们的债务金额越来越大。在欧元区，西班牙、

---

① 江濡山、何懿文：《解读"英国脱欧"六大影响》，新浪财经专栏，2016 年 6 月 24 日，http://finance.sina.com.cn/zl/china/2016 - 06 - 24/zl-ifxtmwei9236869.shtml。

② 路透社：《第二轮英国脱欧谈判分歧严重 法要求英付清对欧盟千亿欠款》，《参考消息》2017 年 7 月 21 日。

③ 江濡山、何懿文：《解读"英国脱欧"六大影响》，新浪财经专栏，2016 年 6 月 24 日，http://finance.sina.com.cn/zl/china/2016 - 06 - 24/zl-ifxtmwei9236869.shtml。

意大利、法国、葡萄牙、希腊和爱尔兰这些债务国和德国、荷兰这些债权国处在同一个货币体系里。在英国脱欧之后，德国人或许应当去思考一个问题：德国到底应该留在欧元区还是把积弱的国家从欧元区踢出去？尽管德国实施了各种政策试图控制债务国的债务危机，这只是减缓债务积累的速度，而不是从根本上阻止它。由于受英国脱欧公投的负面影响，德国十年期国债收益率跌至历史性的低谷，甚至一度跌为负值，德国主要股指达克斯指数也在一个时期一路走低。① 2016 年 6 月 30 日国际货币基金组织称，考虑德英经济关系紧密，将下调明年德国经济增长预期，预计明年增长预期由 1.6% 下调到 1.5%。② 2016 年 9 月 8 日，德国（柏林）经济研究所（DIW）分析说，2017 年增长率与上年相较将接近腰斩，因英国脱欧及其他风险对出口商构成打击，总之，英国决定退出欧盟，将导致德国未来数月增长前景受限。

5. 欧洲民粹主义力量的崛起不仅对欧洲一体化构成挑战，也对德国国内的政治形势产生影响。近年来，民粹主义势力在欧洲迅速发展，成为严重影响欧洲一体化进程的政治思潮和阻滞剂。法国国民阵线、英国独立党、意大利五星运动、希腊激进左翼联盟、德国选择党等空前活跃。这些政党的政策主张虽然各不相同，区别很大，但它们的共同点是反对"精英"统治、不满欧盟、攻击现行政治"建制"损害"人民"的利益。③ 2017 年 1 月 21 日，欧洲主要右翼民粹主义政党头目在德国科布伦茨市聚会。在会上，勒庞抨击德国总理默克尔的难民政策，声称民族国家最终将会回归，2017 年将是欧洲大陆"觉醒的一年"。荷兰自由党领袖维尔德斯鼓励在场观众支持德国选择党主席佩特里。④ 欧洲民粹主义政党的崛起也带动了德国民粹主义力量的发展。德国右翼民粹主义政党"德国选择党"成立于 2013 年 2 月 6 日，截至 2017 年 1 月，党员人数已经达到 2.5 万人，政治影响力不断扩大。该党的政策主张主要是：反对欧洲一体化，欧盟将决策权归还各成员国，恢复边境管制，限制并阻止难民进入德国，反对伊斯兰极端组织，主张重新起用德国马

---

① 江濡山、何懿文：《解读"英国脱欧"六大影响》，新浪财经专栏，2016 年 6 月 24 日，http://finance. sina. com. cn/zl/china/2016 – 06 – 24/zl-ifxtmwei9236869. shtml。

② "IWF rechnet mit Brexit-Folgen für Deutschland", SPIEGEL ONLINE, 30. 06. 2016, http://www. spiegel. de/wirtschaft/soziales/iwf-senkt-wachstumsprognose-fuer-deutschland-a-1100530. html。

③ 田德文：《欧洲民粹主义政党崛起的原因与走势》，《当代世界与社会主义》2017 年第 2 期，第 114 ~ 122 页。

④ 田园：《欧洲极右翼政党聚首德国》，光明网，2017 年 1 月 24 日，http://news. gmw. cn/2017 – 01/24/content_23565269. htm。

克，退出欧元区等。① 2014 年该党在欧洲议会选举中首次获得席位，2015 年到 2016 年，它在德国多个州进入州议会。目前，该党已在德国 16 个联邦州的 13 个州拥有议会席位，成为德国政坛不可小觑的新兴政治力量，并在 2017 年 9 月 24 日的德国大选中，不仅首度进入联邦议院，且一跃成为议会第三大党。德国选择党对德国政治生态构成很大威胁，如对于传统的右翼阵营（基民盟/基社盟 + 自民党）来讲，可能导致黑黄联盟在各个政治层面均丧失了结构性多数的优势，对于海盗党这样在 5% 得票线以下挣扎的小党，它们进入议会的机会由于选票的分散而变得更加微乎其微。②

二 德国处理欧盟面对的多重危机的立场

为了应对欧洲面临的多重危机带来的挑战，德国发挥了欧盟核心国家的积极作用，采取多方举措应对。值得注意的是，德国并未把各类危机视为孤立事件，在处理各类危机中既有单向举措，也有综合施策。

1. 面对传统地缘安全威胁，德国力图通过"有为外交"和平解决，同时加强欧洲安全防务合作。乌克兰危机爆发后，采用何种方式应对乌克兰危机成为欧盟与北约国家争论不休的议题，有主张强硬对抗者，有主张严厉制裁者，有主张缓解徐图者。德国在此间发挥"有为外交"作用，在各方间斡旋。德国认为，与俄罗斯为敌，或者将俄罗斯排除在外的欧洲和平秩序不符合德国的利益和设想，通过政治和外交途径解决冲突和危机，致力于在欧盟与俄罗斯之间建立一个长期有效的对话和合作机制，谨慎处理关键性的地缘政治矛盾，才是处理欧洲地缘安全危机的恰当选择。德国时任联邦总统高克在第 50 届慕尼黑安全会议上呼吁，德国要"更及时、更坚决和更切实地"参与国际事务，开展"有为外交"，争取化解这场十分棘手的危机。具体而言，德国在应对乌克兰危机中主要采取两手策略。

首先，德国政府强调乌克兰危机应该通过外交方式和平解决，主张对话，反对武力升级，支持欧盟对俄进行经济制裁。为此德国政府在欧盟以及其他多边舞台开展外交攻势，提出各种旨在缓解和管控危机的外交倡议和措

---

① "Wir sind in einer kritischen Situation", ZEIT ONLINE, 16. 9. 2016, http://www. zeit. de/politik/ausland/2016 - 09/eu-gipfel-angela-merkel-sicherheit-zusammenhalt-brexit.

② 伍慧萍、姜域：《德国选择党——疑欧势力的崛起与前景》，《国际论坛》2015 年第 4 期，第 70 ~ 74 页。

施。欧盟在德国力主下实行了"支持乌克兰、制裁俄罗斯、始终坚持政治磋商"的"三和弦"外交方针。从外交工具来看，德国主要采用外交斡旋和经济制裁两种非武力方式，始终反对武力解决乌克兰危机。2017 年 5 月 7日，德国总理网站发布默克尔的声明称，"对我而言非常重要的是同俄罗斯的对话联系不能断线。因此我们采取了一切措施，保障俄罗斯和北约的主要协议能够得到落实，并且俄罗斯－北约理事会的会议能够举行"。默克尔认为，"以此双重方式行动——一方面展示实力，另一方面有意进行对话，这条道路是正确的"。[①]

其次，加强安全防务合作，增加军备费用。面对乌克兰危机带来的安全威胁，德国支持盟国达成一个更统一的安全政策。2016 年 7 月 8~9 日，默克尔赴华沙出席北约峰会，表态支持北约在东欧驻军并表示德国负责在立陶宛驻军，与此同时主张继续开展与俄对话。[②] 2016 年 9 月 16 日在布拉迪斯拉发举行的欧盟非正式峰会的重点议题包括安全和欧洲防务，此次峰会达成了"布拉迪斯拉发路线图"，提出加强防务合作。默克尔在其中发挥了积极作用。[③] 德国时任联邦外长施泰因迈尔主张欧盟成员国每半年就它们的防御计划和防御优势进行交流，赞成建设一个更强大的对外和安全政策统一的欧盟。[④] 2017 年慕尼黑安全会议报告提出，如果欧盟在多边主义合作中能够成为一个超级力量，那么一个以必要的充分军事实力为依托的共同外交政策，将成为一个必然的战略选择。[⑤] 默克尔总理在会议上承诺德国将进一步增加国防开支，到 2024 年将增加到占国内生产总值 2% 的目标。[⑥] 据英国简氏防备集团预计，西欧的防务开支到 2020 年将增加 100 亿美元，这与欧洲周边

---

① "Merkel: Stärke und Gesprächsbereitschaft zeigen", Die Bundeskanzlerin, 6.5.2017, https://www.bundeskanzlerin.de/Content/DE/Pressemitteilungen/BPA/2017/05/2017 - 05 - 05 - pod-cast.html.

② "Allianz unterstützt weiterhin Afghanistan", Die Bundesregierung, 9.7.2016, https://www.bundesregierung.de/Content/DE/Reiseberichte/2016 - 07 - 07 - natogipfel-warschau.html.

③ "Wir sind in einer kritischen Situation", ZEIT ONLINE, 16.9.2016, http://www.zeit.de/politik/ausland/2016 - 09/eu-gipfel-angela-merkel-sicherheit-zusammenhalt-brexit.

④ 李文红:《从"一日三袭"看欧洲一体化危机》，中国网，http://www.china.com.cn/news/world/2016 - 12/22/content_39966113.htm。

⑤ Munich Security Report 2017, "Post-Truth, Post-West, Post-Order?", Munich Security Conference, https://www.securityconference.de/en/discussion/munich-security-report/.

⑥ "Rede von Bundeskanzlerin Merkel zur 53. Münchner Sicherheitskonferenz am 18. Februar 2017", http://www.tagesschau.de/inland/sicherheitskonferenz-muenchen-merkel-101.html.

形势有关，正如德国总理默克尔说的，"与我们家门口的很多冲突"有关。欧洲南部是被伊斯兰极端组织渗透的动荡的利比亚，东部则是俄罗斯，德国的国防开支将从现在的 358 亿美元，增加到 2020 年的 394 亿美元。[①] 2016 年 7 月 13 日，德国发布了新版国防白皮书，强调在欧洲层面追求共同安全和防御政策的深化，以构建欧洲安全与防务联盟为长远目标。[②]

2. 从国内及欧盟两个方面积极应对，减缓移民压力。在处理欧洲难民危机过程中，德国的难民政策经过了"谨慎对待""友好欢迎""逐渐收紧"三步走的调整过程。2015 年后有近 120 万难民进入德国，造成严重的社会问题，导致基民盟在地方选举中连连受挫，默克尔政府不得不收紧难民政策。2016 年 9 月 5 日，针对基民盟在梅前州州议会选举惨败结果，正在杭州参加二十国集团（G20）的默克尔召开新闻发布会，一方面强调基民盟在难民问题上的基本路线是正确的，另一方面承诺将收紧难民政策，加强对难民的甄别工作，驱逐那些无望在德国获得避难身份的人或者已经失去避难资格的人以及取消双重国籍的人。到目前为止，德国的政策是不承认双重国籍的人，欧盟成员国公民除外。在德国出生的外国儿童可以暂时保留双重国籍，到 21 岁时再选定一个国家入籍。随着 2017 年 9 月德国大选的临近，由于社民党总理候选人舒尔茨对默克尔具有一定的威胁性，默克尔甚至提出，把"收紧国籍政策"纳入竞选纲领。[③]

综合来看，德国从国内和欧盟两个层面采取了应对举措，以缓解难民压力。在国内层面，德国放弃了《都柏林公约》个别条款，主动承担起难民申请、登记、造册、审查、甄别和临时安置的责任；增加难民登记与审核人力的投入，创新避难审核模式，提高避难程序审核的效率；为各州合理分配难民安置配额；设置"较安全国家"，拒绝来自"较安全国家"，也就是说，那些政治形势比较稳定，可以生活、可以工作的国家的难民庇护者的申请及就业；投资建设或改建难民营，为各州难民安置及时拨付难民安置款。在欧盟层面，德国积极支持并主导欧盟与土耳其就难民过境和难民安置等问题达成协议，积极支持并力图推动欧盟制定和实施统一的难民配额方案；积极支

① 于尔根·施特赖哈默：《全球扩军新时代》，《新闻报》（奥地利），2016 年 12 月 12 日。

② 熊炜：《2016 版〈德国国防白皮书〉评析——"来自中间的领导"困境》，《国际论坛》2017 年第 3 期。

③ 《德国会允许双重国籍吗？默克尔和所在党意见相反》，移民家园网，2017 年 5 月 8 日，http://news.yiminjiayuan.com/content-1392.html。

持对欧洲现行的难民庇护政策与制度进行改革。① 2017 年 2 月 9 日，联邦以及各州就准备加快难民遣返工作举行了特别会议，会议的目标是加强和加快难民的遣返工作。为此决定设立中央遣返中心，对自愿遣返者予以奖励等。

德国政府不断收紧的难民政策在 2016 年见到成效。2017 年 1 月 11 日，德国联邦内政部通报，依据联邦移民及难民事务局（Bamf）的初步统计，2016 年，在德国登记的新难民数量约为 28 万，不到前一年总数的三分之一。

3. 综合施策应对恐怖主义。德国在反恐问题上与其盟国持有一致立场。在欧洲接连受到恐怖主义袭击之后，德国更加坚定了打击恐怖主义的决心。2014 年 9 月，默克尔表示支持美国对叙、伊境内的"伊斯兰国"进行空袭。伊斯兰极端组织利用伊斯兰宗教煽动穆斯林群众对抗国际社会，制造恐怖活动。据皮尤研究中心的数据分析，穆斯林的新出生人口在 20 年内将超过基督教徒，使伊斯兰教在 2075 年成为全世界最大宗教。2015 年全球 73 亿人口中，基督教徒是人数最多的宗教信徒，占世界总人口的 31%。穆斯林排第二，占 24%，接下来是无宗教信仰人士，占 16%，印度教徒占 15% 和佛教徒占 7%，是占比较小的。②

德国在国内采取的反恐措施主要在于加强信息搜集和强化预防措施。在信息搜集方面：在联邦警察机构成立一个"安全领域信息中央办公室"，众多安全部门定期举行会议，监控大量的网上信息，德国提升技术监控手段，加大情报投入力度，德国允许警方检查入境难民的智能手机，监听电话、浏览社交网站等，并从中确定需要重点评估的极端伊斯兰主义分子，鼓励难民检举他人出现极端化或情绪波动的迹象等，要求心理医生将对公共安全有威胁的病人情况上报警方。在预防恐怖袭击方面：国家安全部门的专职办案人员负责监视多名随时可能发动袭击的极端分子，评估他们的危险等级，并在紧急情况下逮捕他们；剥夺曾加入恐怖组织同时拥有外国国籍的德国公民国籍；德国警方除了全天候对危险分子进行监控外，还加速遣返被定罪或对德国公共安全有威胁的外国人；有条件废止双重国籍公民的德国国籍；严格排查极端分子，例如 2016 年 11 月 6 日，德国《世界报》称，反间谍机构德国联邦军事情报局近日挖出 20 名藏匿在军中的"伊斯兰国"极端分子，为阻

---

① 宋全成：《欧洲难民危机中的德国难民政策及难民问题应对》，《学海》2016 年第 4 期，第 55 ~ 62 页。

② 英国《卫报》：《伊斯兰教将在 2075 年成为大宗教》，《参考消息》2017 年 4 月 7 日。

止"圣战"分子渗透，联邦军事情报局将从 2017 年开始严格审查所有入伍申请者。①

4. 坚定不移地维护欧洲团结，强硬应对英国脱欧谈判。英国脱欧对欧盟的打击是很大的，欧盟内部团结面临前所未有的挑战。德国在欧盟层面的第一大要务就是阻止英国脱欧的地震波扩散，防止出现所谓的多米诺骨牌现象。2016 年 6 月 24 日，德国政府在英国脱欧后第一时间做出反应，默克尔发表声明说："我们注意到英国人民的决定，为此感到遗憾。毫无疑问，这对欧洲来说是一个重大转折，对欧洲统一进程是一个重大转折。"② "目前必须冷静对局势展开分析，欧洲足够强大，能够找到应对当前局势的办法。当前必须向民众解释清楚，欧盟在改善提高他们生活方面，发挥了怎样的重大作用。欧盟始终坚持团结与和平的理念，过去如此，未来依然如此，这绝非理所当然，德国将坚定不移地维护欧洲团结。"③

加强欧盟 27 个成员国的团结，维护欧洲统一市场的一致性，符合德国和欧洲的利益。德国对英国脱欧谈判态度也比较强硬。默克尔回应英国首相特雷莎·梅脱欧谈判条件时说，"谈判必须首先明确如何解除我们之间紧密相连的关系……只有这个问题解决了，我们才可能有望很快在此之后启动有关我们未来关系的会谈"，明确拒绝英国要"开启双轨谈判"的希望，称在确定"离婚"条款前不会讨论未来关系问题。④ 德国还强调英国要对脱欧付出代价，希望布鲁塞尔和英国先确定一种计算方式，再计算出数字，这可能是一张估计达到 600 亿欧元的账单。2017 年 4 月 27 日，默克尔就英国脱欧谈判发表政府声明，称谈判的中心任务是确保欧盟公民利益不受损，欧盟和德国对此已经做好准备。她称 27 国已经协调好了立场，将会发出一致的声音。具体而言有三点任务：一是确保在英居住的 10 万德国人权益；二是规避英欧关系变化过程中带来的损失；三是确保欧盟继续保持团结。默克尔还

① "MAD enttarnt Islamisten in der Bundeswehr", *Die Welt*, 5. 11. 2016, http://www.welt.de/politik/deutschland/video159277295/MAD-enttarnt-Islamisten-in-der-Bundeswehr.html.

② "Wir sind in einer kritischen Situation", ZEIT ONLINE, 16. 9. 2016, http://www.zeit.de/politik/ausland/2016 - 09/eu-gipfel-angela-merkel-sicherheit-zusammenhalt-brexit.

③ "Merkel spricht von 'inschnitt für Europa'", *tagesschau.de*, http://www.tagesschau.de/ausland/brexit - 269.html.

④ Jon Stone, "Angela Merkel derails Theresa May's Brexit plan by rejecting parallel trade talks", http://www.independent.co.uk/news/uk/politics/brexit-article-50-angela-merkel-rejects-theresa-may-parallel-talks-a7656506.html.

要求英国及早明确其未来与欧盟的关系，并承担起目前对欧盟的财政义务。[1]

5. 强化欧洲主要国家间合作，联合应对民粹主义势力。从近年德国各政治力量发展来看，虽然否定欧洲一体化的民粹和极右翼力量有所增长，但仍居少数。大多数德国民众和主流政党均支持欧洲一体化事业，支持欧盟发展，这就为德国政府与欧盟国家合作，强硬对待民粹主义势力铺垫较好基础。德国反对民粹主义的具体政策主要有：（1）加强欧盟各国领导人之间的团结，反对民粹主义。在马克龙与极右翼候选人勒庞角逐法国总统宝座获胜后，默克尔立即与之互动，强调德法合作，重振欧盟，称赞法国选民通过选择马克龙向欧洲释放出了反对民粹主义的清晰信号。[2]（2）与法、意等国推动欧盟防务合作，以此推进欧洲一体化建设，驱散民粹主义阴霾。慕尼黑联邦国防军大学国际政治教授卡洛·马沙拉说，"德国政府表明它愿意推进欧洲军事整合。"欧盟委员会主席容克一直建议建立一支"欧盟军队"。2017年3月欧盟成立了一支由30名工作人员组成的"联合军事总部"。德国与捷克和罗马尼亚迈出了建立一支欧盟军队的步伐。[3]（3）认真研究对待民粹主义兴起的社会根源，并对社会发出警告。欧洲民粹主义崛起背后有着社会、经济、政治等多方面的深层次原因。2016年8月4日，德国时任联邦外长施泰因迈尔说，他带着极大的担忧关注"令人心悸的民族主义"在全球各地的蔓延。德国政府领导人在多种场合严厉批评民粹主义，呼吁民众对此保持警惕。[4]

三 德国积极应对欧盟面对的多重危机的原因

德国对欧盟面对的多重危机立场坚定，态度鲜明，措施有力，其根本原因在于德国在欧洲一体化历史上的地位、德国与欧盟紧密的关系以及当前欧洲面临的形势，消除危机影响，稳定欧盟局势，支持欧洲一体化符合德国根本利益。

---

[1] "Erfolgsgeschichte der EU fortschreiben", https://www.bundesregierung.de/Content/DE/Artikel/2017/04/2017 – 04 – 27 – regierungserklaerung-er-gipfel.html.

[2] 周珺：《欧洲民粹主义：势头受挫隐忧犹存》，新华网，2017年5月10日，http://news.xinhuanet.com/world/2017 – 05/10/c_1120949951.htm。

[3] 《跟北约并驾齐驱？德国低调打造"微型欧盟联军"》，http://foreignpolicy.com/。

[4] 周珺：《欧洲民粹主义：势头受挫隐忧犹存》，新华网，2017年5月10日，http://news.xinhuanet.com/world/2017 – 05/10/c_1120949951.htm。

1. 从政治与安全利益来看，积极应对危机，维护欧洲安全稳定，支持欧洲一体化符合德国的长远利益。德国是欧洲一体化的推动者，它和法国一起被认为是欧洲一体化的发动机。德国依托欧盟恢复了正常国家地位，与邻国解决了利益与信任难题，并凭借经济实力和对一体化的积极立场，博得欧盟国家信赖，在欧盟体制内发挥越来越重要的作用，成为欧盟主要领导国家。在政治与安全领域，德国对欧盟安全与防务一体化始终持支持态度，是重要的参与者和推动者。与此同时，德国也借助欧盟安全合作获得内外安全保障，受益匪浅。在国际合作领域，德国经济力量虽位居欧盟之首，但不像英法有联合国安理会常任理事国地位，因而德国要在当今世界增加话语权和影响力，在全球治理中发挥大国作用，必须依托欧盟这一最重要的平台。因此，德国始终将融入欧洲一体化视为外交最优先目标，认为没有一个国家像德国这样受惠于欧洲一体化和欧盟，视欧盟为命运和利益共同体，欧洲一体化是德国自身发展的重要依托和目标。致力于解决欧盟面对的多重危机，积极争取和平解决乌克兰危机，坚定支持欧洲一体化，积极应对反欧盟的民粹主义势力，符合德国在欧洲一体化历史中的战略定位。

2. 从德国与欧盟的现实经济关系来看，欧盟面对的各种危机可能危害德国与欧盟的经济联系，对德国的经济造成伤害。在经济领域，欧盟国家是德国主要贸易伙伴，在贸易、投资、劳动力等方面尤其重要。2015 年德国十大进出口贸易国有 7 个是欧盟国家。2016 年 9 月 6 日，伊福经济研究所预计，该年度德国全球经常项目顺差可达 3100 亿美元，占国内生产总值的 8.9%，主要原因在于欧盟内部需求增长。欧盟层面的许多制度安排都是非中性的，欧元体制即是一例。欧元作为一种共同货币制度，其引入后的直接后果就是重塑了欧洲的经济格局，这其中最为关键的变革就是欧洲内部的资本流由之前围绕英国、法国和德国三个中心的多边循环流动，逐渐变成了主要以德国一个中心与其他欧盟成员国之间的"一对多"的双边循环流动。德国站在了整个欧洲内部资金流动链条的顶端，扮演着"欧洲银行家"的角色。因此，单纯从经济联系来看，德国也必须采取措施应对欧盟面临的各种危机。

3. 从德国当前在欧盟的地位来看，德国有责任要在欧盟内起主导作用，这是德国积极应对欧盟各种危机的又一个主要原因。德国在欧盟地位突出，影响力很强，近年来对欧盟的贡献和作用愈加突出。一是经济领域：德国国内生产总值占欧盟的四分之一，经济实力强健，在欧债危机中"一枝独秀"，保持了经济稳定发展，成为欧盟的稳定锚，对欧盟经济走出低谷发挥决定性作用。二是在欧盟建设领域：无论是容克、图斯克、舒尔茨等欧盟领导人的任命，还是欧盟各机构负责人与优秀工作人员的选拔，德国都发挥了突出作用。在欧盟内部，德国始终坚持积极的一体化立场，推动欧盟重大政策和改革方案。三是领导协调能力：德国无论在法德、德波、魏玛三角以及与东欧国家关系方面，还是德中、德俄、德美等大国关系领域，都有独特的协调能力。英国脱欧公投后，德国积极协调各方，对保持欧洲稳定发挥独特作用。"德国日益成为新的核心。德国应该承担起应该承担的领导责任，形成新的核心。和法国协调，和其他国家合作。"① 反观欧盟其他主要国家，英国疑欧主义情绪严重，最后甚至通过脱欧公投，法国在危机中地位下降，只有德国维持了上升的势头，使欧盟内部力量结构发生了有利于德国的转变，② 尽管这一情势并非德国所愿。③ 默克尔在2017年讲话中自信地表示，"当整个欧洲一起面临竞争、欧盟外部边界面临保护或者难民问题的挑战时，欧洲也应该团结一致共同寻找解决问题的答案，不管这多么困难、多么旷日持久。并且德国对在其中扮演领导角色充满兴趣"。④

最后，需要指出的是，由于德国是欧盟的一员，欧盟面对的危机，必然也是德国面对的危机，危机给欧盟带来的挑战与威胁，同样也会影响到德国。面对危机，德国只能以欧洲安全稳定的大局为重，维护欧洲一体化的大旗不倒，消除外来威胁和冲击，降低民粹主义的消极影响，带领欧洲走出危机的泥淖。

结　语

欧洲发生的多重危机严重影响到欧盟及成员国的安全、稳定与发展，对欧盟治理构成严峻挑战和威胁。在此艰难时刻，德国坚定支持欧洲一体化的立场，敢于承担责任，出台大量反危机政策，对稳定欧盟局势，减轻危机伤害发挥了重大作用。在此过程中，德国积累了丰富的危机处理经验，完善了

---

① "Das Auswärtige Amt Schwerpunkte deutscher Außenpolitik", Auswärtiges Amt, http://www.auswaertiges-amt. de/DE/Aussenpolitik/Schwerpunkte/.

② 张健：《从希腊危机看欧洲一体化前景》，《现代国际关系》2015 年第 9 期。

③ William E. Paterson, "The Reluctant Hegemon? Germany Moves Centre Stage in the European Union", *Journal of Common Market Studies* (JCMS), 2011 Volume 49 Annual Review, pp. 57 – 75.

④ 杨解朴：《德国依然是欧盟中的稳定锚？》，《当代世界》2017 年第 2 期，第 42 ~ 45 页。

危机处理机制，提升了德国在欧盟中的威信，获得欧盟多数国家赞赏，提高了德国对欧盟的实际领导能力。

欧洲旧的危机仍在继续，新的危机随时会出现，特别是欧盟国家民众对一体化前景的迷茫，预示着欧盟治理仍任重道远。面对这些挑战，德国的立场比较明确，一是不会轻言放弃，不会退缩；二是重视其严峻性，不敢掉以轻心，准备长期应对；三是积极探索一体化未来发展道路，为欧盟发展指出方向。

目前德国的主要着力点，除了继续丰富各种反危机举措外，在大的政策领域也有较明确认知：（1）在新的国际形势下，如何增强欧盟的内部凝聚力，推进政治一体化，是欧盟进一步发展的重点，也是德国长期的重要战略目标。与此同时，德国也重视欧盟具体治理方案和一些成员国的诉求。（2）针对民众认同危机，加强欧盟各国合作，增强各国民众对欧盟的认同基础。（3）建立一套更加可靠实用的危机处理机制，以便在类似难民危机的情况下，能够提高欧盟整体应对能力，减少内耗，增强整体行动能力。（4）提高欧盟在国际上的地位，为欧盟在国际上的发展注入新的动力，从而提高德国的政治影响力。德国无论是在理念的提出还是政策的实施方面，对欧洲应对危机都起到了关键作用。未来观察欧洲一体化进展，预判欧盟稳定与发展，都需要认真研究德国立场，注意德国动态。

德美俄大三角关系探析

刘立群*

摘　要： 冷战结束已近30年，俄罗斯与欧美关系却重新高度紧张。早在1994年，俄总统叶利钦就已称欧洲面临"冷和平"危险；自2014年3月克里米亚并入俄罗斯以来，俄罗斯与欧美关系急剧恶化，俄总理梅德韦杰夫称进入"新冷战"，也有人称之为"小冷战"。德国在欧美对俄关系中发挥某种特殊作用。2017年9月联盟党在德国联邦议会选举中再度获胜，默克尔第四次蝉联德国总理；美国总统特朗普于2017年初上台，俄罗斯总统选举将于2018年3月举行，普京连任毫无悬念。德国是欧盟中影响力最大的国家之一，默克尔连任保证了德国外交的连续性。德美俄都是当今世界重要国家，各自新政府的诞生使其大三角关系更为复杂并具有较大不确定性，不过也要看到不确定性中的确定因素，尤其是德国始终致力于缓和西方与俄罗斯的紧张关系，以避免欧洲陷入"新冷战"。

关键词： 德美俄关系　德国外交　大三角

冷战时期以美苏两个超级大国为首的北约和华约两大军事集团剑拔弩张、相互对抗，甚至几度濒临世界大战及核大战边缘。处于东西方对抗前沿的联邦德国于20世纪70年代初以其"新东方政策"开启东西方缓和进程，加之其他诸多因素，美苏及两大军事集团交恶状态逐渐逆转，最终导致两个德国于1990年重新统一及冷战结束，联邦德国"以接近求变化"、以柔克刚政策功不可没。

---

* 刘立群，北京外国语大学德语学院教授。

冷战结束后不久，北约东扩等问题引发俄罗斯强烈不满，时任俄总统叶利钦1994年称欧洲面临"冷和平"的危险。自2014年3月克里米亚并入俄罗斯以来，俄与欧美关系高度紧张，俄总理梅德韦杰夫在2016年2月慕尼黑安全会议上称现已进入"新冷战时期"，也有人称之为"小冷战"：乌克兰危机前途未卜、对俄经济制裁已持续3年多并有所升级，北约与俄罗斯各自增加军备、建立反导系统、军演频频甚至剑拔弩张。

冷战寒风阵阵袭来，昔日冷战的历史仿佛又在重演，美俄两个超级军事大国关系重新恶化，人们称之为"新冷战"、"小冷战"、"冷战2.0"或"凉战"等。这种状况是怎样产生的、其原因何在？德美俄大三角关系目前具体情况如何？德国外交对美俄重新交恶是如何应对的、有何种效果？欧洲安全局势未来前景如何？

一 从"冷和平"到"小冷战"

二战后作为东西方两大集团对立的冷战，其结束是在短短两年多时间内突然发生的：1989年11月柏林墙倒塌、1990年10月德国重新统一，随后，1991年6月俄罗斯宣布独立、7月华沙条约组织解散、12月苏联解体。在冷战结束之初，欧洲人对未来和平与发展的前景普遍高度乐观，这尤其体现在涵盖整个欧洲及美国和加拿大的"欧洲安全与合作会议"（简称"欧安会"，1995年改为欧洲安全与合作组织，简称"欧安组织"）1990年11月通过的《新欧洲巴黎宪章》中，该宪章称要建立"从温哥华到海参崴的和平秩序和安全秩序"，宣称"欧洲对抗和分裂的时代已告结束"，认为欧洲已进入"民主、和平和统一的新时期"。但不久后事实证明，停留在人们头脑中尤其是美俄两国的冷战思维依然起很大作用，旧的问题尚未完全解决，新的问题又接踵而至。华约解散了，北约非但没有解散，反而继续东扩并抵近俄罗斯等原苏联后续国，这造成后者十分不满并以硬对硬，总统叶利钦1994年2月25日在欧安会上说，欧洲面临着陷入"冷和平"的危险。事实证明此语不幸而言中。

此后至今20多年间，一方面欧美与俄罗斯之间的关系有一定缓和与发展，1997年5月北约与俄在巴黎签署《基本文件》，宣布双方不再是对手；2002年5月下旬美国总统布什访俄时签署《美俄新型战略关系联合宣言》，称两国互视对方为敌人或战略威胁的时代已结束，两国是伙伴；5月底北约与俄签署《罗马条约》并成立"北约-俄罗斯理事会"。但另一方面美欧与俄在北约东扩、建反导系统等问题上始终尖锐对立，最终导致目前矛盾激化、关系紧张。俄总统普京 2007 年 2 月在慕尼黑安全会议上严厉批评了单极世界模式、滥用武力、北约东扩等问题。2014 年 3 月 18 日普京在克里姆林宫发表长篇讲话，为克里米亚公投入俄辩护并再度严厉抨击西方。

欧盟是经济一体化组织，北约是集体防务同盟，不过北约《2010 年战略纲要》第 32 条称"大多数成员同时是这两个组织的成员，所有成员都具有共同价值观"，因此有学者称之为"欧盟－北约双重结构"①。起初俄罗斯只反对北约东扩，不反对欧盟东扩，但后来察觉到凡想加入欧盟的国家往往也想加入北约，所以对欧盟东扩也持反对态度，尤其是反对把独联体国家吸收加入欧盟②。欧盟于 2009 年推出由波兰和瑞典首倡的"东部伙伴关系计划"，包括乌克兰、白俄罗斯、格鲁吉亚、摩尔多瓦、亚美尼亚和阿塞拜疆，它们都是独联体成员国即俄罗斯的伙伴国，实际上形成与俄争夺这些国家的态势。这些国家内部既存在亲俄势力（主要是俄罗斯族人和以俄语为母语的非俄罗斯族人），也存在亲欧盟及西方的势力、主张"脱俄入欧"，两派势力之间博弈因此加剧。乌克兰危机就因是否签署欧盟联系国协定而产生。尽管欧盟称无论这个计划还是联系国协定都不意味着这些国家未来一定加入欧盟，但客观上欧盟是在加强对这些国家的影响，甚至直接支持其亲西方势力，这必然与以俄罗斯为首的独联体及其"欧亚联盟计划"即"后苏联一体化"迎头相撞，有德国学者称之为"把后冷战秩序刻意地缘政治化（Geopolitisierung）"③。结果是两败俱伤，导致乌克兰、格鲁吉亚、摩尔多瓦等国目前处于分裂状态，存在潜在或现实军事冲突危险（乌克兰东部）。从这个角度看，欧盟"东部伙伴关系计划"等非但没有给这些对象国带来和平，反而引发沿东西方"断裂线"地区的局势紧张和国家分裂。

2013 年 10 月俄一项民调显示，45% 受访者认为俄美间"冷战"在进行

---

① August Pradetto, "Ukraine, Russland und der Westen: Die Inszenierung einer Krise als geopolitischer Konflikt", in: Michael Staack (Hrsg.), *Der Ukraine-Konflikt, Russland und die europäische Sicherheitsordnung*, Opladen: Barbara Budrich, 2017, p. 31.

② Egbert Jahn, "Putin-Versteher und Putin-Kritiker. Heftige Kontroversen um die deutsche und westliche Russlandpolitik", in: Michael Staack (Hrsg.), *Der Ukraine-Konflikt, Russland und die europäische Sicherheitsordnung*, p. 104.

③ August Pradetto, "Ukraine, Russland und der Westen: Die Inszenierung einer Krise als geopolitischer Konflikt", in: Michael Staack (Hrsg.), *Der Ukraine-Konflikt, Russland und die europäische Sicherheitsordnung*, p. 55.

中，35%认为"冷战"场景会上演。俄前外长伊万诺夫指出："虽然冷战已告结束，俄罗斯不再是华盛顿在世界上的竞争者，但对俄罗斯和美国的很多人来说，对抗依然是两国关系的常态，世界非黑即白。"持"爱国主义"立场的俄罗斯精英认为美国统治集团始终对俄持敌视态度，而俄"自由派"认为俄对美俄关系恶化也有责任①。

乌克兰两派势力于 2013 年 11 月在签署欧盟联系国协议问题上尖锐对立而爆发严重国内危机，2014 年 3 月克里米亚"公投"入俄后转为国际危机，美欧称俄"吞并"克里米亚违反国际法和冷战后欧洲安全秩序，开始对俄实施较严厉的经济及人员制裁。2014 年 9 月 24 日奥巴马在联合国大会讲话中将俄罗斯列为世界"三大威胁之一"，与"埃博拉病毒"和"伊斯兰国"并列。2017 年 1 月底欧洲理事会主席图斯克在致欧盟各国领导人的信中也把俄称为安全威胁，与美国（特朗普政府）和中国并列。乌克兰东部顿巴斯地区两个州于 2014 年 5 月举行"独立公投"，政府军与亲俄武装组织开始交战，据联合国公布的数字，截至 2016 年 9 月 15 日乌克兰冲突已导致 9640 人死亡、22431 人受伤，至 2017 年 3 月又有 300 人死亡、1000 人受伤。欧盟借助欧安组织和德法牵头的"诺曼底机制"进行谈判斡旋，先后签订了两个《明斯克协议》，由欧安组织监督停火，使战事趋缓。

冷战时期中东欧 6 国（含东德）被称为"卫星国"，是苏联防御北约的屏障和缓冲区，冷战结束以来这些中东欧国家都已先后加入欧盟和北约（东德并入西德，捷克斯洛伐克一分为二），这道屏障已大大东移，进入昔日苏联范围，靠近俄罗斯本土。1991 年 12 月苏联解体后随即成立"独立国家联合体"，除波罗的海三国外，原苏联 12 个加盟共和国都是独联体成员。1992 年成立独联体集体安全条约作为军事安全组织，2002 年改称为独联体集体安全条约组织（集安组织），2004 年成立联合司令部。但 20 多年来，独联体内部联系较为松散、凝聚力下降，土库曼斯坦、格鲁吉亚、乌克兰先后退出，现有 9 个正式成员国；集安组织现只有 6 个成员国。

为加强区域一体化建设、抗衡欧美挤压俄罗斯及"后苏联空间"即独联体，俄时任总理普京 2011 年 10 月提出"欧亚联盟"构想，称要把它建成"强大的超国家联合体，成为多极世界中的一极"。普京于 2012 年第三次出任总统，2012 年 1 月俄罗斯、白俄罗斯和哈萨克斯坦"统一经济空间"启

---

① 参见许华著《俄罗斯软实力研究》，中国社会科学出版社，2017，第 272 页。

动，2015 年"欧亚经济联盟"成立，之后亚美尼亚和吉尔吉斯斯坦相继加入，成为目前俄罗斯外交第一优先方向。独联体的这种情况很像欧盟范围内的"多速欧洲"，部分国家组成一体化程度更高的核心。不过作为独联体核心的欧亚经济联盟现仅 5 个成员国共 1.7 亿人口、国内生产总值为 4.5 万亿美元，一体化程度较低，无法与欧盟 27 国（不算英国）4.4 亿人口、国内生产总值逾 14 万亿美元、一体化程度很高相比，独联体集安组织整体军事力量更不能和北约相比。

换言之，目前在欧洲土地上重新形成了两个经济和军事一体化组织，尽管其实力并不对等，但处于竞争和对立的局面，形成某种新的"东西方"对立，被称为"一体化竞争"①，位于这两个集团中间的地区成为双方争夺的对象，主要是北约和欧盟主动拉原属于独联体的若干国家，包括乌克兰、格鲁吉亚和摩尔多瓦等，目前这三个国家处于分裂状态，分属于这两个集团或"势力范围"。

国际舆论不时提及"新冷战"，但欧盟各国则不承认发生了"新冷战"，不愿承认有两个集团对立，而只说与俄罗斯存在矛盾或对立，而且把俄方有关"新冷战"的言论视为对西方的威胁；欧盟也没有与独联体建立任何正式关系和机制，客观上看也是在孤立俄罗斯，仿佛俄罗斯没有什么盟友。美国官方称俄罗斯已不是"超级大国"，即之所以不称之为"冷战"主要是因为俄不够资格②。不过尽管目前以俄罗斯为首的集团实力与昔日苏联东欧集团相比下降很多、独联体内部关系也较为松散，但两个集团的存在及矛盾上升是不争的事实。集团对立以及这种对立长期化和常态化恰恰是冷战的重要特征之一。目前的对立基本上仍是昔日东西方冷战对立的延续。西方尤其是美国想尽力孤立俄罗斯，而俄罗斯及独联体成员国则极力抵制甚至报复。从规模、实力等因素看，目前两个集团的对立不能与昔日冷战相比，称之为"新冷战"言过其实，但称为"小冷战"还是基本符合目前事实的③。

① August Pradetto, "Ukraine, Russland und der Westen: Die Inszenierung einer Krise als geopolitischer Konflikt", in: Michael Staack (Hrsg.), *Der Ukraine-Konflikt, Russland und die europäische Sicherheitsordnung*, p. 55.
② 《美国不把与俄冲突视为新冷战 认为俄不够资格》，环球时报–环球网，2015 年 10 月 31 日。http://world.huanqiu.com/exclusive/2015-10/7879926.html。
③ August Pradetto, "Ukraine, Russland und der Westen: Die Inszenierung einer Krise als geopolitischer Konflikt", in: Michael Staack (Hrsg.), *Der Ukraine-Konflikt, Russland und die europäische Sicherheitsordnung*, p. 25.

形成"冷和平"或曰"小冷战"原因主要有：1. 昔日冷战虽早已结束，但包括集团意识、集团对立在内的冷战思维远没有消失，而是依然在发挥很大作用，实际上形成了某种新的"缩小版"东西方对抗关系；2. 美欧没有处理好与俄罗斯之间的定位和关系，漠视或忽略俄罗斯的安全关切及感受，挤压俄罗斯的安全空间，不承认俄及独联体是世界"一极"，导致俄强力反弹，同时尽力聚拢独联体即原苏联部分盟友以对抗欧美。

从另一方面看，目前西方与俄及独联体之间的矛盾确实与昔日冷战有较大不同：1. 尽管双方矛盾中有价值观因素，尤其是俄等国坚持"主权民主"、美欧则称之为"专制"，但基本上不再是意识形态竞争，而更多是势力范围即地缘政治之争；2. 双方势力颇不均衡，除在核武装力量上美俄势均力敌之外，俄及独联体的经济实力等均远不及美欧，独联体在与欧盟的"一体化竞争"中也处于下风；3. 尽管双方目前实行经济制裁和反制裁，但仍保持一定合作与对话，不愿矛盾冲突失控和过度升级。

二　德美俄关系及其复杂背景

2017 年 9 月联盟党在德国第 19 届联邦议会选举中再度获胜，由基民盟和基社盟组成的联盟党获得 32.9% 的选票，作为第一大党，默克尔开启其第四届总理任期，进入"默克尔 4.0"时代。美国总统特朗普于 2017 年 1 月上台。2018 年 3 月俄罗斯举行总统选举，普京连任没有悬念。德国是欧盟中最重要的核心国家之一，除欧盟外其最关注的外交重点是美国和俄罗斯。三国政府相继换届导致相互关系发生某些变化。德美作为重要盟友，其对俄政策有相同和相近的一面，也有差异甚至矛盾的一面，欧盟内不同国家也是如此，这将对德美及欧美关系，进而对国际格局产生较大影响。

对俄关系是欧美作为整体最重要的对外关系，是德国及欧盟最大地缘政治难题，也是美国最大外交难题之一。欧盟与俄罗斯及独联体多国相邻，美俄在地缘上并不相邻，相互间却充满成见和敌意。在多数问题上，德国与美国观点立场相近或相同，尤其在对俄罗斯内政有关问题上都持批评态度、对俄"吞并"克里米亚及支持乌克兰东部反政府武装等坚决反对。但在某些国际问题上，德俄立场较为接近甚至相同，例如在伊拉克战争、气候变化、伊朗核协议等问题上。在北约东扩及建反导系统等问题上，德国与美国及其他一些欧盟国家尤其是波兰及波罗的海三国的观点和态度不尽相同，甚至差别较大。尤其在特朗普上台之后德美关系趋于下降和复杂化，不确定性增大。在西方国家中，德国对俄罗斯而言最为重要，德俄关系也最为密切，德国各界对俄印象较好并支持与俄改善关系的比例最高。

苏联解体后俄罗斯起初想完全融入西方尤其是欧洲，普京 2000 年就任总统后也一度释放善意，力图改善俄美、俄欧关系，再次提出融入欧洲的设想，但由于双方差异和矛盾太大，尤其是俄不愿在承认美国领导地位的前提下加入西方俱乐部，后来便放弃了这种设想，而是自立门户，希望建立"后苏联一体化"。主要由于"颜色革命"、北约东扩、在中东欧建反导系统等问题，俄美、俄欧关系逐步下滑。2014 年 3 月克里米亚并入俄罗斯之后，西方对俄关系出现冷战结束以来的最大转折，对俄经济制裁持续至今并中止了许多交流对话机制，使西方与俄关系全面倒退并降至最低水平，目前还看不到何时走出低谷。西方对普京已不再抱多少希望，而是暗中期待"后普京"时代的到来，但同时也担心届时会出现更糟的情况。在西方尤其是德国，针对与此相关的一系列问题出现很大争论，尤其是在"友俄疏美派"与"友美疏俄派"之间。

对于美俄两个大国，欧盟内存在两种极端的观点和力量：第一种是坚决反俄亲美，第二种是坚决亲俄反美，其他观点和力量介于两者之间。与亲美和亲俄相近的情况可称为"友美"或"友俄"，与反美和反俄相近的情况可称为"疏美"或"疏俄"。从党派情况看，一般来说，左翼力量尤其是极左翼亲俄反美，也反北约，尤其反对特朗普；右翼力量则反俄亲美、支持北约，极右翼支持特朗普；各种中间力量介于这两种极端态度之间。

从欧盟各国情况看，波兰和波罗的海三国以反俄亲美为主，也支持特朗普；罗马尼亚和保加利亚友俄力量稍大、友美力量略小。其他各国情况介于这两类国家之间。德国情况较为均衡：左翼党作为极左翼亲俄反美（尤其在东部地区），作为中左翼的社民党友俄、不反美；作为中右翼的联盟党友美亲美，疏俄，基本上不反美；自民党对美俄态度更多从经济利益出发，相对来说较为亲美疏俄；极右翼德国选择党明确支持特朗普。总的来说，德国政界主流是亲美友美，反俄和反美力量都不大，在克里米亚入俄后疏俄反俄倾向有所上升；德国经济界普遍友俄，因俄罗斯对于德国经济不可或缺，而德国媒体则普遍反俄批俄，尤其针对其"贪腐""人权""新闻自由"等内政问题。

由于波兰和波罗的海三国严重恐俄、坚决反俄，欧盟对俄政策和声音并不一致。波兰及波罗的海三国在加入北约和欧盟之后，把对俄罗斯的恩怨也带到北约和欧盟当中。德波已基本实现和解，波兰和波罗的海三国对俄罗斯非但尚未实现和解，其互不信任及矛盾甚至有所加深。波兰已经成为德俄及欧俄关系缓和及改善的障碍。波兰极其亲美反俄并和美国一道反俄，对欧盟共同外交和安全政策起到了某种分裂的作用。

在美俄关系不断恶化背景下，特朗普于 2016 年 11 月 8 日当选为美国总统引发一系列复杂效应。无论是竞选期间还是 2017 年 1 月 20 日就任之初，特朗普都表现出疏远欧洲盟友（尤其是德国）以及亲近俄罗斯的姿态，令德国舆论哗然，感到特朗普背叛了西方，引发欧盟尤其是德国很大忧虑，担心特朗普会对俄做出无原则妥协并再现美俄"越顶外交"、损害德国及欧盟利益①，特朗普很多偏离甚至背离西方主流价值观的出位言行及政策使不少欧洲盟友觉得大西洋的距离在拉大，德国很多人对特朗普十分反感并冷嘲热讽、严厉抨击，甚至希望看到他遭弹劾而下台。默克尔在特朗普当选之日发表新闻公告称："德国和美国因价值观而紧密相连：不论出身、肤色、宗教、性别、性倾向或政治立场如何，都享有民主、自由并崇尚法律和人的尊严。我希望与未来的美国总统，唐纳德·特朗普，基于我们共同的价值观展开紧密合作。"以往强调欧美具有共同价值观的主要是美国领导人，此次由德国领导人来强调西方共同价值观且直接针对美国新当选总统，这从未有过。

在德国及欧洲，欢迎特朗普竞选获胜的是德国选择党、法国国民阵线等一批极右翼政党。据皮尤研究中心 2017 年 6 月底调查显示，仅 35% 的德国人对美国持有积极看法，远低于奥巴马总统任期结束时的 57%。俄罗斯对特朗普当选也持欢迎态度，普京第一时间给特朗普发去贺电，特朗普也热烈回应，两人多次电话交流，美俄关系似乎要发生大逆转。奥巴马利用其最后权力于 2016 年年底以俄"介入"美国大选为由大规模驱逐俄外交官，导致两国"外交战"在特朗普上台后依照惯性继续升级。

特朗普在竞选期间有关北约已经"过时"的言论无疑十分中俄罗斯的意，而德国及欧盟则感到有可能失去安全保障，一度产生较大恐慌。美国副总统彭斯、国务卿蒂勒森等一再表态及特朗普 2017 年 5 月参加北约峰会后才使欧盟基本放心，不过他们要求欧盟各国必须增加军事开支才能"换取"

---

① 郑春荣：《不确定之年德国面临的内外挑战》，载郑春荣主编《德国发展报告 2017》，社会科学文献出版社，2017，第 15 页。

美国的北约政策基本不变。随后事态发展表明，包括国会两院在内的美国主流反对并严格制约特朗普对俄和解。德国虽不再有这方面担心，但也不愿看到对俄关系紧张长期化甚至升级。2017 年 8 月 28 日，特朗普在记者会上明确拒绝把俄罗斯称作安全威胁，并强调"希望美国有一天也能与俄罗斯有非常好的关系"。但目前美国"通俄门"仍在持续发酵，美俄外交战历经数次升级，美俄关系已降到自 20 世纪 80 年代初以来的最低点，既严重恶化国际关系氛围，也使德国及欧盟对俄关系处于两难的境地。

特朗普上台前后德美及欧美之间出现的分歧相当广泛，包括他严厉批评德国军费开支过低和对美有巨额贸易顺差，搁置被称为"经济北约"的"跨大西洋贸易与投资伙伴协定"（TTIP）谈判，宣布退出气候变化《巴黎协定》、伊朗核协议、联合国教科文组织等。特朗普于 2017 年 6 月 1 日宣布退出《巴黎协定》，默克尔随即致电特朗普表示"遗憾"。对德国而言，控制气候变暖是全球治理的一个重要任务。2017 年 7 月 3 日发布的联盟党竞选纲领中只把美国称为"德国在欧洲之外最重要的合作伙伴"，不再像 4 年前竞选纲领那样将美国称为德国"在欧洲以外最重要的朋友"，称德美"友谊"是德国国际关系的"基石"，体现了德国最大政党对特朗普执政的疏离感。

在能源和市场方面，德国和欧盟有求于俄罗斯；在先进技术和资金以及管理经验方面，俄罗斯有求于德国及欧盟。双方本可以取得互补和共赢。2013 年 3 月欧盟与俄罗斯签署了能源合作"路线图"，到 2050 年建立起统一的欧洲能源共同体。但无论是特朗普还是美国政界主流都没有特别考虑欧盟的利益诉求。特朗普上台后推出的"美国第一能源计划"想大力开发美国能源储备来推动美国经济增长和政府收入，并减少能源进口、增加能源出口，其中包括增加对欧盟国家的天然气出口等，为此而压迫欧盟减少从俄罗斯的天然气进口。

特朗普上台后德美及欧美之间之所以出现这样大的分歧，其原因主要有：第一，作为商人总统的特朗普过于狭隘地看待美国自身利益，也不再以西方领导者自居；第二，特朗普不大重视价值观问题，对西方作为价值观共同体的观念较为淡漠，对西方主流视为另类的俄罗斯频频示好，使西方主流认为他要对俄罗斯做无原则的让步及缓和；第三，特朗普更多代表民族主义和民粹主义倾向，甚至有种族主义倾向，西方极右翼对他上台欢呼雀跃，引发各国国内矛盾上升和全球化的倒退，以及欧美主流的反感和反对。

　　和冷战期间不同，俄罗斯并非与美国在全球争霸，作为军事同盟的"独联体集体安全条约组织"主要依靠俄罗斯的军事力量，即俄罗斯只是要守住周边地区，包括"后苏联空间"以及邻近的中东地区。普京强调说没有重建帝国的意愿。不过他对周边邻国的感受没有充分顾及，频频"亮剑"和"秀肌肉"造成周边国家恐惧，刺激这些国家恐俄、反俄情绪上升。同时俄罗斯自认为仍是构建国际秩序的主要大国，而欧盟/北约有意挤压俄罗斯，具有不承认俄仍为世界一流大国的意味。

　　德美及欧美之间对欧洲安全架构的分歧关键点是如何看待俄罗斯的地位和作用。德国及欧盟的主流倾向是认为应把俄纳入欧洲安全架构之中，而不是排除在欧洲安全框架之外。美国的主流观点则恰恰是要把俄排除在欧洲安全架构之外，尽力孤立和削弱俄罗斯。俄罗斯与西方尽管在经贸等领域的合作有所推进，但在军事安全领域渐行渐远。德国著名学者普拉德托教授《乌克兰、俄罗斯与西方：作为地缘政治冲突的危机》一文指出：目前俄罗斯经济总量只有德国的一半，其军事支出只有美国的十分之一，因此不能与冷战时期的苏联相比，俄至多在其周边地区显示武力；目前俄与西方的矛盾至多可称为"小冷战"；俄罗斯不可能恢复昔日苏联的强势地位，不可能重新成为帝国①。该文作者不赞成过高估计俄罗斯的力量、过度夸大俄罗斯的威胁。

　　德国民众对美俄两国的看法可以从以下民调看出来：2017 年 8 月 16 日皮尤研究中心公布对多国民意调查数据显示，普京比特朗普更受世人信任，在德国 25% 的受访者支持普京的行为，支持特朗普的仅 11%。德国《国际政治》2017 年 5/6 月号发表民意调查：《俄罗斯对世界政治影响多大?》，回答"很大"的为 23%，"大"的为 57%，"不大"的为 18%；认为"俄罗斯的影响基于军事力量及核武器"的为 77%，"基于资源和能源"的为 75%，"基于强硬的政治体制"的为 50%，"基于幅员辽阔"的为 46%，基于"对其他国家选举的影响"的为 38%。

　　德俄货物贸易于 2012 年达 800 亿欧元，为历史最高水平。从 2013 年起连续 13 个季度负增长，2014 年 8 月俄遭受经济制裁后更严重下滑，到 2016 年第三季度才开始转为正增长。2016 年德俄贸易 480 亿欧元，其中德对俄出

---

① August Pradetto, "Ukraine, Russland und der Westen: Die Inszenierung einer Krise als geopolitischer Konflikt", in: Michael Staack (Hrsg.), *Der Ukraine-Konflikt, Russland und die europäische Sicherheitsordnung*, pp. 24, 26.

口 216 亿欧元，从俄进口 264 亿欧元。俄罗斯对欧盟的反制裁也使德国农业年收入减少 10 亿欧元。2017 年前五个月贸易额比上年同期增长 31.93%，达 243.54 亿欧元。如果美国扩大对俄经济制裁，会影响德俄贸易，并使欧洲能源价格上涨、经济竞争力下降，代表德国经济利益的"德国经济界东方委员会"因此坚决反对美国的新制裁，反对把"北溪 2 号线项目"政治化①。俄罗斯经济 2015 年下降 2.8%，2016 年仅下降 0.2%，欧洲复兴开发银行预测 2017 年增长 1.2%。德国对俄直接投资为西方国家第一，由于开始实施经济制裁，2014 年德对俄净投资仅为 2 亿欧元，2015 年回升为 18 亿欧元、2016 年为 19 亿欧元。德国在俄企业从 2013 年的 6000 家至 2016 年降为 5300 家，大多数德国企业没有因政治压力而撤出俄罗斯②。

2017 年 8 月 24 日美国国防部长马蒂斯访问乌克兰，出席了乌克兰独立日的阅兵式并与乌克兰总统波罗申科举行了会谈。马蒂斯是十年来第一位到乌克兰访问的美国国防部长。前不久美乌双方达成协议，美国将为乌提供价值 1.75 亿美元的武器以提高乌克兰的防御能力，同时美国在考虑向乌克兰提供致命武器援助。这说明美国决策层目前对俄政策很大程度上相互矛盾，特朗普个人不愿过度激化对俄矛盾，但其国防部此举及国会等其他一系列举措则是在激化矛盾。

在军事安全方面，德美、欧美之间实力不对等，欧盟离不开美国的安全保护，在安全上依赖美国及北约；在经济和能源方面，德国及欧盟与俄罗斯关联度大，对俄能源依赖度较高，与俄有较多共同经济利益，但俄罗斯又恰恰是欧盟主要的潜在安全威胁。德国及欧盟既不能完全得罪美国、离开美国，也不能完全得罪俄罗斯、离开俄罗斯，这种状况可以称为"安全－经济双重困境"。所以德国及欧盟不得不适可而止、左右逢源，在这个"双重困境"中（即俄美之间）寻找平衡点。德国必须尽可能与美俄都保持较为良好的关系，尽力缓和美俄矛盾、阻止其关系恶化。在 2016 年 2 月 12 ~ 14 日慕尼黑安全会议上，时任德国外长施泰因迈尔强调，欧洲目前正处在坎坷时期，乌克兰危机使"战争与和平"问题再次摆在欧洲人面前，为解决现有危

---

① "Neue US-Sanktionen gegen Russland könnten Ost-Handel bremsen", 27. Juli 2017，http://www.ost-ausschuss.de/content/neue-us-sanktionen-gegen-russland-könnten-ost-handel-bremsen.

② "Russische Föderation", Stand：Februar 2017，http://www.ost-ausschuss.de/russland.

机，他强调应"重启对话、重筑信任、重建安全"①。而在欧盟内部，波兰和波罗的海三国是坚决的亲美反俄力量，德法等必须尽可能在顾及其诉求的同时，尽力缓解对俄关系，在欧盟整体对俄关系之间寻找平衡点。乌克兰危机中四方"诺曼底机制"就是一个表现。

德国政界目前主要寄希望于"以贸易求变化"，这与 1969 年勃兰特总理上台后推行"以接近求变化"的"新东方政策"如出一辙。历史似乎出现一个轮回：昔日苏联解体的主要原因之一是与美国搞军备竞赛、国力消耗殆尽，现在综合实力已大大缩小的俄罗斯想要再次和美国搞军备竞赛。俄罗斯目前经济状况不佳，但是外交上强硬，普京国内支持率走高。不过这种局面能持续多久难以确定，尤其是从中长期角度看。

总体而言，在应对特朗普政策的不确定性方面，德国更多是借助欧盟的力量，甚至是借助包括俄罗斯等在内的域外重要国家的力量，在一定意义上是孤立美国、向美国施压。

三　前景展望：不确定性中的确定因素

2016 年俄美关系一度出现缓和迹象，2 月 22 日俄美宣布就叙利亚冲突各方停火达成协议；国务卿克里多次访俄并会见普京，对巴沙尔去留问题表示"交由叙利亚人民决定"，还表示若明斯克协议得到全面执行，美国将取消对俄制裁。欧盟委员会主席容克于 6 月出席了圣彼得堡国际经济论坛。有欧盟国家也呼吁解除对俄经济制裁。在美国大选期间，普京和特朗普相互示好，普京称"随时准备"与特朗普会面。当时国际舆论认为美俄关系可望趋向于缓和②。

在特朗普已经胜选之后，普京于 2016 年 11 月 30 日批准了新版《俄罗斯联邦外交政策构想》，与 2013 年版相比发生了一系列明显变化。新版《构想》认为加强"后苏联空间"一体化进程（即独联体）是俄外交第一优先方向；称北约和欧盟在进行"地缘政治扩张"，西方实行遏制俄的政策是"破坏地区和全球稳定"，建立从大西洋到太平洋的共同空间不再是主要任

---

① Begrüßungsrede von Außenminister Steinmeier auf der Münchner Sicherheitskonferenz, 13. 02. 2016, https://www. auswaertiges-amt. de/de/newsroom/160213-bm-begruessung-msc/278526.

② 李凤林主编《欧亚发展研究 2017》，中国发展出版社，2017，第 90 页。

务；俄在国际事务中的主要角色是"平衡性因素"①。这就是说，俄放弃了与欧盟建立欧洲共同安全架构的努力，不再寄希望于与西方取得较大缓和，不过也并不愿激化与西方的矛盾，而主要致力于增强独联体内部的合作即保住传统的势力范围（"后苏联空间"）。不过西方尤其是美国主流并不相信这点，而是认为俄依然有扩张性"帝国野心"。

从另一个角度看，苏联解体的后续效应至今还没有消化完，这主要是苏联后续国中亲俄力量与亲西方力量之间的博弈，目前乌克兰、格鲁吉亚等国分裂状态便显现出来。这方面的问题将会长期存在，也是这些国家内部最大的不稳定因素，同样也是对西方与俄罗斯关系的长久挑战。如何处理这方面矛盾对西方外交是严峻考验。目前乌克兰危机的现状实际上是西方的失败。

2018年3月将举行俄罗斯总统选举，如无意外，普京会连任，其内外政策可望大体上延续。乌克兰及叙利亚等国的分裂状态会持续较长时间，普京不会退出克里米亚，欧美对俄制裁也会延续。从主观上说，德国及欧盟希望与俄罗斯关系逐步缓和并有所改善，这与特朗普个人的意向基本相同，但是美国国会即政界主流会继续牵制这种努力。

处于美国和俄罗斯之间的德国及欧盟必须左右逢源，它们不可能与俄罗斯建立安全框架而不包括美国，但从地缘角度看，欧盟与俄罗斯是邻居，必须和俄罗斯搞好关系，但是其难度可想而知。欧盟内部都很难摆平，美俄之间、欧俄之间更难摆平。所以这些矛盾都将长期化，不过因各方都不愿过度激化矛盾，总的发展趋势还是有可能克服重重困难，在未来逐步走向缓和。

在涉及德美、欧美、欧俄关系等的诸多不确定性中，可以确定的有以下几点。

1. 德美、欧美之间固然会有大大小小的分歧和矛盾，其关系会起伏波动，不过总的来说仍相当牢固，不会真正渐行渐远，更不会分道扬镳。这是由历史、文化、经济利益和安全利益、价值观等诸多因素决定的。德美及欧美之间的联系和互信远大于他们与世界其他地区及国家之间的联系及互信。美国既是德国及欧盟最大的经济伙伴，也是德国及欧盟的安全保障。

2. 德国及欧盟主观上想与美国建立平等的伙伴关系，但由于军事实力悬殊，在军事安全领域始终处于某种依赖状态，而不可能发生根本性变化。

3. 德俄、欧俄都希望缓和紧张局势、逐步改善双边关系。俄罗斯自然资

① 李凤林主编《欧亚发展研究2017》，第45页。

源禀赋世界一流，欧盟经济和科技实力世界一流，欧俄在地缘上相邻，本可以互补共赢，但多种内外因素导致目前关系紧张和共输局面。最希望看到这种情况的是美国政界和经济界主流，美国不愿看到欧俄之间走得太近，进而使美国失去对欧洲事务的影响力，美国是欧俄、德俄关系改善的最大制约因素，美俄关系紧张也拖累了欧俄和德俄关系。在冷战期间，东西德两个德国在东西方两大军事阵营的夹缝中生存。冷战的结束本使统一的德国完全摆脱这个夹缝，但目前德国乃至欧盟重新处于美俄两个大国夹缝的阴影中。这固然主要出于美俄两国的原因，但欧盟自身也有一些教训值得汲取，尤其是不应过度挤压俄罗斯、过深陷入美俄对抗的旋涡。只有逐步走出僵局才能实现共赢，这也是对欧俄双方政治智慧的最大挑战。德国可以为此起到某种关键性作用。不过由于美国毕竟势大力强，德国乃至欧盟都受其约束。这也是欧盟希望减少对美军事依赖的主要动因。

4. 德国及欧盟主流的意愿依然是主要采用"软实力"及"巧实力"，一方面继续拉住美国作为欧盟的"安全保护伞"，而不愿使德美关系继续下滑；另一方面尽可能缓和与俄罗斯的关系，而不是火上浇油，使欧俄及美俄关系恶化。

总而言之，德美俄关系目前处于某种不确定、不稳定时期，其主要原因，一是美国高层主流坚决反俄及特朗普政府政策的多变和不确定，包括受到国会等力量的制约；二是俄罗斯因素，尤其是俄美关系的不确定导致德美关系的不确定；三是欧盟内中东欧国家的因素；四是德国国内各派力量的因素。

特朗普执政以来德美关系的变化
与德国外交政策的调整

范一杨　郑春荣*

摘　要： 回溯联邦德国与美国交往的历史可以发现，两国并没有在分歧中渐行渐远或完全脱钩，德美同盟始终对稳定美欧之间跨大西洋伙伴关系发挥着至关重要的作用。特朗普作为非典型政客在就任伊始便对双边既有贸易与防务政策的现状提出挑战。对此，在经贸领域，双方利益往来盘根交错、互利共生；在安全与防务领域，德国奉行"既要又要"的中庸之道，既要加强自主性更强的欧洲共同外交、安全与防务建设，推进欧洲一体化事业向前发展，又要避免使它有反美色彩，削弱甚至取代北约。在欧盟一体化进程日益艰难的今天，美国对昔日盟友在贸易、安全和价值观领域造成的挑战无形中为德国开辟了提振欧盟凝聚力、捍卫全球治理秩序的活动域。

关键词： 德美关系　德国外交政策　特朗普

70年前，"马歇尔计划"的实施将二战后陷入一片废墟的欧洲带入全面复兴的黄金时代。作为这一计划最大受益者的联邦德国在二战后始终与美国维系着密切关系，这种关系虽然有过起伏，例如在对伊拉克战争问题上，但是总体保持平稳。然而，在2017年5月北约峰会和七国集团峰会后，默克尔却在5月28日慕尼黑的一场竞选活动上表示："我们可以完全信赖他人的时光已经有些过去了，我们欧洲人必须真正将命运掌握在自己手中。"结合

---

* 范一杨，同济大学德国问题研究所/欧盟研究所博士研究生；郑春荣，同济大学德国问题研究所/欧盟研究所所长、同济大学德国研究中心主任、教授。

两次峰会中特朗普与欧洲各国的种种不和谐因素，默克尔的"啤酒棚演说"① 不禁引起疑问：特朗普执政以来德国是否面临着疏美挺欧的外交政策调整？这一外交政策调整是否会影响德国欧盟政策和全球战略的转变？本文尝试从特朗普上台前德美关系的特点与德国外交布局出发，结合特朗普上台后外交政策的动向，回答上述两个问题。

一 特朗普执政前的德美关系与德国外交布局

第二次世界大战后，在阿登纳政府实施"融入西方"的外交战略背景下，美国成为联邦德国政治命运的决定性因素。联邦德国不仅借助 120 亿美元的"马歇尔计划"援助资金恢复经济建设，同时在美国的支持下加入北约、重新建立军事武装，逐步走上恢复主权的"正常化"道路，而联邦德国成为冷战对抗时期美国遏制苏联的"桥头堡"。跻身西方阵营的中等强国德国，同美国以共同安全利益和经济利益为基础、以相同意识形态为纽带，形成了亲密的盟友关系。由于美国扶植联邦德国的主要目的是联合对抗苏联，因此当时美国的对德政策受制于其对苏政策的变化。20 世纪 50 年代中期以来，美国有意打破同苏联军备对抗的僵局，寻求和平演变，因此不愿再为联邦德国的利益与苏联发生冲突。一边面对盟国的冷落，一边面对苏联中程核武器的威胁，联邦德国不得不实行双轨政策，在立足西方的同时发展东方政策。于是，在施密特政府与勃兰特政府的努力下，联邦德国在安全上依赖美国领导的北约军事集团保护，同时缓和与苏联和中东欧国家关系，并积极推动欧洲一体化进程，为联邦德国争取了提升政治地位的空间。施密特在 1980 年曾公开声明称，"美国和联邦德国的关系已经不是 15～20 年前的关系了，那时是从属关系，但现在是伙伴关系"。

20 世纪 90 年代，随着冷战结束、两德统一，德国一方面获得了比历史上任何时期都要好的地缘政治环境：它不再处于冷战前沿，既往面临的军事威胁不复存在，邻国不是盟国就是伙伴。② 另一方面，跨大西洋伙伴关系的格局也随之改变。统一后的德国丧失了在美国全球战略中的优先地位，但德

---

① 参见郑春荣《默克尔的"疏美挺欧"言论背后有多少潜台词?》，上观新闻，2017 年 6 月 6 日，http://www.jfdaily.com/news/detail? id = 55374。
② 熊炜：《二战后联邦德国的国家安全政策偏好》，《世界经济与政治》2008 年第 1 期，第 43～50 页。

国作为欧洲一体化进程"引擎"的作用日益凸显。依托着自身实力的增强和欧盟的迅速崛起，德国在 90 年代末明确提出将德国与美国的关系由过去"舒适的监护关系"转变为"成熟的伙伴关系"，在跨大西洋伙伴关系中诉诸更多的独立性与平等。① 与此同时，德美两国对德国应该在国际舞台上扮演怎样的角色产生分歧。老布什总统呼吁德国与美国建立"领导型伙伴"（partners in leadership），其后，克林顿总统将这一诉求归纳为两点，即德国应该负责中东欧国家向北约靠拢的进程以及德国军队应该不受限制地参与北约防区外的国际行动。但是德国自身受"克制文化"（Kultur der Zurückhaltung）的约束，希望采取非军事化、带有和平主义特征的外交政策，对全球政治和安全秩序通过多边主义手段加以塑造。②

自施罗德 1998 年执政以来，德国在处理对美关系时的自主性随着外交布局的变化日渐增强。正如施罗德在华盛顿乔治城大学发表演讲时所说，在事关德国同盟战略的问题上，有三方面要点：与美国保持密切关系是德国外交政策中不可更改的常数，应当保持并拓展跨大西洋伙伴关系；重视欧洲一体化与合作；俄罗斯的共同参与必不可少。事实上，在施罗德政府此后的施政中，这三个要点贯穿其中，只不过其权势比重发生了变化，美国的地位有所下降，欧盟上升为重点，俄罗斯分量加重。③比如针对美国在伊拉克战争中的单边行动，德国在国际舞台上勇于发出自己的声音、强烈谴责美国出兵伊拉克的单边主义做法，使美国陷入"没有追随者的领导者"的窘境④，德美关系一度陷入僵化局面。在此背景下，2005 年默克尔执政以来，德国外交政策的重要转向就是积极修复德美关系。奥巴马政府时期，即使"棱镜门"窃听事件有损德美合作的互信，但双方在反恐、叙利亚问题和乌克兰危机中依然存在广泛共识，德美共同价值观的同盟基石依然稳固。在奥巴马执政后期，推进"跨大西洋贸易与投资伙伴协议"（Transatlantic Trade and Investment Partnership，简称 TTIP），成为跨大西洋伙伴关系的重中之重。但是相比于美国同亚太国家签订的"跨太平洋伙伴关系协定"（Trans-Pacific Partnership

---

① 李乐曾：《伊拉克战争与德美关系危机》，《德国研究》2003 年第 3 期，第 10~15 页。

② 熊炜：《论德国外交与安全政策中的角色冲突》，《德国研究》2004 年第 4 期，第 7~12 页。

③ 陈宣圣：《德国外交的三个变化》，《世界知识》2000 年第 18 期，第 20~21 页。转引自魏光启《冷战后德国的北约战略及德美关系研究》，《德国研究》2014 年第 1 期，第 30~43 页。

④ Barry Buzan, "A Leader Without Followers? The United States in World Politics after Bush", *International Politics*, 2008 (5), pp. 554–570.

Agreement，简称 TPP）和欧盟与加拿大签订的"综合性经济贸易协议"（Comprehensive Economic and Trade Agreement，简称 CETA），TTIP 的谈判可谓举步维艰。德美在贸易规范上的分歧在一定程度上反映出双方对制定国际经贸秩序规则主导权的竞争。

总体来看，德美关系调整的主导方面或曰主要矛盾在美国。冷战时期，德国寻求在服务美国对抗苏联的过程中走向外交正常化；冷战结束后，统一的德国试图在美国制定的规则和议题内增强自主性。与此同时，德国积极开展与欧盟成员国、俄罗斯和中国等美国之外国家的合作，拓展外交活动空间，增强国际影响力。随着欧洲一体化进程的推进，德美关系鉴于德国在欧盟中的关键地位在一定程度上起到了对美欧跨大西洋伙伴关系定调的作用。德美关系的变化会作用到欧盟层面，德国调整外交政策需要诉诸欧盟的响应。因此，分析美国对德政策调整的影响需要了解德国当前在欧盟事务中扮演着什么样的角色、面临怎样的境况。

无论是在一体化进程中被无奈地推到了权力中心还是德国有意而为之，德国在欧盟层面的内外事务中毋庸置疑地扮演着领导者的角色①。这种领导力主要基于如下三个因素：首先，在"欧洲的德国"理念引导下，维系欧盟的团结和稳定已深深内化到德国的外交基因中，成为德国坚定的角色认知；其次，基于德国作为欧盟最大经济体和净缴费国的雄厚实力基础和在金融危机时期"一枝独秀"的经济增长表现，德国有能力发挥"欧洲的火车头"的作用②。与此同时，欧盟其他成员国也寄希望于德国在欧盟一体化陷入危机之时力挽狂澜，率领共同体走出危机。这最鲜明地反映在波兰外长拉多斯瓦夫·西科尔斯基在 2011 年第一届柏林外交论坛上的讲话中："比起德国的有所作为，我更担心一个无所作为的德国。"③ 在欧债危机中，德国赋予了危机爆发根源的正统解释并获得了处理危机所需要的正当性和合法性，德国所倡导的"以紧缩提高竞争力"的政策理念迫使深陷债务危机的国家以推进结

① "The reluctant hegemon", *The Economist*, June 15th 2013, http://www.economist.com/news/leaders/21579456-if-europes-economies-are-recover-germany-must-start-lead-reluctant-hegemon.

② "Deutschland schiebt Europas Wachstum an", *Handelsblatt*, 13. Feb. 2015, http://www.handelsblatt.com/politik/konjunktur/nachrichten/konjunktur-deutschland-schiebt-europas-wachstum-an/11369638.html.

③ "Am Rande des Abgrunds muss Deutschland führen", *Die Welt*, 29.11.2011, https://www.welt.de/debatte/kommentare/article13741449/Am-Rande-des-Abgrunds-muss-Deutschland-fuehren.html.

构性改革为主攻方向①。在乌克兰危机中，德国发挥着斡旋者的角色，促使
有关各方重回谈判桌前达成明斯克协议。鉴于德国在欧盟中的领导地位，当
其他国际行为体寻求同欧盟合作时，总会以德国为桥梁并寻求同德国形成某
种"特殊关系"。②但是，近年欧洲一系列热点事件使德国的领导者角色备
受考验。在2015年爆发的难民危机中，德国的做法高估了各成员国接纳难
民的能力和意愿，同时破坏了欧盟以《都柏林公约》为核心的避难体系③。
最终，申根区中德国、法国、奥地利、比利时、丹麦和瑞典重启边境检查，
欧盟在内部分摊机制难以达成共识的情况下，寻求和土耳其建立难民交换机
制④。难民危机导致德国在欧盟内变得日益孤立⑤，随后，欧洲爆发的一系
列恐怖袭击事件和反欧、反移民的右翼民粹势力的壮大使德国领导角色的合
理性饱受质疑。自英国脱欧公投以来，欧盟的凝聚力和向心力日渐面临挑
战。随着"多速欧洲"理念在《欧盟未来白皮书》中的提出，如何在各个
成员国行动缺乏一致性的情况下维系欧盟的团结和稳定，考验着德国领导角
色的发挥。

二 特朗普执政以来美国对德政策的动向

2016年11月8日特朗普在美国总统选举中获胜，引起德国政界一片哗
然。默克尔与其他国家领导人一样对特朗普当选表示祝贺，不过，她在贺词

---

① 赵柯：《德国在欧盟的经济主导地位：根基和影响》，《国际问题研究》2014年第5期，第
89~101页。
② 赵柯：《德国能够成为中国在欧盟内的"关键伙伴国"吗?》，载郑春荣主编《德国发展报
告（2016）》，社会科学文献出版社，2016，第210~223页。
③ 有关德国在欧洲难民危机中的表现及影响参考：郑春荣、周玲玲：《德国在欧洲难民危机中
的表现、原因及其影响》，《同济大学学报》（社会科学版）2015年第6期，第30~39页；
伍慧萍：《欧洲难民危机中德国的应对与政策调整》，《山东大学学报》（哲学社会科学版）
2016年第2期，第1~8页；宋全成：《欧洲难民危机中的德国难民政策及难民问题应对》，
《学海》2016年第4期，第55~63页。
④ 根据欧盟与土耳其在2016年3月18日欧盟峰会上达成的协议，所有在2016年3月20日之
后非法到达希腊的难民将会遭遣返回土耳其。每从希腊遣返回土耳其一名叙利亚难民，欧
盟将从土耳其接收安置另一名叙利亚难民，优先权会给予那些不是非法进入欧盟的难民，
人数上限为7.2万。作为交换条件，土耳其公民可以免签进入申根区、土耳其将到2018年
获得共30亿欧元的难民安置费。这一协议旨在打击地中海地区蛇头帮非法移民偷渡进入欧
洲的行为。"Was im Türkei-Deal steht und was nicht", *Die Zeit*, 18. März. 2016, http://www.
zeit. de/politik/ausland/2016 – 03/eu-gipfel-tuerkei-abkommen-fluechtlinge-angela-merkel.
⑤ 郑春荣：《难民危机考验德国在欧盟的领导力》，载《文汇报》2016年5月13日第T11版。

中不仅强调"德国与美国的关系比任何非欧盟成员国的关系都要深",而且还意味深长地指出:"德国和美国受共同价值观的约束——民主、自由、尊重法治和每一个人的尊严……无论是我个人还是(德国)政府都愿意在这些价值观的基础上提供紧密合作。"① 然而,德国其他政府要员纷纷对特朗普的胜利表示悲观。刚刚当选德国总统的原外交部长施泰因迈尔(Frank-Walter Steinmeier)表示:"没有什么事会变得容易,许多事会变得更加艰难。"德国经济部长西格玛尔·加布里尔(Sigmar Gabriel)直言不讳地说:"特朗普是国际专制与沙文主义运动的开拓者,……他们想回到那个糟糕的旧时代。"② 从特朗普以下三个方面的政策动向便可看出,德国政客的担忧并非毫无根据。

1. 经贸领域:坐享贸易顺差的德国"很坏"吗?

特朗普凭借"美国优先"的竞选口号赢得了广大受挫的蓝领阶层的支持,为了践行在竞选期间对选民的承诺,特朗普通过"雇美国人,买美国货"的经济政策重振美国制造业,实现"让美国再次强大"的目标。这一政策是基于美国经济的结构性深刻变化而做出的选择。在 2008 年金融危机冲击后,奥巴马政府虽然提出"让制造业重回美国"的战略目标,但是在其两个任期后,美国服务业所占比重只从 78.8% 下降到 78%,经济轻化、制造业空心化导致产能利用率低、投资吸引力下降③。面对经济增长活力不足的境况,以保护国内市场、扩大对外出口的贸易政策和鼓励制造业回迁的产业政策为代表的"特朗普经济学"应运而生④。在德美贸易中,美国是德国在欧盟之外第一大商品出口国,德国在过去十年中享受着巨大的贸易顺差优势,仅在 2016 年德国对美贸易就取得了 670 亿美元的盈余。同时,在 2009 年之后双边贸易非线性增长的特征明显,虽然在 2007 ~ 2008 年的金融危机时期,德国对美国出口和从美国进口都有所下降,但是,随后德国对美国出

---

① "Angela Merkel's Message to Donald Trump", *New York Times*, 9. November 2016, https://www.nytimes.com/interactive/projects/cp/opinion/election-night-2016/angela-merkels-warning-to-trump.

② 克劳斯·拉尔斯(著),夏晓文(译),朱宇方(校):《安格拉·默克尔和唐纳德·特朗普——价值观、利益和西方的未来》,载《德国研究》2017 年第 3 期,第 4 ~ 25 页。

③ 朱民:《特朗普的经济政策将如何影响全球?》,载《第一财经日报》2017 年 3 月 6 日第 A11 版。

④ 李巍、张玉环:《"特朗普经济学"与中美经贸关系》,载《现代国际关系》2017 年第 2 期,第 8 ~ 14 页。

口的增长速度明显超过从美国进口的增速。就双边贸易结构来看，德国在汽车工业领域出口优势尤其明显，在整车、零部件与引擎方面的对美出口几乎是从美国进口的四倍。同时，德国与美国同时作为处于制造业产业链中高端的国家，双边贸易相似性较强、互补性较弱。因此，在特朗普看来，与德国这样强势的"贸易国家"维系不平衡的双边贸易关系无疑是在继续蚕食本土制造业的发展空间。于是在保护主义与"逆全球化"的理念下，特朗普对德经贸政策的核心诉求是弱化德国在对美贸易中的相对优势（参见图1、表1）。

图1　德美双边贸易一览（2007~2016）

数据来源：美国经济分析局，https：//www. bea. gov/international/factsheet/factsheet. cfm？Area = 308。

表1　德美双边贸易结构（2016年）

单位：十亿美元

排名	美国对德出口		排名	美国对德进口	
1	除汽车产品外的资本品	21. 1	1	除汽车产品外的资本品	39. 4
2	工业用品与原材料	9. 0	2	整车、零部件与引擎	32. 0
3	整车、零部件与引擎	8. 7	3	除食品和汽车产品外的消费品	19. 8
4	其他商业服务	7. 3	4	工业用品与原材料	16. 2
5	技术与专利	7. 2	5	交通服务	7. 8
	其他商品与服务	27. 6		其他商品与服务	32. 7

数据来源：美国经济分析局，https：//www. bea. gov/international/factsheet/factsheet. cfm？Area = 308。

德美就双边贸易议题展开的"口水战"，给特朗普政府时期跨大西洋伙伴关系蒙上了一层阴影。特朗普始终用他"贸易赤字即是不公平"的简单逻辑，渲染德国出口对美国造成的损害。他宣称，要对 2019 年计划在墨西哥建厂的宝马汽车公司征收 35% 的惩罚性关税①。在 2017 年 5 月特朗普初访欧洲时，特朗普一篇"德国人很坏、非常坏"的推特消息引起舆论一片哗然，特朗普对德国享受对美贸易巨大顺差优势的不满溢于言表。更让德国忧虑的是，特朗普以本土主义和保护主义为核心的贸易政策是对自由主义理念下世界贸易秩序的侵蚀，是"逆全球化"进程的重要标志。即使是在 2008 年金融危机时期，面对世界经济增长不振的情况，主要资本主义国家也没有退缩到贸易保护主义的阵营②，而美国作为二战后世界贸易秩序的缔造者和捍卫者，其对贸易理念的破坏和贸易规则的重塑自然引起了德国的警觉。鉴于欧盟单一市场在贸易政策上的一致性，德美贸易分歧最终会投射到欧盟层面。因此，德国必须诉诸布鲁塞尔的协调，才能维系世界贸易秩序的自由与可持续。

2. 安全与防务领域："搭便车"时代或许终结？

在安全政策领域，特朗普政府的新孤立主义色彩十分明显。与传统孤立主义相比，新孤立主义并非指美国不关心外部事务，而是指其实行战略收缩，即更多关注国内问题的解决，对外部世界关注度减弱、承担国际义务的意愿下降；对于外部世界，美国将关注的焦点集中在关键区域或议题上，而对于其他区域和议题不愿意过分介入③。一方面，美国 2018 年 6400 亿的军费预算将会在军队与国防现代化方面提振军力、刺激军工业④；另一方面，奥巴马政府时期的"亚太再平衡"战略标志着美国对欧洲大陆安全事务的关注度降低。

美国主导下的北约共同防务体系为其成员国提供了长达半个多世纪的安全保护伞，是维护美国和其盟友关系的基石。特朗普的北约政策体现了他的商人思维。在他看来，美欧之间保护与被保护的关系是一种交易行为，而非义务行为，只有当北约内的欧洲盟国向美国支付了相关费用，美国才会履行自己的保护职责。从特朗普竞选期间起，他的"北约过时论"就引起北约盟

① "Künftiger US-Präsident：Trump nennt Nato obsolet"，*Spiegel-Online*，16. 01. 2017，http：//www. spiegel. de/politik/ausland/donald-trump-nennt-nato-obsolet-a-1130088. html.

② "Watching and waiting for Donald Trump's protectionism"，*Financial Times*，21. March 2017，https：//www. ft. com/content/09bcb23e－0d6c－11e7－b030－768954394623？mhq5j＝e3.

③ 袁征：《试论特朗普对外政策趋向》，载《和平与发展》2017 年第 1 期，第 17~33 页。

④ "Congress proposes defense budget ＄37 billion higher than Trump's"，http：//edition. cnn. com/2017/06/22/politics/congress-trump-defense-budget/index. html.

友的一片哗然。"大选效应"逐渐消退后，特朗普虽然在多个场合修正了这一言论，但是美国依然在北约现有军费分担和功能发挥方面牢骚不断，在多个场合呼吁北约进行结构性改革。在 2017 年的慕尼黑安全会议上，美国派出了副总统迈克·彭斯、国防部部长詹姆·马蒂斯和国土安全部部长约翰·凯利率领的 16 人超豪华阵容出席。与会期间，美国重申北约在美欧关系中的基础性作用，同时明确督促北约成员国将国防支出提升到国内生产总值的 2% 以上[1]。在 5 月举行的北约峰会上，特朗普虽然消除了北约成员国对美国放弃北约集体防务条约第 5 条的担忧，但是，特朗普再次批评了北约成员国对美国国防支持的过分依赖和自身的不作为，毕竟在所有北约成员国中，只有美国、希腊、爱沙尼亚、英国和波兰五个国家达到了国防开支占国内生产总值 2% 的最低要求；欧盟成员国的平均国防支出只占国内生产总值的 1.3%，其中 2016 年德国国防支出占国内生产总值的比例为 1.2%[2]。

特朗普的北约政策新动向之所以对北约成员国而言如此敏感，是由欧亚大陆地缘政治冲突激化和欧洲内部安全局势恶化所决定的。自乌克兰危机爆发以来，常规武装力量在欧亚大陆重新处于对峙局面。俄罗斯吞并克里米亚后进一步激化，西方国家对俄罗斯采取一系列制裁措施，欧俄关系陷入冷战以来的"冰点"。与此同时，难民危机为欧盟国家带来的安全隐患和接二连三发生的恐怖袭击事件打破了欧洲大陆维系了半个多世纪的和平与宁静。在严峻的安全态势面前，北约成员国显得准备不足、措手不及，同时北约也获得了加强其安全功能的重大机会。正如奥巴马在 2016 年华沙北约峰会闭幕发言时所说，"在北约 70 年的历史中可能从来没有一个时期像现在这样，同时面临一系列的挑战——安全、人道主义和政治"[3]。任何机制如果不能有效发挥功能、应对挑战，那么都可以说它是"过时的"。毕竟，不能再以北约首任秘书长伊斯梅爵士所说的那样"北约的功能是让美国进来，让苏联出

---

[1] "Mattis zu NATO: Lob, Drohung, Ultimatum", https://www.tagesschau.de/ausland/nato-mattis-101 ~ _origin − 26a114d6 − a1ac − 43ec − 9b0a − c11056304784.html.

[2] "Trump rebukes Nato leaders for not paying defence bills", in: *The Guardian*, 25. May 2017, https://www.theguardian.com/world/2017/may/25/trump-rebukes-nato-leaders-for-not-paying-defence-bills.

[3] John Vandiver, "New EUCOM chief cites next steps after NATO's Warsaw summit", https://www.stripes.com/news/new-eucom-chief-cites-next-steps-after-nato-s-warsaw-summit − 1.418401#.WVY-PlPmGPX4。转引自冯绍雷：《北约东扩、"特朗普新政"与俄欧安全新格局》，载《俄罗斯研究》2017 年第 1 期，第 3 ~ 35 页。

去，让德国躺下"来规划今天的北约①。特朗普北约政策的转变从另一个角度说明了德国现有安全防御机制与所面对的安全挑战之间的不对等、欧盟共同安全与防务政策在其一体化布局中的短板效应。因此，这一态势客观上对德国安全理念转变、防务机制完善和强化欧盟共同安全与防务机制起到推动作用。

3. 价值理念领域："善意霸权"放弃领导权？

在奥巴马政府时期，欧美关系的合作范式是欧洲国家以欧盟为依托跟随美国的"善意霸权"（wohlwollende Hegemonie）领导。德国政治与科学基金会美国问题高级研究员彼得·鲁道夫（Peter Rudolf）认为，奥巴马政府主要通过如下五种途径维系美国"善意霸权"的影响力：（1）维系美国的国际声誉，获得国际社会道义支持，修复小布什政府"失道寡助"的窘境；（2）通过多边合作机制降低美国维系霸权的成本；（3）乐意向世界提供公共产品，例如：加入《巴黎协定》、与俄罗斯签订核裁军条约；（4）容忍新兴国家崛起并主动将其纳入美国主导的国际体系中；（5）对有限战略资源的再平衡②。然而，特朗普政府上台以来的对外政策显然没有完全复制上述合作范式，既没有流露"善意"，也不愿再当"霸权"。

首先，在欧盟受英国脱欧困扰之时，特朗普不仅没有对欧盟的团结和稳定给予任何支持，反而称赞英国脱离欧盟是"明智之举"，同时他坚信"其他国家也会追随英国离开欧盟，因为欧盟已经成为德国的工具"③。其次，正当欧洲右翼民粹主义势力的反移民、反全球化与欧洲化浪潮高涨之时，特朗普在美国的胜利为欧盟内的右翼民粹主义候选人注入了一针"强心剂"。法国国民阵线领导人玛利娜·勒庞（Marine Le Pen）在特朗普当选的第一时间就向他表示祝贺，并且自信地宣称："特朗普的今天就是自己的明天，因为特朗普的胜利让人民知道：他们可以要回他们想要的东西。"④ 同时，一直对

① "The Guardian View on the Nato Summit: A Refreshed Alliance for Troubled Times", *The Guardian*, 10. July 2016, https://www.theguardian.com/commentisfree/2016/jul/10/the-guardian-view-on-the-nato-summit-a-refreshed-alliance-for-troubled-times.

② Peter Rudolf, "Liberale Hegemonie und Außenpolitik unter Barack Obama", *SWP-Aktuell* 56, August 2016.

③ "Donald Trump's first UK post-election interview: Brexit a 'great thing'", *The Guardian*, 16. January 2017, https://www.theguardian.com/us-news/2017/jan/15/trumps-first-uk-post-election-interview-brexit-a-great-thing.

④ Melissa Bell, Saskya Vandoorne and Bryony Jones, "Marine Le Pen: Impossible made possible by Trump win", *CNN*, 28. November 2016, http://edition.cnn.com/2016/11/15/politics/marine-le-pen-interview-donald-trump/.

德国难民政策颇有微词的匈牙利总理维克多·欧尔班（Viktor Orban）也在特朗普大选获胜后第一时间向他表示祝贺，并对其"美国优先"的民族主义精神表示称赞①。除此之外，特朗普对饱受难民危机困扰的欧盟没有丝毫同情，而是批评默克尔的难民政策为"灾难性错误"②；他本人推行"限穆令"和在墨西哥边界筑高墙的做法也与欧洲对难民相对开放、包容的姿态形成鲜明对比。在欧盟陷入一体化危机之时，美国与欧盟的离心离德撼动了同盟关系的互信基础，促使欧盟重塑自我认同、捍卫团结与稳定。在此背景下，默克尔在本文开头提及的"啤酒棚演说"中清醒地呼吁欧盟自食其力。

美国与欧盟的分歧与摩擦还体现在美国放弃在贸易与气候治理上的多边主义合作机制。特朗普上任伊始就宣布退出《跨太平洋贸易伙伴协议》、修订《北美自由贸易协定》，奥巴马政府时期苦心经营的《跨大西洋贸易与投资伙伴协议》谈判也再度陷入停滞。于 2017 年 3 月在德国巴登 - 巴登举行的二十国集团（G20）财长峰会上，受制于美国贸易保护主义倾向，与会各国未能在自由贸易议题上达成共识③。除此之外，特朗普在 2017 年 6 月 1 日宣布退出《巴黎协定》也让全世界大跌眼镜。从《京都议定书》到《巴黎协定》标志着全球气候治理机制从"自上而下"的强制贯彻减排目标到"自下而上"的自愿履行节能减排承诺的进步，清洁生产和能源结构改革成为缔约方共识并得以内化到各国经济发展中④。然而，美国作为世界第二大碳排放国宣布退出《巴黎协定》无疑是对全球气候治理机制的重创，这加大了实现"把全球平均气温升幅控制在工业革命前水平 2 摄氏度之内"这一目标的难度，贡献缺口落在了中国、印度和欧盟等其他主要排放大户身上，使它们在全球气候治理中的责任愈发重大。在汉堡举行的 G20 峰会

---

① "Hungary's Prime Minister Viktor Orban praises Donald Trump's 'America First' nationalism", *Independent*, 23. January 2017, http://www.independent.co.uk/news/world/europe/donald-trump-nationalist-hungary-pm-viktor-orban-praise-america-first-a7542361.html.

② "Trump：Merkels Flüchtlingspolitik ist ein katastrophaler Fehler", *Frankfurter Allgemeine Zeitung*, 15.01.2017, http://www.faz.net/aktuell/politik/trumps-praesidentschaft/erstes-deutsches-interview-trump-merkels-fluechtlingspolitik-ist-ein-katastrophaler-fehler-14663156.html.

③ "G20 financial leaders acquiesce to U.S., drop free trade pledge", *Reuters*, 18. Mar. 2017, http://www.reuters.com/article/us-g20-germany-trade-idUSKBN16P0FN.

④ Robert Falkner, "The Paris Agreement and the new logic of international climate politics", *International Affairs*, 2016（5）, pp. 1107 – 1125.

上，除美国外的与会各方依然对贯彻《巴黎协定》达成共识①。因此，随着全球气候治理领域的领导权出现真空，欧盟和新兴国家的利益共识与话语权相应增加。

美国霍普金斯大学当代德国问题研究所（AIGCS）所长杰克逊·简斯（Jackson Janes）认为，在考察欧洲与美国在未来十年中的选择时，三个因素将发挥至关重要的作用：双方对跨大西洋伙伴关系相互依存度，共识与竞争的增减比例，跨大西洋的负担与权利的共享。在能力与意愿都无法支撑美国继续在国际舞台上扮演霸权的情况下，美国经贸政策中的保护主义和安全政策中的战略收缩色彩愈发浓重。因此，美国同德国间的竞争相比于共识有所增加，且希望改变美欧既有防务分担格局。特朗普政府可以通过直接和间接两条路径对德国外交布局施加影响：通过调整对德政策的方式直接在各个领域向德国施加影响；同时，特朗普对欧盟和北约政策的变化促使组织中的其他成员国对德国在其中扮演的角色产生新的要求。因此，跨大西洋伙伴关系在贸易、安全和价值理念层面面临诸多挑战，德国担当欧盟领导者角色的重要性凸显、在全球范围内发挥影响力面临更多不确定性因素。

三　特朗普执政以来德国外交政策的调整

鉴于德美关系在德国外交布局中的支柱性地位，特朗普政府对德外交政策不仅会影响德美关系本身，同时对德国的欧盟政策和德国的全球布局具有传导效应。但需要指出的是，在国家反恐斗争中的共同实际需要、经济上各大企业与财团之间的相互渗透、对双边关系起和谐与凝聚作用的历史回忆、文化及社会等方面的相似性与融通性等因素，都是支撑德美关系大厦的牢固基础。因此，特朗普新政对德国外交政策的影响是渐进式、侧重量度而非向度的变化。下文将从德美双边和德国在欧盟层面与全球层面的外交动态三个方面对德国如何应对特朗普新政的挑战做出分析。

1. 德美关系：跨大西洋伙伴关系利益与价值的再平衡

追溯德美两国冷战以来的交往历史便可发现，德国在处理跨大西洋伙伴

---

① "Merkel billigt US-Sonderweg zum Klima", *Spiegel-Online*, 08. 07. 2017, http://www.spiegel.de/politik/deutschland/g20-gipfel-angela-merkel-billigt-us-sonderweg-zum-klima-a-1156774.html.

关系中自主性与独立性的加强是德美关系的显著特征，德国努力修复在对美关系中的不对称因素、敢于对美国说"不"①。同以往德美关系出现的分歧相比，特朗普政府时期德美关系的变化就好比同一赛场上的接力运动员，原本只是步调不一，但方向一致、属于同一梯队；可是现在领跑者突然掉头，宣布退赛。但鉴于德国外交政策具有较强稳定性和持续性的特点，德美关系在特朗普执政时期面临疏远和冲突的量度变化具有渐进性，德国并不会因为对特朗普本人的反感而置跨大西洋伙伴关系于不顾。毕竟如德国外交部长加布里尔在接受《明镜周刊》访问时所言："美国是世界上在欧洲大陆之外政治和文化最接近德国的国家……'美国优先'（America First）不代表'美国唯一'（America Only）。"② 这表明，首先德国仍会寻求与美国共同利益的最大化，其中贸易仍起到"压舱石"的作用。德美 2015 年双边直接投资总额占世界该项目比重的 61.2%，其中德国直接对美投资 2550 亿美元，并仅此与英国、日本一起直接在美国创造了 67.2 万个工作岗位③。在加布里尔担任外交部长后的第二次访美期间，他特意参观了在德国投资下日渐恢复生机的美国钢铁工业城市匹兹堡，与美国国务卿蒂勒森在新闻发布会中多次强调德美合作的重要意义④。加布里尔访美正值德国与土耳其关系陷入僵局，他还在华盛顿寻求美国国务卿蒂勒森的帮助，以解除土耳其对德国士兵在因斯里克空军基地驻军的禁令⑤。同时，鉴于两国联邦制体制，联邦州之间仍有较大的自主性，保持密切合作。在特朗普宣布退出《巴黎协定》之后，美国

---

① 戴启秀：《探析影响德美关系的若干因素》，载《国际观察》2003 年第 2 期，第 46～49 页。

② "Außenminister Gabriel im Interview：Die USA nehmen selbst am meisten Schaden"，*Spiegel-Online*，08. 06. 2017，http：//www. spiegel. de/politik/deutschland/sigmar-gabriel-der-aussenminister-ueber-das-schwierige-verhaeltnis-zu-donald-trump-a-1151185. html.

③ "Wirtschaftsbeziehungen zu den USA-Pfeiler für Arbeitsplätze in Deutschland"，https：//bdi. eu/artikel/news/wirtschaftsbeziehungen-zu-den-usa-pfeiler-fuer-arbeitsplaetze-in-deutschland/.

④ "Gabriel：Müssen mit Amerika zusammenarbeiten"，*Frankfurter Allgemeine Zeitung*，18. 05. 2017，http：//www. faz. net/aktuell/gabriel-betont-notwendigkeit-von-geheimdienstkooperation-mit-usa-1502 1466. html.

⑤ 土耳其因为抗议德国为在 2016 年 6 月参加土耳其政变的士兵发放避难许可而禁止德国联邦议会议员访问位于土耳其的因斯里克空军基地。该基地驻扎有 260 名德国士兵，他们驾驶德国"狂风"侦察机负责执行打击"伊斯兰国"的任务。自土耳其的禁令发布后，德国驻军转移到位于约旦的另一处空军基地。参考："Bundeskabinett stimmt über den Abzug aus Incirlik ab"，*Zeit-Online*，http：//www. zeit. de/politik/ausland/2017 - 06/bundeswehr-incirlik-tuerkei-bundeskabinett-entscheidung-abzug；"Gabriel setzt beim Streit mit der Türkei auf die USA in：Süddeutsche Zeitung，18. 5. 2017，http：//www. sueddeutsche. de/politik/usa-reise-gabriel-zu-besuch-in-washington-1. 3511011。

加利福尼亚州州长杰瑞·布朗（Jerry Brown）便造访德国并表示加州仍会遵守《巴黎协定》的节能减排目标，同时与德国巴登－符腾堡州、巴伐利亚州在内的 7 个联邦州签署气候合作谅解备忘录①。

在安全与防务领域，德国会将美国要求北约成员国承担更多责任的角色期待内化到"积极有为"的外交角色转型中，坚持"两条腿走路"，即在推动欧盟安全与防务一体化的同时提高德国在北约的行动能力与话语权。针对美国的"北约过时论"，德国并非毫无应对：早在 2016 年 7 月发布的《安全政策与联邦国防军未来白皮书》中，德国就结合国际安全形势的新特征规划了未来十年德国的国家安全政策和联邦国防军建设目标。新版白皮书强调了北约与欧盟共同安全与防务政策的协同作用，主张只有与美国一起，欧洲才能有效应对 21 世纪的各种威胁②；同时，德国承诺，将提高军费开支为北约的威慑和集体防务做出贡献，承担好北约的快速机动部队的领导责任，强化其作为北约中的"欧洲支柱"作用③。联邦国防部部长冯德莱恩在 2017 年 2 月接受德国电视一台的采访中表示，"德国的确有为自身安全需求加强国防投入的必要性与决心，并会到 2024 年时满足军费开支占国内生产总值 2% 的目标，且这并不是响应美国的号召"④；同时，在与马蒂斯共同出席"马歇尔计划"70 周年庆典活动中，她在发言中强调"马歇尔计划"所包含的美欧共同致力于和平、稳定和繁荣的合作基础在今天仍有借鉴意义，其中北约仍发挥着基础性作用⑤。在冯德莱恩看来，德国防务政策不应以是否独立于美国为标尺，相反，协调欧盟与北约两根支柱，推进欧盟安全与防务一体化和提高北约行动能力应当相辅相成、相互促进⑥。长期以来，欧盟的安全与

---

① "Deutschland und Kalifornien wollen enger kooperieren"，*Handelsblatt*，10. 06. 2017，http：//www. handelsblatt. com/politik/international/klimaschutz-deutschland-und-kalifornien-wollen-enger-kooperieren/19917356. html .

② 陆巍：《德国 2016 年版〈安全政策与联邦国防军未来白皮书〉解析》，载《德国研究》2017 年第 1 期，第 28 ~ 40 页。

③ Bundesministerium der Verteidigung，*Weißbuch 2016 zur Sicherheitspolitik Deutschlands und zur Zukunft der Bundeswehr*，Berlin，2017，p. 29.

④ "Wir Deutsche, wir müssen mehr tun"，*Tagesschau*，15. 02. 2017，https：//www. tagesschau. de/inland/leyen-nato-101. html.

⑤ Rede der Bundesministerin der Verteidigung Dr. Ursula von der Leyen anlässlich der Feierlichkeiten zur Verkündigung des Marschall-Plans vor 70 Jahren，http：//www. marshallcenter. org/mcpublicweb/de/nav-bottom-privacy-de/64-cat-german-de/cat-gcmc-pao-de/cat-gcmc-pao-news-de. html.

⑥ "Man wächst mit seine Aufgaben. Interview mit Bundesverteidigungsministerin Ursula von der Leyen，" *Internationale Politik*，Juli/August 2017，Nr. 4，pp. 19 – 20.

防务政策一直停留在个别成员国之间"倡议 - 合作"的双边或多边行动模式，而缺乏自上而下的统一协调。同时，在 2015 年以来欧盟各成员国在难民潮和一系列恐怖袭击事件的困扰下对安全议题的关注更加内向化、本土化，域内安全防范工作成为主要任务。因此，德国若想在欧盟层面实现其安全与防务政策的抱负依然任重道远。

2. 欧盟层面：更加理性的领导者

当人们回溯欧盟一体化的深化历程便不难发现，每一次欧盟拒绝与他者亦步亦趋，每当欧盟内部分歧考验着整体的团结与默契时，欧盟的自我认同感便在这种"倒逼机制"中逐渐加强。例如在伊拉克战争时期，以尤根·哈贝马斯（Jürgen Habermas）和雅克·德里达（Jacques Derrida）为代表的欧洲左翼知识分子发起了对欧洲未来与跨大西洋联盟的激烈讨论①。然而 14 年过去了，这场论战中的核心问题"欧洲难道一定要通过与美国进行区分才能证明自我？"或许可以在默克尔的"啤酒棚演说"中获得新的诠释。德国学者汉斯·毛尔认为，特朗普执政无疑是一场 21 世纪的社会科学实验，实验对象一方面是美国三权分立的民主体制，另一方面是国际秩序的可持续性②。对于欧洲而言，美国领导力式微在一定程度上意味着国际秩序的失序、失衡和失范。因此，在面对特朗普对欧盟的贸易、安全和价值理念造成种种冲击时，德国作为欧盟的领导者不仅面临着"我们要构建什么样的欧洲"的任务，同时也需要带领欧洲直面"我们需要什么样的世界"的挑战。在此背景下，德国今后作为欧盟的领导者将会通过如下两个方面体现出更强的主体性意识。

首先，"多速欧洲"的一体化理念在一定程度上为德国的领导任务"减负"。在 2017 年 3 月的欧盟峰会上，欧盟委员会在《欧洲未来白皮书》中阐述了一体化进程的五种选择，即"延续现状"、"单一市场"、"多速欧洲"、"少但高效"以及"推进所有领域一体化"。其中"多速欧洲"的方案得到了德国和法国等欧盟核心成员国的支持。"多速欧洲"意味着"愿者多做"，即在所有成员国确定共同目标的基础上一些有能力和意愿的成员国先行一

---

① 尤尔根·哈贝马斯、雅克·德里达、翁贝托·艾柯（著），邓伯宸（译）：《旧欧洲　新欧洲　核心欧洲》，中央编译出版社，2010。

② Hanns W. Maull，"Das große Experiment"，*Handelsblatt*，23. 01. 2017，http://www. handelsblatt. com/politik/international/us-praesident-donald-trump-das-grosse-experiment/19289978. html.

步，其他成员国随后跟进。[①] 这种模式意味着德国不必要求全体成员国在所有事务上都付出同样的努力，因此得以更加灵活、务实地贯彻其领导者角色。德国从在欧债危机中半推半就、犹豫地担任领导者到难民危机时罔顾其他成员国意愿、发力过度，始终无法处理好原则层面"欧洲的德国"与操作层面"德国的欧洲"之间的平衡[②]，各成员国对欧盟的信任危机在英国脱欧后也随即达到顶峰。然而，随着美欧关系在特朗普治下日渐疏远，欧盟各成员国普遍意识到欧盟内部的团结是在不确定时代维护它们利益与价值的最后屏障，欧盟的向心力和凝聚力在此背景下得以加强。因此，这反而减轻了德国对成员国在"多速欧洲"的进程中掉队的担忧。

其次，随着马克龙当选法国总统并领导"共和国前进"运动在国民议会选举中获得绝对多数的席位，德国有意重新在德法轴心的基础上施展其在欧盟的领导力。但是鉴于德强法弱的实力对比，德法轴心仍会以德国为中心。自《罗马条约》签订以来，从德国的联邦主义倾向与法国注重国家主权的戴高乐主义之争，到德国维护的欧洲经济治理模式与法国倡议的欧洲经济政府模式[③]，德国和法国在欧共体成立之初就对这一超国家体的关键制度设计意见不一。在担任奥朗德政府的经济部长时，马克龙就提议强化各成员国经济与社会政策的欧洲维度，如统一最低工资标准、提高外资收购与投资标准等。在这一点上，时任德国联邦经济与能源部长、社民党主席西格玛尔·加布里尔比起德国联邦财政部长沃尔夫冈·朔伊布勒和法国更有共识[④]。而德国鉴于其通过相对较低的工资成本所保持的强大出口优势自然不会同意法国的主张，因此德法轴心内部还存在角力。同时，德国和法国分别面临着不同的领导欧洲的国内基础：在法国大选中毕竟有 22% 的选民在首轮选举中投票给勒庞，这说明反欧盟在法国民众间有一定气候；虽然疑欧、反移民的德国选择党（Alternative für Deutschland）自难民危机以来支持率显著上升，并在 2017 年 9 月的德国大选中作为第三大党进入联邦议会，但维系欧盟一体化是

① 郑春荣：《"多速欧洲"，一体化新蓝图?》，载《人民日报》2017 年 5 月 2 日第 23 版。
② 连玉如：《21 世纪新时期"德国问题"发展思考》，载《德国研究》2013 年第 4 期，第 18 ~ 29 页。
③ 朱宇方：《欧洲经济政府? ——解析欧洲货币联盟经济治理机制的德法执政》，《德国研究》2011 年第 4 期，第 21 ~ 28 页。
④ Claire Demesmay and Jana Puglierin, "Freude, schöner Götterfunken: wie der deutsch-französische Motor wieder auf Touren kommen kann", *Internationale Politik*, Juli/Auguat 2017, Nr. 4, pp. 80 - 81.

德国政治精英与民众的广泛共识。因此，德国将会在与法国"和而不同"地领导欧盟中进一步彰显其主体性意识。

3. 全球层面：拓展同新兴国家合作的空间

奥巴马在卸任时将最后一通电话打给默克尔，并称赞她是"自由世界的领导者"，这有将捍卫自由、开放的全球共同体的权杖传给默克尔的意味①。但默克尔拒绝接盘作"自由世界的领导者"，是对德国的"实力困境"做出的新诠释：德国的体量已经大到没有自由的国际秩序便寸步难行，同时对于独立捍卫新的国际秩序的任务仍太过弱小。因此，德国需要在全球范围内寻找新的合作伙伴，捍卫全球共同体的自由与开放。德国首先将其全球战略目光放在最具发展活力的亚洲地区，德国外交部在 2017 年 5 月成立独立的亚洲事务部，以协调德国在亚洲地区各个领域的外事活动②。其中，以中国和印度为代表的新兴国家在全球治理体系中作为"否决玩家"的地位日益上升，德国同其开展密切、务实的合作具有重要战略意义。值中德建交 45 周年之际，中国与德国在政治互信、经贸往来和人文交流方面的良性互动标志着双边关系进入历史最好时期③。正如中国国家主席习近平在德国《世界报》发表的题为"为了一个更好的世界"的署名文章中所言，中德两国要对世界和地区和平、稳定、繁荣肩负起更重要的责任④。中德全方位战略伙伴关系的进一步深化为中德共担全球责任奠定了坚实基础，双方在美国退出《巴黎协定》结成气候治理联盟有助于形成双方优势互补、合作共赢的局面，并重塑中国与欧洲在这一领域的共同领导地位。以"构建创新、活力、联动、包容的世界经济"为主题的 2016 年中国杭州 G20 峰会与以"塑造联动世界"为主题的德国汉堡 G20 峰会充分体现了中德双方不遗余力地推动全球化、反对"逆全球化"的决心，并为双方延续核心议题、衔接合作机制提供了重要平台。德国作为亚洲基础设施投资银行亚洲地区之外的最大股东并担任副行长一职，充分展现了德国对中国"一带一路"倡议的关注和合作意愿。随着"中国制造 2025"与"德国工业 4.0"相对接，互补性和竞争性并

---

① Stefan Wagstyl, "Merkel first in line to take Obama's liberal baton", *Financial Times*, 16. 11. 2016, https://www.ft.com/content/38de506c-ab57-11e6-ba7d-76378e4fef24？mhq5j＝e3.

② Abteilung Asien und Pazifik, http://www.auswaertiges-amt.de/DE/AAmt/Abteilung/AsienPazifik_node.html.

③ 史明德：《中德握手，迎来又一个繁盛季节》，载《人民日报》2017 年 7 月 3 日。

④ Gastbeitrag von Xi Jinping："Für eine bessere Welt", *Die Welt*, 04. 07. 2017, https://www.welt.de/debatte/kommentare/article166231727/Fuer-eine-bessere-Welt.html.

存的局面将为双方经济合作注入新的活力。德国作为欧盟的领导者将在中国对欧合作中起到沟通的桥梁作用：一方面，德国可以整合欧盟内部不同声音，促进欧盟在对华政策中实现"用一个声音说话"；另一方面，中德双边良性互动将对德国和其他新兴国家、中国和其他欧盟成员国的合作形成示范效应。比起同中国在各个领域合作的密切与深化程度，印度和德国仍有广泛合作空间尚待开发。德国对印度投资只占印度全部外资比例的4%，与中国境内超过 5000 家德企相比，印度只有 1800 家德企开展经贸活动①。因此，在 2017 年 5 月印度总理莫迪访问德国时，两国签署了每年十亿欧元的发展合作与投资计划②。

从德国与新兴国家的合作议题与方式来看，经贸议题仍是德国的重要切入点，它能形成溢出效应，带动德国与新兴国家在其他领域的共识与互信。由于在霸权衰落的"时滞期"国际社会缺乏有效的合作机制协调、规范全球治理③，德国同新兴国家的合作因此愈发具有全球意涵：有效的合作范式的机制化、常态化将成为国际社会重要的公共产品。德国推广国际合作需要在欧盟这一超国家层面上获得支持与响应，因此从长远来看，德国同新兴国家的合作也回答了上文提及的"带领欧盟构建什么样的世界"的挑战。

四 结论

回溯联邦德国与美国交往的历史可以发现，两国并没有在分歧中渐行渐远或完全脱钩，德美同盟始终对稳定美欧之间跨大西洋伙伴关系发挥着至关重要的作用。特朗普作为非典型政客在就任伊始便对双边既有贸易与防务政策的现状提出挑战。对此，在经贸领域，双方利益往来盘根交错、互利共生；在安全与防务领域，德国奉行"既要又要"的中庸之道，既要加强自主性更强的欧洲共同外交、安全与防务建设，推进欧洲一体化事业向前发展，又要避免使它有反美色彩，削弱甚至取代北约。在欧盟一体化进程日益艰难

① Till Fähnders, "Modi zu Gast bei Merkel: Besuch vom eingekreisten Riesen", *Frankfurter Allgemeine Zeitung*, 29. 05. 2017, http://www. faz. net/aktuell/politik/ministerpraesident-von-indien-besucht-deutschland-15036420. html.

② "Deutschland und Indien vereinbaren Milliaedeninvestitionen", *Zeit-Online*, 30. 05. 2017, http://www. zeit. de/politik/ausland/2017 – 05/narendra-modi-angela-merkel-entwicklung-finanzierung.

③ Robert O. Keohane, *After Hegemony: Cooperation and Discord in the World Political Economy*, Princeton, New York: Princeton University Press, 1984, p. 101.

的今天，美国对昔日盟友在贸易、安全和价值观领域造成的挑战无形中为德国开辟了提振欧盟凝聚力、捍卫全球治理秩序的活动域。德国能否在这个活动域中有所建树还取决于特朗普新政作用力的持久性和德国在 2017 大选之后新的政治生态所带来的影响。

中德关系

——非同寻常的双边关系

王熙敬[*]

摘　要： 中德关系是我最重要的双边关系之一。自 1972 年建交的 45 年来，关系总体发展顺利。两国政治互信不断加深，经贸发展尤为迅速，使两国关系处于历史最好时期，且正在向深度广度发展。中德关系已成为我与西方发达国家中有基础、稳定、有活力、发展前景最为看好的双边关系之一。两国没有历史遗留问题和地缘政治冲突，在民族统一问题上相互理解与支持，是这一关系的重要政治基础。默克尔总理上台以来，两国关系得以迅速全面发展——双方建立了独特的政府磋商机制；各领域各层次的全方位合作方兴未艾；默克尔 10 次访华更是两国关系大发展的重要标志。中德关系已超出双边范畴，不仅在中欧关系中起引领作用，而且具有全球意义的影响。两国可能发展为互利共赢的新型大国关系的一个范例。但同时，我们不应忽视两国间存在的诸如人权、涉藏等问题。随着全球化的发展，未来两国经贸合作中的问题和矛盾可能会越来越突出，摩擦可能加剧。总之，当两国关系遇到问题的时候，应不忘发展的主流；当两国关系出现高潮的时候，不应忽视存在的问题和矛盾，以推动中德关系健康稳定发展。

关键词： 中德关系　双边关系　中德合作　"一带一路"

中国一贯重视德国在欧洲的作用与在国际事务中的影响，一直把两国关系视为最重要的双边关系之一。自 1972 年建交以来，两国虽经 1989 年

---

* 王熙敬，北京外国问题研究会欧洲研究中心主任，中国前驻德国、奥地利使馆参赞。

德国参与西方对华全面制裁，以及后来默克尔总理会见达赖等事件，但总体来说，关系发展顺利。领导人互访频繁，政治互信不断加深；经贸关系发展更为迅速，据德方统计，2016 年双边贸易额达 1700 亿欧元（约合 1800 亿美元），中国首次成为德国第一大贸易伙伴，相当于英法意三国对华贸易总和。德国还是欧洲对华技术转让最多和向我国提供较多巨额财政援助的国家。可以说，两国关系已达到前所未有的高度，在中欧关系中发挥着重要的引领作用。在迎来两国建交 45 周年之际，研究"动荡欧洲背景下"的中德关系别具意义。

中德关系有着丰富的内涵，是我国与西方发达国家中有基础、稳定、发展前景看好的双边关系之一。以笔者观察，中德关系有以下鲜明特点。

一 只有一句话的建交公报，凸显两国没有历史遗留问题，决定了双方关系不会有大的政治起伏

国与国之间发表的建交公报通常文字不长，但字字斟酌，政治含义深刻。中德建交公报只有一句话，即 1972 年 10 月 11 日，两国政府发表的《中华人民共和国政府和德意志联邦共和国政府关于两国建立外交关系的联合公报》——"中华人民共和国政府和德意志联邦共和国政府 1972 年 10 月 11 日决定建立外交关系并在短期内互派大使"。

如此简单、只有一句话的建交公报，在我国与外国建交的公报中并不多见，它反映了两国关系的政治基础——没有地缘利益冲突，不存在历史遗留问题。中国和西方国家建交公报，通常包括"中华人民共和国政府是中国唯一合法政府，台湾是中国领土不可分割的一部分"等，而中德建交公报干干净净，只有一句话，也没有内部保证。这是两国关系开局良好，而后发展比较顺利的一个重要政治因素。

需要指出的是，这一背景与当年联邦德国"建国之父"首任总理阿登纳的对华政策分不开。阿登纳是德国战后杰出的战略家，是少数很早就预料中苏会发生对抗的西方政治家之一。他认为，世界可能进入一个美苏中三足鼎立的时代，而欧洲面对咄咄逼人的苏联战略态势，未来需要借重中国对其牵制。所以他对华态度谨慎——虽然反共不同中国建交，但同时顶住美国压力，不承认台湾。1955 年，当中苏矛盾处于萌芽状态，苏联反华逆流暗中涌动时，赫鲁晓夫要访问莫斯科的阿登纳警惕和反对"黄祸"，企图把祸水引

向中国，后者对此未予理睬。中国领导人对于阿登纳不同台湾建交的政治远见有着肯定的评价。1973 年 10 月 13 日，周恩来总理在接见访华的联邦德国外长谢尔时，就两国关系表示，这是德国已故总理阿登纳的远见之举，令人钦佩。

两国代表经过 40 天的谈判，于 1972 年 9 月 27 日草签建交公报，接着德国外长谢尔正式访华，于 10 月 11 日与姬鹏飞外长分别代表两国政府正式签署中德建交联合公报，遂使两国关系掀开新的一页。

二　在国家民族统一问题上相互支持，是两国关系发展的重要政治保证

第二次世界大战后，根据《雅尔塔协定》及《波茨坦会议公告》，德国被苏美英法分区占领。在东西方分别支持下，1949 年先后成立了"德意志联邦共和国"（西德）和"德意志民主共和国"（东德），从此开始了德国战后 40 年的分裂历史。这是美苏战后在欧洲东西各霸一方的源头。东西德领导人都曾提出德国统一的口号。但由于力量的悬殊，担心被西德吞并，东德逐渐放弃统一目标，强调东西德为两个主权独立国家，后来东德领导人甚至提出东西德分属两个民族，再没有统一的理由。新中国成立后，自然加入社会主义阵营，并曾在外交及经济上给予东德大力支持和援助。后来基于我国对民族统一的基本立场以及社会主义阵营内部的变化，在统一问题上，我国逐渐与东德拉开距离。

1975 年，主持国务院工作的邓小平副总理向当时访华的施密特总理重申了中国支持德国统一的立场，表示：在"两个德国、一个民族"问题上，中国与西德的立场是一致的。1984 年 10 月，胡耀邦总书记会见来华访问的科尔总理时，表态更明确、更全面。他指出："德国民族是一个单一的民族，长期分裂是不堪设想的。但如何统一，采取什么方式和步骤，是你们自己的事。只要东西德两部分和睦相处，只要统一后能同欧洲各国和平共处，这一天一定会到来的。"

1990 年 10 月 3 日德国重新统一。统一前，欧洲的大小国家一片反对声，英法的反对态度尤为强烈。时任英国首相撒切尔夫人在回忆录中表示，应以一切手段阻止德国统一。她又说，"自从俾斯麦统一德国以来，德国一直以难以捉摸的方式在侵略和自我怀疑之间摇摆"。法国国防部长则表示："重新

统一后的德国将是一个非常强大的国家，这对法国将是一个极大威胁。"欧洲小国，特别是东欧国家更是对于德国法西斯铁蹄下的蹂躏记忆犹新，对德国统一怀有强烈恐惧感。而美国在两次大战中都是德国的敌人，也不乐见其快速重新统一，采取观望态度，主张慢慢来。在大国中，唯有中国始终不移地同情、理解和支持德意志人民谋求统一的立场。

科尔总理一直铭记中方的这一立场，并多次表示，在国家统一问题上，两国一直互相支持。他强调：德国人，尤其他本人，永远不会忘记中国人民始终支持德国人民实现国家统一的愿望。德国总统魏茨泽克 2006 年 10 月 23 日也曾表示："中国明确支持欧洲和德国统一。在这一点上，尤其德国人始终对中国心存感激。"

德国历届政府也一向奉行"一个中国"政策。科尔强调，"德国人民自己的亲身经历使我们完全理解中国坚持一个中国政策的立场"。施罗德总理态度更是鲜明。2004 年 5 月，他对到访的温家宝总理表示："德国将坚定不移地坚持一个中国政策，无论出现什么情况，这一政策都不会改变。"针对美国新总统特朗普曾经放言质疑一个中国政策，默克尔指出，德国不可能跟随美国的脚步，改变一中立场。总之，中德在国家民族统一问题上相互理解和支持，是两国关系与其他很多国家关系不同的一个重要方面，对两国政治关系发展起到重要推动与保证作用。

三 默克尔总理上台以来两国关系达到历史最好时期

十多年来，默克尔总理对华态度发生重大转圜，我们可以清晰地看到——从突出人权和价值观，到人权价值观和经贸并重，到今天以经贸为先，推动两国关系不断发展。由于双方共同努力，两国关系已达到前所未有的高度。尤其应该提到以下几点。

第一，默克尔在西藏问题上急转弯。

2007 年 8 月默克尔访华受到中方热情接待，访问十分顺利。然而事过不到两个月，她却食言，竟事先不向中方打招呼，于 9 月 23 日在总理府"高调"会见达赖。中方对此做出"强烈而适度"的反应——取消两国间所有重要会晤和部长级往来。德国副外长叹息道："如今德中关系就像一只打碎了的瓷器，让我们几乎在每个层级都感受到他们（中国）的愤怒"。德国外长更批评默克尔的一意孤行直接导致德中关系陷入危机。她同时受到国内经济界强大压力，于是不得不采取措施缓和关系。

为克服中德关系出现的困难，促使中德关系健康发展，双方进行多次商谈："德方明确向中方表示：德国将继续坚定奉行一个中国政策，承认台湾和西藏是中国领土的一部分，坚决反对台湾'入联公投'，不支持、不鼓励谋求西藏独立的任何势力。"其实这是外交上认错的一种婉转的表达方式，也是德方迄今在台湾和西藏问题上做出的最明确表态与承诺。之后，我国同意恢复部长级来往。外电评论称，德国为此付出了代价。

德国媒体评称，默克尔学会自我批评，变得更聪明。中德关系冰冻期已经过去。

第二，两国关系步入改善发展轨道。

2008年10月默克尔访华，做出积极姿态，赞扬德中关系发展得很好，她就任总理每年访华，是正确的选择。一次演讲中她表示，"我们必须学会了解中国，了解其伟大的文化和巨大的未来潜力"。我国领导人也予以积极回应，强调重视德国在欧洲和国际事务中的重要作用。

2009年2月初温总理访德，默克尔提出设晚宴，因时间来不及，便安排在总理府私人餐厅共进早餐，并邀请温总理参观她的办公室。这些都衬托出两国关系日益回暖。

2010年7月15日默克尔第四次访华，中方也提高了接待规格——温总理陪同默克尔两天，前所未有。此访适逢默克尔56岁生日，在西安参观时，群众高呼"生日快乐！"，令她非常感动。访问期间发表了"中德关于全面推进战略伙伴关系的联合公报"，这是两国建交38年来的第二个联合公报，内容涵盖各个领域。

第三，默克尔邀请温总理"超常规"访问，成为两国关系一个亮点。

温总理2010年出席第八届欧亚首脑会议期间，于10月5日临时从布鲁塞尔飞往德国，会晤已于之前赶回德国等待迎接他的默克尔总理。在出访行程安排之外突然造访另一个国家——这种所谓"超常规"访问——在新中国外交史上极其罕见。默克尔表示，温总理赶来德国，会谈后还要返回布鲁塞尔开会，令她"十分感动"。据说，此访的缘由是那年7月默克尔访华后，两周内三次电话邀请温总理进行此访。两国总理会见、晚宴，谈笑甚欢。双方高度评价中德关系的良好发展，表示愿通过加强对话磋商和扩大互利合作促进中欧经济关系。

第四，默克尔与我国领导人密切的个人关系促进两国关系不断发展。

两国总理多次给予对方特殊安排。默克尔访华期间，两国总理在颐和园散步谈心，在北京天坛共见中德学子。温家宝总理陪同默克尔访问家乡天津，而李克强总理邀请其访问家乡安徽。她在 2014 年 7 月第七次访华期间，逛农贸市场，买郫县豆瓣，还特意向川菜大厨学习做宫保鸡丁。李克强总理访德时，提出逛超市，默克尔欣然同意，并亲自陪同购物，都反映了两国关系融洽度的加深。

作为足球强国的总理，她还曾与清华大学学生热议足球世界杯。2013 年 5 月访问德国的李克强总理专门抽时间观看了当年被德国人主宰的欧冠决赛的电视直播。两位"足球迷"总理在私下会晤中热聊足球，又一次显示出双方在文化上、心理上的亲切感。

两国领导人通信和电话联系已成常态。默克尔多次打电话给温家宝总理和李克强总理，向中国人民祝贺春节。2013 年 3 月李克强任总理，默克尔是第一位来电祝贺的外国领导人。而当 2013 年 9 月 22 日德国大选刚结束时，赢得连任的默克尔尚未被正式提名为总理，李克强总理即打电话祝贺。这些细节充分显示了两国关系的密切程度。

四 双方建立独特的政府磋商机制

2010 年 7 月，默克尔总理第四次访华期间，双方决定将两国总理年度会晤机制进一步提升为"两国政府磋商机制"。开始每年一次，2014 年改为两年一次。首轮政府磋商于 2011 年 6 月 27 日至 28 日在柏林举行。这是中德两国之间级别最高、规模最大和商讨议题最广泛的政府间对话形式，在国际关系中十分罕见，具有重大意义。对中国而言，这是一个创新，是中国第一次与一个西方大国政府定期举行的双方政府联合会议。而就德国来讲，也不寻常，它只与很少数的邻国有这样的磋商形式，甚至与重要盟国英美等国也没有这种高级别的政府定期磋商制度。

2012 年 8 月 30 日，第二轮中德政府磋商在北京举行，此次一个主要成果是双方同意通过协商解决光伏产业的有关争议问题。默克尔强调，"最好是协商加以解决"，德方正式向欧盟委员会表示，反对向中国光伏电池板征收惩罚性关税，阻止欧盟对华太阳能产品出口补贴所展开的、向世界贸易组织的投诉行动。对此，温家宝总理表示，中德同意通过协商解决光伏产品有关问题，避免反倾销，进而加强合作，这是解决贸易争端的一个重要途径，具有指标性意义。

2014年10月，李克强总理访德期间与默克尔总理在柏林共同主持第三轮中德政府磋商，两国发表《中德合作行动纲要：共塑创新》的重要文件。其重点是发展互利的创新伙伴关系，把创新合作提高到更高层面。从此，创新伙伴关系成为中欧合作的样板。

2016年6月默克尔来华与李克强主持第四轮政府磋商。这是德国总理默克尔第九次中国行。对于中德、中欧近来在贸易、投资和市场经济地位等问题上出现的争端，默克尔展现出了积极友好解决问题的态度。此次重点讨论了"德国工业4.0"与"中国制造2025"进行战略对接。这对两国今后发展实质性的合作具有重要意义。

我们注意到，每次政府磋商，双方共有近30位部长参加，是名副其实的"内阁联席会议"。德国驻华大使骄傲地说，除了总理和总理府部长两人，德国内阁一共只有15名内阁成员，而来华出席中德政府磋商的就有14名内阁成员，中国也有14名部长参加，足以看出双方的重视。

除了密切的政府磋商制，与两国关系相适应的是高频率的高层互访。2005年至2016年德方领导人来访13次——总统3次，总理10次。中方往访9次。尤其值得一提的是，2016年9月默克尔总理出席二十国集团（G20）杭州峰会，是其上任10年第10次访华，创下西方领导人访华次数最高纪录。对于默克尔来说，除了欧洲以外，也仅此一家。早在2014年7月5日，德国《商报》就发表文章指出："没有哪个欧洲领导人像默克尔那样对中国如此重视，也没有哪位欧洲同事像她那样如此频繁地访问中国。"

五 两国全方位合作方兴未艾，正向高度和广度发展

"创新、合作、共赢"成为中德合作的主旋律，两国各领域高层次合作全面开花。其中主要有：中国国务院副总理马凯和德国联邦财政部部长朔伊布勒、德意志联邦银行行长魏德曼共同主持的中德高级别财金对话；2016年11月习近平特使、中央政治局委员、中央政法委书记孟建柱出席在德国举行的两国首次反暴力极端主义对话，双方同意建立高级别安全对话机制（首次高级别安全对话于2017年6月在京举行）；两国外长主持的"中德外交与安全战略对话"，中德高级别人文交流对话机制则分别以刘延东副总理和德国

加布里尔外长兼副总理挂帅（首次会议于 2017 年 5 月在北京举行）。

与此同时，两国间的"主题年"活动丰富多彩，是两国关系又一大亮点。首先要提到的是德国外交部在华主办的"德中同行"活动。2007 年适逢中德建交 35 周年，8 月默克尔访华期间专程赴南京出席"德中同行"开幕式。这次为期 3 年的活动是德国在国外举办的范围最广、时间最长、规模最大的国家展示活动。而外国在中国举行这样的活动也是前所未有。

为庆祝中德建交 40 周年，2012 年在德举行以合作与对话为主题的"中国文化年"，是迄今中国在德国举行的规模最大的年度文化盛事。在两国关系中，青少年交流具有重要意义。2016 年 3 月，习近平主席与访华的德国总统高克在北京共同出席中德"青少年交流年"开幕式并分别致辞，标志着两国青少年迎来交往的新高峰。我们还可以列举两国间许多主题年活动及各种论坛：两国总理于 2004 年倡议成立的"中德对话论坛"，两国政府商定成立的"中德创新论坛"、"中德未来之桥"论坛、"中德科教年"、"中德媒体论坛"、"中德语言年"，等等。尤其要提到的是，2014 年 7 月两国政府磋商中将 2015 年确定为"中德创新合作年"，从而开启两国关系下一个黄金十年的大幕。

中德之间开展如此密集的"主题年"活动，在国际关系中并不多见。这些活动及论坛配合了两国间现有的 70 多个对话机制以及两国已建立的 96 对友好省州（市）关系，推动双边合作深入发展。

六 "一带一路"成为中德合作的新亮点

自习近平主席提出"一带一路"倡议以来，逐渐被欧洲国家所理解，德国态度更值得关注。

（一）德国对"一带一路"总体持肯定态度

默克尔总理多次对"一带一路"表示了积极态度。

早在 2015 年 10 月，默克尔在北京出席"山村对话"会议时即明确表示：德国非常希望参与"一带一路"建设。中国的"一带一路"倡议与历史文化元素相联系，不仅提法好，而且真正能够把沿线国家连接起来，促进国际贸易与其他合作，而德国非常希望参与相关建设。2017 年 7 月 5 日默克尔对到访的习近平主席说，愿同中方在"一带一路"框架下加强经贸、互联互通合作。她不仅称赞"一带一路"是一个好的想法，而且提出通过汉堡作为节点讨论落实"一带一路"。

德国经济界和学者也有积极表示。德国联邦外贸与投资署第一总经理贝诺·彭泽博士说，"一带一路"是一项"世纪工程"，德国将在"一带一路"背景下，继续扮演中国企业在欧洲理想的立足点。德国席勒研究所创始人拉鲁什认为，"老丝绸之路为人类开启了一个相互理解的时代，新丝绸之路是人类发展新纪元的开端"。

（二）"一带一路"极大地推动了两国合作

首先，中企在德国投资、并购步伐加快，大项目增多。据德国普华永道会计事务所 2017 年 7 月统计，2016 年中企在德国并购 45 次，总金额超过 110 亿欧元，项目数和金额均创历史纪录。尤其突出的是大项目增多。2010 年至 2015 年有 19 起上亿欧元并购，而 2016 年一年即有 16 起上亿欧元并购项目，其中 3 起超过 10 亿欧元，即美的集团以 46 亿欧元收购德国智能自动化设备制造商库卡集团多数股权；三峡集团以 16 亿欧元收购德国最大海上风电场"Meerwind"；北京控股斥资 14.38 亿欧元收购德国 EEW 垃圾能源公司。2016 年中国在欧洲并购项目 50% 在德国。另据德国经济研究所 2017 年 8 月统计，2010 年 1 月至 2017 年 7 月，中国投资者已经收购 193 家德国公司。

其次，中国资本对德国银行业的股权收购呈现增长趋势。2016 年 8 月，欧洲中央银行和德国联邦金融监管局批准中国复星集团以 2.1 亿欧元收购该国私人银行"豪克和奥夫豪瑟银行"。该行是德国最古老的私立银行之一。此次并购极具象征意义。2017 年海航集团甚至成为德意志银行的最大股东，已将其在德意志银行的持股比例增至 9.9%（德国规定的最高比例上限）。德国外交关系委员会国际贸易专家约瑟夫·布拉姆尔指出，特朗普推行内向政策，将迫使外国企业寻求新的替代市场。其中，许多企业已将目光转向中国倡议的"一带一路"沿线国家和地区。德国也在积极参与"一带一路"建设，比如德意志银行和中国国家开发银行计划共同为"一带一路"相关项目提供 30 亿美元融资。

再次，在"一带一路"带动下，中欧班列有如雨后春笋，迅猛增长，铁路货运如火如荼，几乎遍地开花，成绩斐然。2016 年 3 月，中国铁路总公司和德国铁路股份公司签署《双方关于开展铁路合作的谅解备忘录》。至 2017

年 3 月，开往欧洲的班列共有 9 条，其中 6 条的终点在德国。自 2011 年 11 月两国开通从沈阳至莱比锡的第一条班列以来，目前从中国乌鲁木齐、重庆、武汉、云南、郑州、长沙均已开通分别直达德国杜伊斯堡和汉堡等市的货运班列。另据中国铁路总公司的数据，2016 年中欧班列开行 1702 列，其中德国有 1000 列左右。随着"一带一路"战略的推进，未来中国和德国及欧洲不仅会开通更多列车，而且开通高铁也在规划之中。

最后，欧洲大国不顾美国阻挠，相继加入亚投行。德国态度也很积极，已成为亚投行第四大股东，也是域外国家第一大股东，不仅占据副行长一职，还是董事会三个域外名额之一。他们代表欧元区，主动要求常驻北京。

七 中德合作具有广阔的发展空间

美国总统特朗普上台，引发了一场全球的政治大地震。德美关系无疑引人注目。特朗普从竞选到上台对德国和大西洋伙伴全面开炮——奚落北约"过时"，为英国脱欧大唱赞歌，攻击欧盟是"德国的工具"，等等。特别是特朗普在七国集团峰会期间宣布退出气候保护《巴黎协定》后，欧盟国家深感失望，德国总理默克尔终于忍无可忍，于 2017 年 5 月 28 日，在一次群众集会讲话中高调回应，强调"我们互相完全依赖对方的时代已经结束"，"我们欧洲人必须要把命运掌握在自己手中"。德美（欧美）关系随之进入二战以来矛盾冲突最严重的新时期。

面对特朗普"美国优先"的内顾政策，德国正在对其外交政策进行重大调整。其主要特点是，在重整欧盟内部团结及稳定推进一体化建设的同时，重点加强对华关系，把对华合作置于更重要地位。换言之，特朗普上台为中德、中欧关系提供了更大发展合作空间。三大共同点——全球化、反对贸易保护主义和维护《巴黎协定》——拉近了中德关系。值得注意的是，就在默克尔 3 月 16 日访美前几个小时，她与中国国家主席习近平通了电话，讨论双边关系和全球议题。德国《商报》3 月 17 日报道说，此次通话可能意味着德国外交政策重心的转移。一位德国政府高官说，"这种做法在美国小布什或者奥巴马主政的时代没有出现过"。2017 年 5 月李克强总理访德很成功，双方主要讨论双向开放问题。默克尔要求中方在贸易问题上支持德国。在关于"中国加入世贸组织议定书"第 15 条的问题，默克尔在记者会上公开表态对我国的支持。德国态度势必对欧盟对华关系产生积极影响。我们知道，

2017年适逢德国举办二十国国集团峰会，多位外国领导人希望趁机访德，但德方优先安排习近平主席访问。3年内习近平主席对一个国家进行两次国事访问，而且我国两位领导人一个多月内先后往访，均属罕见。习近平主席称赞中德建交45年来双边关系的发展是一个"成功的故事"。默克尔则表示德中双边关系的重要性，愿同中方在"一带一路"的框架下加强合作与交流。她再次保证，德国将敦促欧盟履行"中国加入世贸组织议定书"第15条的义务。外电普遍认为，中德（中欧）引领气候变化就是一例。《德国之声》评论称，特朗普催生了中德"蜜月期"。

八 中德关系未来看好，但不具"特殊关系"性质

中德分别作为亚欧举足轻重的大国，其关系构成"中欧关系发展的基石"。德国《焦点》周刊举例认为，在汽车和机械等领域，中国市场对德国企业来说具有"生死存亡"的意义。据2014年统计，德国大众的50%、宝马的三分之一、奔驰的7%利润来自中国。鉴于2012～2014年，两国关系尤为密切，德国驻华使馆官员在默克尔访华前夕的记者招待会上称中德关系是"特殊关系"。于是"中德特殊关系"一说，一时成为中外媒体的热门话题。

对于中德走近，特别在2013～2014年，西方借题炒作、发难甚嚣尘上。有的政客和媒体甚至对德国发出警告。德国《图片报》称，默克尔会见"中国同志"的次数超过了访问第一盟友奥巴马。英国媒体指："德国的单边主义愈演愈烈，这对欧洲是坏消息。"美国《国际先驱导报》发表文章认为"一些人感觉德中走得太近"。以昆德纳尼和乔纳斯·帕雷罗署名的"欧洲智库的新报告"《中德：为何正在形成的中德特殊关系困扰欧洲》中写道：正在蓬勃发展的中德"特殊关系"日益成为中欧关系的决定性因素。这不但令欧盟对这个崛起的亚洲巨人的总体立场面临遭破坏的风险，还可能严重影响欧中之间的力量平衡。英国BBC广播公司颇有醋意地评论称："中德已积累的风险是，德国只追求本国经济利益，而非欧洲的整体战略利益。"欧洲还有人担心，德国抛下布鲁塞尔单独与中国打交道。美国媒体更以威胁的口吻挑拨说：德国威胁了美国几十年来垄断的西方对华政策的特权，并正在动摇美国主导的西方对华关系。

笔者一直认为，把中德这种"紧密"关系定位为"特殊关系"是一种误导。回顾过去，国际关系中的所谓"特殊关系"，是指如美英之间建立在

意识形态相互认可的基础上的紧密盟友关系，甚至像德国与美英这样的盟国也未见使用"特殊关系"的提法。而德国不可能与中国结盟，反之亦然。其实德方更关心的是，把经济关系作为两国合作的重心，保证中国这个庞大市场，避免德国陷入高失业率、高债务的威胁。我们仔细研究一下德国外交官的上述"特殊关系"的提法，也可以发现，他们主要是强调经济关系。笔者前文指出了中德关系的一些特点，说明中德关系具有一定的特殊性。但这并非媒体炒作的"特殊关系"。毕竟中德两国社会制度不同，意识形态各异，在全球的利益也不尽吻合，不可能建立类似于美英那种"特殊关系"。况且国家之间的关系再好，也都是相对的，即便像西方盟国关系也不是"亲密无间"。我们不能以理想主义看待国际关系。实际上，在对华关系上，2015年英法在政治上一度"赶超德国"，使这种所谓"中德特殊关系"论已经销声匿迹。2017年以来，德国发声限制中企在德国和欧洲的收购，媒体又炒作中德贸易"气氛骚动"，德国在北京遭遇"冷遇"等，走向另一个极端。不管媒体渲染的哪一种倾向都有失偏颇，忽视主流。一个没有矛盾的中德关系是不存在的。

回顾过去，中德两国一直存在这样那样的摩擦与矛盾。像人权、价值观、涉藏、涉台这些老问题时有发生。也会出现新的问题，如南海问题。德方一面称在南海主权问题上不持立场，但另一面以所谓通道安全、自由航行之名说三道四，推动南海问题国际化。最明显的是2015年德国作为七国集团轮值主席国，当时的七国集团外长声明就有涉南海内容。在当前形势下，德国和欧盟的保护主义抬头。尤其近期在中企收购德国高科技企业方面，制造障碍，予以限制。德国为此通过了新的法规，规定德国政府可对具有战略重要性领域的并购加强审查，并具有否决权。如果并购涉及所谓的"关键性基础设施"，即被认为是"对公共秩序和安全的威胁"，德国政府就可以阻止并购。新规所涉企业包括为电网、电站和供水系统提供软件服务的公司，银行、电信网络、医院、机场和车站的软件供应商，以及掌握相关行业云端大数据的企业等。

据中国驻德国使馆的数据，至2017年年中，在中国有8200家德国公司，合同金额760亿美元；而在德国只有2000家中国企业，累计投资不到80亿美元。两者比较，差距依然很大。德国对于中企并购投资的忧虑是在全球化背景下出现的保护主义倾向的一种反映。实际上，中企并购为两国互利共赢，特别是为德国创造就业做出了贡献。

总之，全面正确理解中德关系至关重要。毫无疑问，两国关系处于历史最好时期，而且正在向深度广度发展。动荡欧洲背景下中德关系有更大的发展前景。中德可能发展为互利共赢的新型大国关系的一个范例。温家宝总理曾指出："中德关系已超越双边范畴，具有全球意义的影响，中德合作在全球有示范作用。"但同时，我们不应忽视两国之间存在的一些问题和矛盾。随着全球化的发展，未来两国经济贸易矛盾可能会越来越突出，摩擦可能加剧。

在关系顺利的时候，不应忽视存在的矛盾；当关系出现摩擦的时候，则要把握发展的主流。这大概是我们观察中国与西方各大国关系时应该普遍遵循的一个重要原则。

动荡欧洲背景下的马克思主义及中德关系

罗国文[*]

摘　要： 在当前欧洲动荡、迷茫无助的背景下，欧洲人纷纷从马克思那里寻找答案，马克思理论具有了"很高的现实意义"。中国之所以坚持以马克思主义为指导思想的理论基础，是因为马克思主义改变了中国，并将继续推动中国的变革和发展。马克思主义植根于德国的经济、社会和文化土壤，随着马克思主义传入中国，中国对德国产生浓厚兴趣。中国持续改革开放，稳定发展，一个重要原因也是吸取了社会主义在德国土地上失败的教训，以及"社会市场经济"成功的经验。展望未来，中德关系既有发展的广度，也有限度，主要原因是两国存在意识形态和价值观的根本不同，及结盟与不结盟的突出矛盾。问题是，如何摒弃历史偏见，不强加于人，致力于两国关系的发展。

关键词： 欧洲动荡　马克思主义　中德关系　现实意义

近年来欧洲形势复杂多变，美国特朗普上台后欧洲再添动荡因素。恐怖袭击不断发生，打破了欧洲通常的平静。难民大量涌入，不仅给欧洲国家带来冲击，而且导致欧盟成员国矛盾凸显。英国公投决定脱欧，但与欧盟的脱欧谈判困难重重。法国、德国、荷兰、奥地利等国的大选有惊无险，但凸显极右势力迅速增长。地区"独立潮"发展，让欧洲更加焦头烂额。

欧洲多层面的动荡反映欧洲的社会面貌和政治生态正在发生深层次变化，究其原因无非是欧洲长期自视制度优越，不思改革，积弊甚多。譬如，

---

* 罗国文，中国前驻德使馆政务参赞、外交学院兼职教授。

选举、投票本来是民主发展过程中的一大进步，可惜在今日欧洲，有些政客动不动就决定公投或提前大选，使之成为他们逃避或推卸责任及谋取私利的手段。如何应对，已成欧洲的当务之急。

值得注意的一个动向是，在迷茫无助的当下，一些欧洲精英开始从马克思那里寻找答案，并以纪念马克思《资本论》第一卷出版 150 周年为契机，纷纷运用马克思理论来观察和分析欧洲问题。马克思理论究竟具有哪些"现实意义"？中国为什么坚持以马克思主义为指导思想的理论基础？不同意识形态和价值观对中德关系的影响到底几何？

一 马克思理论的现实意义

150 年前（此处相对 2017 年而言——编注）的 1867 年 4 月 20 日，马克思风雨兼程，乘汽船从伦敦到汉堡，把他的《资本论》第一卷手稿，送给早已等得不耐烦的德国出版商奥托·迈斯纳，同年 9 月 14 日正式出版。150 年来，马克思的《资本论》第一卷是除《圣经》外，在全世界销量最大的书，尤其是 2008 年爆发全球金融危机后出现空前高涨的销售热。2013 年联合国教科文组织将《资本论》第一卷列入《世界记忆名录》，因为"它对世界经济和社会的发展产生着巨大影响"。

《资本论》第一卷主要论述商品的产生及其价值，尤其是商品的使用价值和交换价值及其相互关系，揭示资本家如何把工人当商品进行残酷剥削。论述资本的积累和扩张，揭示资本主义发展规律的第二卷，以及论述利润的升降规律，揭示资本主义不可避免地会发生周期性危机的第三卷，是马克思1883 年 3 月 14 日在伦敦去世后，由恩格斯整理出版的。

在 2017 年 9 月 14 日《资本论》第一卷正式出版 150 周年时，英国工党领袖杰里米·科尔宾发表谈话罕见地称马克思为"伟大经济学家"，这在以前是不可想象的，因为两百多年来，英国一直信奉"自由经济之父"的英国经济学家亚当·斯密的"自由经济与自由贸易"理论及其代表作《国富论》。俄罗斯哲学家费奥多尔·吉连科称马克思是"伟大天才"，"世界因他而发生不可逆转的变化"。

德国广播电台网站 2017 年 10 月 16 日以"西方还剩下什么"为题发表文章，说"西方正在走下坡路，这点是明白无误的。不管是北约改造还是欧盟扩大，都没有阻挡西方的坍塌"。欧美"形成的政治和价值共同体，冷战一结束就开始跌跌撞撞地走向终点，它们缺乏凝聚力和共同目标，而没有凝聚力和目标的共同体，自然没有可信度和生命力"。

文章认为美国正在失去领导作用，原因是"西方危机的核心主要在欧洲，只有在一个强大欧洲支持的情况下，美国才能发挥其全球领导作用。但目前，欧洲这个古老的大陆成了一个不确定的地方"，"欧盟新计划能否成功，不仅影响着自己的未来，也决定着世界的发展方向"。而欧盟能否走出欧元危机和摆脱欧盟内部的南北冲突，关键看德国。

关于欧美关系，文章认为特朗普上台后不断"退出"，把国内和国际政治都看成"交易"，而且他眼中的"交易"必定是一方胜，另一方败。这让人失去与他甚至包括与他的下任签署任何协议的兴趣，因为人们有理由认为，美国言而无信，与美签约毫无意义，至于欧洲，世人对欧洲的信誉也必然随之下降。

英国《独立报》网站 2017 年 10 月 18 日报道，曾主持希腊与国际债权人商谈解决希腊主权债务危机一事，但在齐普拉斯上台后辞职的希腊前财长亚尼斯·瓦鲁法基斯在伦敦大学学院发表演讲时说，马克思来报复资本主义了，资本主义正在走向终结。瓦鲁法基斯认为，资本是社会创造的，但收益却被私有化，现在的经济形势不具有可持续性，资本主义将会毁掉资本主义自身，政府应当为进入"后资本主义时代"做好准备。

在此期间，德国联邦议员、联邦议院"大众尾气门"调查委员会主席赫·贝伦斯，慕尼黑伊福经济研究所所长汉斯－维尔纳·辛恩教授，柏林勃兰登堡学术研究院马克思恩格斯全集研究项目负责人格·胡尔曼，以及德国《商报》、"德国之声"电台网站等，先后发表谈话或撰文指出"马克思理论的现实意义"。

就当前而言，他们认为可以向马克思求教的具体问题，归纳起来主要有以下十点。

1. 为什么资本主义残酷的一面又开始暴露？马克思《资本论》第一卷的副题为"政治经济学批判"，其核心就是批判被称为"资本主义自由经济之父"的英国经济学家亚当·斯密的《国富论》中对商品及其价值的论述。马克思发现了资本家剥削工人的"另一只看不见的手"，即"剩余价值"，而且这只"看不见的手在不断伸长"，资本主义残酷剥削的本质不会因经济的发展而改变。

2. 经济全球化是不是会走回头路？认为马克思是最早预见到全球化的

人，只不过他使用的是"扩张"一词，因为当时还没有"全球化"这个词。他在1848年的《共产党宣言》中阐述道："为了满足不断增长的产品销售的需求，生产者会在全球范围内寻找机会，他们将无处不在，到处扎根、扩张。"而且他认为，"受利润的驱使，资本和产品的扩张是不可抑止的"。

3. 政府为什么屈服于垄断资本？根据马克思的理论，随着经济的发展，各个行业都会向少数企业集中，其规模极具权威，致使国家机构沦为其仆人。譬如德国大众汽车"尾气排放丑闻"出现时，政府很长时间充耳不闻，此后的调查也极为缓慢。2011年世界上147家企业至少控制了世界所有跨国企业40%的资产，到2016年的垄断程度更高，政府更难驾驭。这种现象不是在证明亚当·密斯的自由市场经济论，而是在证实马克思早已预见到的资本主义垄断论。

4. 为什么贫富差距愈来愈大？马克思在他许多著作中都一针见血地指出，资本家为赚取三倍的利润而不怕犯罪，何惧剥削？现在的资本家依然巧取豪夺，劳动的净收入不是造福于社会，而是塞入私人腰包，养肥资本家。加之技术的迅速发展，劳动者被迫不断地转移，不断地失去，及至流离失所，或者被挤到社会边缘，欧美发达资本主义国家贫穷阶层的倾诉让人一目了然。

5. 为什么出现"伊斯兰国"？马克思曾援引诗人海涅的话说，"宗教是人民的鸦片"，指出宗教是掩盖事实真相的上层建筑的一部分，它像鸦片一样令人麻痹，阻碍人们去认清现实。"伊斯兰国"并非宗教团体，但它以宗教名义吸引狂热追随者，以宗教名义在占领区收取保护费、招募雇佣兵，按宗教戒律管理和使用新成员，而新成员对真相一无所知。

6. 如何看待欧洲中央银行的零利率政策？他们认为马克思是近现代经济研究的先锋，他第一个认识到资本主义的"资本扩张不会直线式运行"，会以出现"间或式的危机"为特征，还会以"制度性固有的高潮和低潮"为特征，并提出"经济波动的周期有长有短"。据此，欧洲中央银行为提振人们花钱投资的兴趣，推出零利率和负利率政策，这"进一步提升了马克思理论的重要性"。

7. 西方社会为什么自我撕裂？马克思指出，"生产的不断变革，社会关系不停地动荡，永远的不安定和变动，是资本主义时代不同于过去任何时代的地方"，"生产关系造就集体认同感，一旦生产关系发生改变，人们就会去寻找新的认同，而同原来的认同决裂，如工人、农民、牧民"。他们认为，在马克思之前没有任何人提出或思考过这样的论述，他是何等正确！

8. 环境污染是如何造成的？马克思在《资本论》第三卷描述"资本主义生态环境"时，还没有"环境污染"这样的现代用语，而是用"排泄物"来表达，说"资本主义的运转依赖于经济的持续增长，而经济增长必然导致大量的生产和消费排泄物"，"地球上的资源是有限的，如果所有重要资源都被用尽，资本主义也就寿终正寝"，因此早早地提醒，资本主义不要过度消耗资源。

9. 为什么要保障劳动者的最低收入？马克思认为，"人都是社会性的人"，把人从有报酬的但是强制性的劳动中解放出来，让他们在得到最低生活保障的情况下，还能有时间去发挥自己的兴趣，要么继续工作，要么去打猎、捕鱼、畜牧，或者聚会搞社会批评。他们认为，马克思的这个论点，直到今天也是劳动者融入社会的需要，同样是确保社会稳定的需要。

10. 为什么2016年的美国大选和英国脱欧公投的结果出人意料？他们认为，资本主义经济学通常把技术进步对社会的影响视为偶然和短暂的，而马克思认为技术的进步及与之相连的生产方式的变化，是资本主义既充满希望又蕴藏危机的根本性特点。显然马克思是正确的，正是信息技术和互联网的发展和大量使用，深刻影响着社会。

二 指导中国思想的理论基础

在近现代史上，影响中国社会的人和理论很多，但影响最大最深远的是马克思和马克思主义。近百年来，马克思主义一直是指导中国思想的理论基础，不断推动着中国的变革和发展。因为正是马克思主义传入中国，中国才出现共产主义运动，随后产生中国共产党。毛泽东主席早就指出，马克思主义不是教条，而是行动的指南。马克思主义哲学、政治经济学和科学社会主义自始至今指导和激励着中国共产党和中国人民。

第一，马克思主义哲学，即历史唯物主义和辩证唯物主义（唯物辩证法），给苦难深重的中国人民提供了翻身求解放的强大思想武器。因为唯物史观认为，社会存在决定社会意识，历史是人而不是神创造的，是人推动着历史前进。正如《国际歌》中所说，"从来就没有什么救世主，也不靠神仙皇帝，要创造人类的幸福，全靠我们自己"。以此动员了中国劳苦大众，首先奋起反抗封建统治者和西方殖民主义者的剥削和压迫。

马克思主义哲学中的唯物辩证法，给中国人提供了如何进行斗争的法宝。作为唯物辩证法的核心"对立统一规律"，是一把区分矛盾的普遍性和特殊性、主要矛盾和次要矛盾、矛盾的内因和外因、两点论和重点论的钥匙，引导着中国人民在不同历史时期集中打击不同的主要敌人，解决不同的主要矛盾，先后打败封建军阀、打败日本侵略者和国民党反动派，最终建立新中国，中国从此发生了翻天覆地的变化。

可以说，正是唯物辩证法中的"否定之否定规律"让中国共产党人懂得了，在领导人民进行伟大社会革命的同时，必须进行伟大的自我革命。矛盾的转化不是通过否定对方，而主要是通过否定自己，在不断进行批评与自我批评中保持并提高战斗力，推动对立面的转化，达到自己追求的目的。中国共产党不断扬长弃短，取长补短，因而始终立于不败之地。

揭示事物的存在与变化过程的"量变与质变规律"，告诉中国共产党如何制订和实施一种好的方针政策。"量变"指变化的规模、程度和速度，可用数字和形状表示，"质变"指事物本身及与其他事物内在关系的变化。任何事务发生质变后又会开始新的量变，衡量量变到质变的是"度"，只有把握好制定和实施方针政策的"度"，即把握好关键性的节点或临界点，才能推动事物向有利的方向发展和变化。

第二，作为马克思主义理论体系重要组成部分的政治经济学，主要揭示经济基础和上层建筑的关系，这两者必须相互适应才能推动经济和社会得到发展。毫无疑问，新中国成立后，特别是改革开放以来，中国的经济和社会之所以能持续稳定发展，就是因为中国的经济基础和上层建筑是相互适应的，不断进行改革和开放正是为了使二者始终保持相互适应的状态。

马克思主义政治经济学认为，经济基础是第一位的，而在包括生产资料所有制、生产过程中人与人的关系及分配关系的经济基础中，所有制是关键。因此，中国革命的首要目的就是解决生产资料所有制问题，土地革命、土地改革、公私合营，以及改革开放以来实行的国家、集体和私人混合所有制，都是中国共产党在不同历史时期根据马克思主义原理，为发展经济、改善民生采取的有效措施。

为使上层建筑不断适应经济和社会发展的需要，中国共产党强调"文化自信"，即在继承和发扬优秀传统文化的同时，鼓励从法律、道德、哲学、社会学、文化等方面更新观念上层。另外不断调整和强化政党、政府、军队、警察、法庭等政治上层的职能，使其反作用于经济基础。在当今世界，中国之所以保持稳定发展的态势，就是因为不断对上层建筑和经济基础的关系进行及时调控。

第三，作为马克思主义三大组成部分之一的科学社会主义，是指在建立社会主义制度后必须"继续进行革命"，直到进入共产主义。为什么在"社会主义"之前加"科学"二字？这是针对"空想社会主义"而言的。法国有名的"空想社会主义者"圣西门、傅立叶和英国的欧文提出，可以到美洲大陆去买一块地，在那里建立社会主义，而后向全世界推广。根据"存在决定意识"的唯物史观，马克思指出这是彻头彻尾的空想，在没有任何基础的空中是不可能建起高楼的。

科学社会主义的核心是在建立社会主义制度之后要"继续革命"，而这种"继续革命"并不是只搞政治运动，而是要不断解放和提高生产力，也就是邓小平说的，"社会主义的本质是提高生产力，是体现社会主义对资本主义的优越性"。如果说马克思主义哲学是认识和改造客观世界的起点，政治经济学是认识和改造客观世界的过程，那么科学社会主义则是认识和改造世界的终极目标。这都具有鲜明的阶级性和社会实践性，因此历来遭到资产阶级的猛烈抨击和西方资本主义国家的全面抵制。

"中国特色社会主义"实际上就是马克思主义的科学社会主义理论在中国的实践和具体化，即"马克思主义中国化"。所谓"中国化"，就是根据中国的具体国情和它所处的国际环境，实事求是地制定内外政策，走符合中国国情的社会市场经济道路，持续稳定地推进社会主义事业。

三 中国从马克思开始更多了解德国

从马克思主义传入中国的那天起，中国人在了解和学习马克思理论的过程中对德国产生更大兴趣。因为马克思是德国人，马克思主义植根于德国的经济、社会和文化土壤，而且是以一大批德国哲学家的哲学思想为基础。

1968年5月5日马克思诞辰150周年时，位于德国西南部特里尔市的马克思故居，经过德国社民党的精心维修、整理后正式对公众开放。从那以后，不少去德国的中国人几乎都会尽可能安排去特里尔参观马克思故居，以及去德国西部的纺织业中心乌佩塔尔市参观恩格斯故居。参观马克思故居的级别最高的中国人，是1979年访问德国的华国锋总理。近几年中方给马、恩故居分别赠送和竖立了马、恩铜像，缅怀伟人，借此推动中德之间的沟通与合作。

马克思改变了中国，也改变了千百万中国人。笔者在德国工作期间，常有德国朋友问我为什么学德语。我初小毕业进县城读高小时，学校礼堂挂了许多外国人的肖像，其中大胡子马克思和恩格斯让我特别好奇。上初中后在书店看到有一本书叫《马克思传》，封面就有曾经让我好奇的马克思像，于是我每天午饭后都跑到书店去看几页，直到看完为止。书中引述《共产党宣言》的第一句话说，"在欧洲有个幽灵在游荡，这个幽灵就是共产主义"，我想，老师说共产主义是最美好的理想，为什么说是"幽灵"，是否翻译错了？高中毕业填高考志愿表时，最后还有一格空着不知填什么，突然想到《共产党宣言》第一句中的"幽灵"一词是否译错，于是填报学德语，从此与德国结缘。

当我回答德国朋友的问话提及马克思时，让我没有想到的是，德国朋友竟然直说他们不喜欢马克思，马克思那一套没有成功，也不会成功。对我们中国人来说，否定马克思是不可想象的，至少他那著名的格言"在科学上是没有平坦的大路可走的，只有那在崎岖小路上攀登，不畏劳苦的人，才有希望到达光辉的顶点"，鼓舞着一代又一代中国人。

马克思从小富有理想，17岁中学毕业时在论文中就写道：如果选择最能为人类的福祉而工作的职业，那这种职业就会默默地永恒长存。青年时期当自由撰稿人时即无情揭露封建专制制度和资产阶级的残忍与虚伪，同时深入家乡莫塞尔河一带的葡萄种植农场做社会调查。与此同时，积极参加社会实际活动，1848年3月当选为共产主义者同盟中央委员会主席。由于反动当局的不断迫害和追捕，马克思被迫逃亡，最后定居伦敦。

恩格斯于1820年11月28日出生于德国西部北威州乌佩塔尔市一个纺织业主家，中学还没毕业就按父亲的要求弃学经商。21岁到柏林服兵役期间常去柏林大学听课，参加"青年黑格尔派"的活动，但发现黑格尔的唯心主义哲学与德国的社会现实有矛盾，开始重视理论与实践，于是向唯物主义转变。22岁随父去英国宪章运动的中心曼彻斯特，充当其父经营的"恩格斯纺织厂"总经理，24岁在巴黎结识马克思。

恩格斯对马克思主义的贡献很多，首先是以他在英国经营的纺织业为基础，深入英国工人阶层，完成《英国工人阶级状况》的写作。为保障马克思集中工作，他给马克思提供大量的经济支持和理论支持。马克思逝世后，他把马克思遗留下来的大量手稿、遗著进行整理、出版。他还从理论上和思想上，经常指导各国工人运动，1889 年推动成立"第二国际"，完成《家庭、私有制和国家的起源》的写作，全面丰富和发展了马克思的革命理论，成为马克思主义创始人之一。

马克思逝世后葬于伦敦海德公园，恩格斯致悼词。马克思墓碑用坚硬的花岗石修建，碑顶安放马克思铜铸头像。墓碑的上方镌刻"全世界无产者，联合起来！"下方镌刻马克思的名言："哲学家们只是用不同的方式解释世界，而问题在于改变世界。"中国前外交部长李肇星在拜谒马克思墓后，写过一篇题为《谒伦敦马克思墓》的诗，对马克思独特的人格魅力及其对人类社会旷世恒久的贡献，做了经典性的评述。

李肇星在诗中指出，与马克思墓碑毗邻的其他墓碑都有十字架高悬，都千方百计升天，唯有马克思"甘愿留在大地，注视着历史的进展"，马克思"从未追求永生，却永远活在大众心间"，别的墓碑都金光闪闪，唯有马克思墓前"只有朴素的一句全世界无产者联合起来，呼唤着雷霆万里，呼唤着新的历史纪元"。

四 从德国看邓小平理论"发展是硬道理"

在当今时代，中国人谈及马克思和马克思主义总会谈及德国，谈及德国不会不谈马克思和马克思主义，因为现实是，在德国土地上有社会主义失败的教训，有"社会市场经济"成功的经验，都值得中国认真吸取。

马克思可能没有想到，第二次世界大战后在他的故乡德国的东部地区建立了一个社会主义国家，可是这个国家不到半个世纪就很快消失。究其原因，主要就是这个国家没有根据马克思主义的原理及所处的环境，制定和推行符合本国实际的内外政策。当德国在二战后分裂成社会主义的东德和资本主义的西德时，两德的经济基础、资源条件、技术水平及人的素质等都基本相同。按照马克思主义理论，社会主义应当比资本主义更优越，也就是说，东德应当比西德创造出更高的物质文明和精神文明，然而实际情况正好相反。

从 1949 年两德分别建国到 60 年代初，仅仅十多年东德落后于西德即已十分明显，60 年代初东德的人均社会总产值实际上已只及西德的 1/3，80 年代东德人向西德逃跑就已成为难以阻挡的潮流。进入 90 年代，当欧洲形势急剧变化时，东德竟然在短短的 329 天就"被统一"，一夜之间消失，不能不说是一个值得深思的问题。相反，西德建国后坚持奉行鼓励竞争和兼顾社会公正的"社会市场经济体制"，同时把苏联和东德作为参照物，大力发展经济和改善民生，取得了对东德的压倒性优势。

马克思主义的唯物史观和政治经济学理论认为，生产力是最终决定社会发展的力量，社会主义之所以应当优于资本主义，就是因为它可以建立彼此适应的上层建筑和经济基础，创造更高的生产力、更多的财富。东德的教训就在于，它建立社会主义制度后长期固守僵硬的计划经济体制，拒绝改革，也不敢开放。更有甚者，东德始终强调社会主义同资本主义矛盾、对立的一面，看不到两者也可以联系、合作的另一面。到 1987 年 10 月东德领导人昂纳克访问西德时，还认为社会主义同资本主义"水火不相容"。

随着东德消失、苏联解体、东欧巨变，西方资本主义国家掀起一股反共、反社会主义的浪潮，大叫大喊"马克思主义过时了"，"社会主义完蛋了"，妄图一鼓作气建立资本主义一统天下的世界。面对如此严峻的形势，如何捍卫马克思主义，能否保持社会主义在中国的存在和发展，历史性地落在了中国第二代领导核心的邓小平肩上。

作为伟大马克思主义者的邓小平认为，发展生产力是社会主义的第一要务。他在 1978 年 12 月中国共产党的十一届三中全会上提出，把党的工作重点转到经济建设上来，并反复强调贫穷不是社会主义，发展太慢、搞平均主义或两极分化，都不是社会主义。对中国来说，这无疑是一个根本性的转折，是中国共产党全面拨乱反正的开始。1992 年初，邓小平在他著名的南方讲话中进一步指出，"计划和市场不是社会主义和资本主义的本质区别"，它们"都是经济手段，市场中有计划，计划中有市场"，社会主义"必须大胆吸收和借鉴人类社会创造的一切文明成果"。

针对国际问题，邓小平明确阐释了我们所处的时代不是社会主义和资本主义谁消灭谁的时代，而是战争与和平这两大问题，但战争可以避免，和平可以得到维护，要努力维护和平，促进发展。对中国的对外政策，他提出"不搞一边倒"，"不画一条线"，对任何问题都按事情本身的是非曲直来确定我们的态度和对策。

正是邓小平把马克思主义理论与中国人口多、底子薄、贫穷落后的实际相结合，扫清了对内改革对外开发的理论障碍，使中国人民获得又一次思想解放，释放出巨大能量。

目前欧洲多层面的动荡反映出，资本主义社会的固有矛盾短期内难以解决，统治阶级内部的分裂似乎刚刚开始，精英与草根的冲突还在继续发展。1998 年纪念《共产党宣言》发表 150 周年时，德国《法兰克福汇报》就曾惊呼，"私有制神圣不可侵犯的资本主义社会，看来永远也解决不了无家可归的人的问题，马克思主义仍然是人类社会的一个选择"。

五 发展中德关系的广度与限度

德国是一个哲学家辈出、善于理性思维的国家，加之有发动过两次世界大战并惨遭失败的教训，因此半个多世纪来德国一直奉行比较明智、理性的内外政策。中德建交 45 年来，双边关系尽管也历经风风雨雨，但总体上一直在向前发展。问题是，在当前国际形势复杂多变，国际关系处于新的调整、变动时期，中德关系是否又处于一个不进则退的新的历史节点？

马克思主义的一个基本原则就是实事求是，具体问题具体分析。在当前形势下，人们有理由对中德关系的发展前景表示乐观，期待在经贸合作、文化交流、国际和地区热点问题等广泛领域，进一步加强沟通与协调，促使双边关系更上一层楼。同时人们也不无担忧，担心中德之间的矛盾和冲突不仅不会减少，还有可能进一步增多。主要原因是：

第一，中德之间存在意识形态和价值观的根本不同。现代中国的社会意识形态和价值观，是中国传统文化与马克思主义的结合，强调大集体小自由，个体服从集体，先公后私，先人后己。中国不可能放弃马克思主义，正如习近平总书记所说，如果中国放弃马克思主义，就会失去灵魂、失去方向。对其他文化，中国有很强的包容性，而德国，信不信马克思主义是它的自由，但它应该尊重中国的政治、经济和社会制度。

第二，"和平外交"与"价值观外交"相互抵触。中国主张各国内部事务由各国自己管理，外部不要干涉，对国家间的矛盾和冲突，主张按照本来的是非曲直，由当事国通过协商和平解决。但德国强调个人至上，"保护人权在德国外交和国际事务中占有特殊地位"。德国奉行"价值观外交"，就是遇事以它的价值观为衡量标准。每个国家都会在国内有"持不同政见者"，由于历史、文化和传统的不同，处理方式也会不同，对一些国家有益的处理方式，对另一些国家则可能有害。德国总拿中国的所谓"人权"说事，甚至就中国在自己国内对什么人的处理向中方提出交涉，毫无意义地消耗双方的精力和时间。

第三，结盟与不结盟的矛盾突出。在国际关系中，中国主张结伴而不结盟，结伴就是大家一起前行，不排斥任何一方。而德国强调它"在政治上和军事上融入北约"，"与北约绑定，是德国外交政策的 DNA"。世人知道，北约产生于冷战时期，是一个典型的排他性军事集团，这个集团只讲自己的安全，不考虑甚至损害别国安全。冷战时期的德国被认为是北约的"第一小提琴"，只要美国的指挥棒一抬起，德国就立即拉响第一个音符。可是冷战早已结束，北约不仅继续存在，还不断扩大。

第四，自由贸易与保护主义。中国加入世界贸易组织时，笔者在驻德使馆工作，常有德国经贸组织或研究机构邀请去讲中国入世后的前景，担心中国的大门重新关上。而今，干扰经济全球化和贸易自由化的大有人在，只是不是中国。德国第七任驻华大使赛茨博士 2009 年 9 月接受采访时说，德国是一个中小企业众多的国家，中国是一个有 13 亿多人口的发展中大国，中国市场对德国企业比法国、美国还重要，德国不应当责难中国，假如某一天中国消失了，对德国会是重大灾难，假如某一天德国消失了，中国的日子却不会太糟。而今，中国经济虽有较快发展，但与德国相比仍处于中低端，德国试图通过与中国进行"1∶1"的所谓"平等竞争"，从贸易、投资、知识产权保护、企业权益等方面制约中国，导致保护主义抬头。

第五，"一带一路"与"中国式全球化"。从推动全球经济发展看，中国的"一带一路"倡议具有重大而深远的意义。无论陆路还是海路，沿线多数国家都比较落后，基础设施薄弱，社会不稳，是产生难民和极端主义、恐怖主义势力的主要地区，欧洲已首当其冲。可惜德国不愿看到促进"一带一路"沿线国家的发展会给德国和欧洲带来的好处，而是疑虑重重。德国外长指责中国"暗含地缘政治考量，甚至不排除军事考量"，德国驻华大使称"一带一路项目只有中国人参与"，是"中国式全球化"。应该说，"一带一路"是个典型的结伴而非结盟的合作倡议，而且处在起步阶段，即便需要建立某种机制，也只能在实践的过程中逐步形成。

第六，"一个中国"与"一个欧洲"。在中德关系中，令人吃惊的是，2017 年 8 月 30 日德国外长加布里尔在巴黎的一次讲话中说："不能只要求我们坚持一个中国原则，中国也应当坚持一个欧洲原则，而不是试图分裂我们。"他举出两个例子，一是中国与中东欧国家建立"16＋1"，中国人说是"1＋16"，讥笑一些欧洲国家"都争着去中国开会，各自庆幸收到邀请，并为有机会发言而感到兴奋"；二是德国主张南海"航行自由"，由于中国的影响，欧洲国家没能共同促成"南海仲裁案"的实施。他说，"如果我们不能制定共同的对华战略，中国就将成功地分裂欧洲"。在此，首先需要指出的是，"一个中国"是千百年来的历史，是国际公认的事实，而"一个欧洲"甚至"欧洲概念"，时至今日都还在构建之中。美国人说，要打个电话到欧洲，不知道该打给谁。

在当今世界，没有任何其他国家像中国这样总是一贯地、坚定地支持欧洲联合。1975 年 10 月 30 日毛泽东主席会见访华的施密特总理时就强调，欧洲应当从政治、经济、军事上联合起来，如果欧洲能在一二十年实现联合，欧洲就会非常强大。施密特总理说，欧洲国家在历史、文化上有很大差异，实现联合需要几代人坚持不懈的长期努力。几十年来，无论欧洲遇到什么困难，中国对欧洲一体化的支持都从未动摇过，今天，在整个世界都处于复杂多变的时候，中国更没有必要去分裂欧洲。至于中国发展与中东欧国家的关系，那是因为彼此处于大体相似的发展阶段，相互借鉴之处较多。再说，中国推动中东欧地区基础设施建设的发展，也有利于缩小欧盟的地区差异，推动欧洲一体化。

欧洲一体化和内部大市场是德国的依托所在，正是由于欧洲一体化和大市场的不断推进，德国达到了过去用战争手段都没有达到的政治和经济目的，极大地扩展了它在欧洲和世界的活动空间。德国当然很清楚，欧盟时至今日依然是一个主权国家联合体，但现在德国指责中国"分裂欧洲"，似乎更多反映的是在当前欧洲一体化面临困境时，德国表现出来的焦虑，问题是导致德国产生这种焦虑感的原因，不应当归罪于中国。

人类栖息的这个地球是五彩斑斓的，文化和思维是多元的，任何国家和民族都有权根据自己的历史和国情，来选择适合自己的制度和发展道路。事实一再证明，任何已经建立起来的社会制度都不会自动退出历史舞台，任何一个国家只有摒弃历史偏见、客观公正地看待别国，不以自己的模式去硬套别国，才能更好地相互沟通，更好地朝互利共赢的方向前行，中德关系亦不例外。

2013 年 9 月习近平主席在圣彼得堡会晤默克尔总理时，说默克尔是物理学家，他由"牛顿力学三定律"联想到如何更好地推动中德关系发展，一是牢牢把握中德合作的"惯性"，坚持大方向不动摇，用好磋商、对话等机制；二是通过深化务实合作，提升中德关系的"加速度"；三是减少两国关系发展中的"反作用力"，求大同，存小异。默克尔表示，中国经济持续发展有利于德国，德国希望扩大同中国的合作，为两国关系提供更强劲的"加速力"。

中德进一步发展关系有良好基础，也有现实需要，而且是两国人民的共同期待。相信在富有远见卓识的两国领导人的领导下，双方可以在经贸合作、人文交流及国际和地区事务的沟通与协调等方面，取得新的、更大的合作成果。

对中德在国际领域合作的几点看法

孙恪勤[*]

摘　要：2013 年以来，中德两国政府在对外政策和国际战略方面都提出了新的理念和政策，表现出积极进取、敢于担当、对世界和平与发展负责任的一面。四年多过去了，中德在国际领域的合作取得很多成果，合作日趋深化和扩大，正从"一般性国际合作"跨向"引领性国际合作"新阶段。

关键词：中德关系　国际领域合作

一

中德建交以来，两国贸易量从 1972 年的 2.74 亿美元发展到 2016 年的 1512.9 亿美元，增长了 500 多倍，经贸关系成为推进和稳定双边关系的基石。与此同时，两国政治、科技、文化交流日益深化和扩大，两国关系逐步形成经贸、政治、文化交流三大支柱。值得注意的是，近年来随着中德两国国际地位的不断提升，两国在国际领域的合作关系也越来越密切。2004 年 5 月双方宣布在中欧全面战略伙伴关系框架内建立具有全球责任的伙伴关系，并建立两国总理年度会晤机制。2010 年 7 月双方发表《中德关于全面推进战略伙伴关系的联合公报》，同意建立政府磋商机制。2014 年 3 月中德关系进一步提升为全方位战略伙伴关系。近年来，中德在国际领域的合作利益点持续增多，合作不断深化和扩大，逐步形成拉动双边关系发展新的增长点。中

＊　孙恪勤，中国现代国际关系研究院研究员。

德国际领域合作成为两国合作第四大支柱的条件日趋成熟。

第一，两国都建立了谋求有所作为的新政府，都希望在国际领域承担更大责任，且显示出强烈的进取心。十八大以后，中国外交显示出更强烈的有所作为的特性。2014 年 11 月，习近平在出席中央外事工作会议的讲话中指出，在保持外交大政方针连续性和稳定性的基础上，要主动谋划，努力进取。[1] 2017 年 10 月，中共十九大进一步明确表达了要"坚持和平发展道路，推动构建人类命运共同体"，"中国将继续发挥负责任大国作用，积极参与全球治理体系改革和建设"。[2] 德国政府也表达了积极进取外交政策的意愿。在 2013 年德国大联合政府协定中，明确表示："要承担国际责任，包括积极建构国际秩序，保障国际社会和平、自由与安全，致力于可持续发展与国际减贫。"[3] 2014 年初，德国外长施泰因迈尔、防长冯德莱恩、总统高克在不同场合纷纷表态，德国要推行更加积极进取的外交政策，在国际事务中发挥更重要的作用。

第二，两国的国际影响力和国际治理能力都有很大提升，有着很好的合作基础。中国国内生产总值由 1952 年的 679 亿元上升到 2016 年的 744127 亿元，增长 1095 倍，稳居世界第二位。2016 年外汇储备为 30105 亿美元，居世界第一位。2017 年 10 月 10 日，中国国家发改委副主任、国家统计局局长宁吉喆在国新办新闻发布会上指出，十八大以来中国经济社会发展取得新的辉煌成就，综合国力和国际影响力显著增强。2013~2016 年，中国国内生产总值年均增长 7.2%，高于同期世界 2.6% 和发展中经济体 4% 的平均增长水平，中国对世界经济增长的平均贡献率达 30% 左右，居世界第一位。[4] 德国在默克尔治理下，经济增长强劲，财政连年盈余（2016 年达到 237 亿欧元），外贸顺差巨大（世界最大外贸顺差国，2016 年达 2529 亿欧元），创新能力强，失业率在 6% 以下，社会基本稳定，德国对欧盟的领导力飙升，在国际事务中的影响力也明显上升。中德两国分别是世界上第二大和第四大经济体，也是欧亚大陆两支最可预期、最为稳定的力量和具有全球影响的国家。两国国力和国际影响力不断提升，为两国在国际领域合作的扩大奠定良

---

① 《习近平出席中央外事工作会议并发表重要讲话》，2014 年 11 月 29 日，新华网。

② 《习近平在中国共产党第十九次全国代表大会上的报告》，新华每日电讯，2017 年 10 月 28 日。

③ Deutschlands Zukunft gestalten, Koalitionsvertrag zwischen CDU, CSU und SPD, 18. Legislaturperiode.

④ 《十八大以来我国经济社会发展取得辉煌成就》，《光明日报》2017 年 10 月 10 日。

好基础。

第三，国际社会动荡不安，恐怖主义、贸易保护主义、逆全球化和民粹主义影响力上升，全球治理责任重大，中德应当合作支撑全球化进程。2013年以来，欧洲困局不减，债务危机、乌克兰危机、恐怖袭击、难民潮、英国脱欧、民粹主义升温等多重危机叠加。国际社会也不平静，中东乱局依旧，朝核危机、阿富汗局势令人担忧。特朗普上台后，直接挑战《巴黎协定》，祭起贸易保护主义大旗。在此背景下，中德合作以稳定国际局势，加强全球治理，符合国际社会强烈需求。

第四，更重要的是利益和意愿。2014年，中德确立了全方位战略伙伴关系，这在整个中国外交关系序列中相当靠前，是西方大国中最高的，也是"非周边"国家中最高的双边关系定位。在全球治理领域，中德共同利益和合作的共同点很多，如在反对贸易保护主义，坚持《巴黎协定》，主张继续推进全球化，反对动辄以武力威胁热点地区等问题上具有相同或相似的立场，有很好的合作基础，双方也有强烈的合作意愿。2014年3月，习近平对德国进行国事访问，双方约定为深化战略伙伴关系，将定期就地区和全球政治、安全问题举行磋商。两国认为，国际政治和世界经济形势构成错综复杂的挑战。中德作为世界重要经济体和具有国际影响力的国家，对和平和繁荣共同承担着重要责任。①

中德在国际领域合作的扩大不仅使中德合作向更加全面、深入、均衡方向发展（政治、经济、人文、国际），对双边关系发展甚为重要，同时也对稳定国际动荡局势，克服保护主义，加强全球治理，构建更加合理的国际秩序具有重要的现实意义。

二

中德国际领域合作的扩大具有较好的基础，既包括共同利益，也包括近似的国际治理理念。

以习近平主席为首的中国领导核心执政以来，中国外交在继承、创新、发展的进程中呈现出了极大的活力和国际影响力。其中继承的重大外交理念有：和平与发展是时代主题；世界多极化、经济全球化深入发展；主张在国

---

① 《建立中德全方位战略伙伴关系的联合声明》，2014年3月28日，柏林。

际关系中弘扬平等互信、包容互鉴、合作共赢的精神；继续高举和平、发展、合作、共赢的旗帜；始终不渝走和平发展道路，坚定奉行独立自主的和平外交政策；奉行互利共赢的开放战略，等等。与此同时，中国领导人在外交实践中提出许多新的、创新性的外交理念，主要有：中国外交新征程主要追求目标是实现民族复兴和打造"人类命运共同体"，为"中国梦"赋予世界意义；强调顶层设计和底线思维；推出打造"人类命运共同体"重大理念；推动建立以合作共赢为核心的新型国际关系；构建全球伙伴关系网络；弘扬正确义利观；提出构建"新型大国关系"；提出公平、开放、全面、创新的发展观，共同、综合、合作、可持续的安全观，共商共建共享的全球治理观，以平等为基础、以开放为导向、以合作为动力、以共享为目标的全球经济治理观等。①

中国政府还提出"一带一路"重大倡议，为中国与世界各国合作发展提供了可操作的方案。

以上可以看出，在以习近平同志为核心的党中央外交新理念中，充分认识到中国的大国地位与大国责任，强调中国与世界是"命运共同体"；在突出合作共赢的基础上主张建立"新型国际关系"；主张对国际秩序和国际体系进行改革、创新和完善，同时强调这种改革不是推倒重来，也非另起炉灶，而是创新完善，总的方向是推进国际关系民主化和国际治理法治化，使这个世界更平等，更和谐，更安全。

中德两国国情不同，中国是发展中社会主义大国，德国是西方发达国家，两国外交理念和国际战略有许多不同之处：如中国实行独立自主的和平外交政策，德国外交则建立在欧洲一体化和大西洋联盟两大基础之上；中国不主张介入别国内政，德国始终把价值观外交作为重要支柱之一；中国国际秩序着眼于提升发展中国家地位，德国则从维护西方秩序立场出发看待国际秩序变迁；等等。

但从另一个方面来看，两国外交理念又有许多相近或相似之处，这些理念对促进中德关系发展，加强中德国际合作发挥着重要作用。

第一，德国外交理念核心要素也是强调和平与发展，主张奉行和平外交政策。包括在多边安全机制、预防外交、裁军和军备控制、防核扩散基础上塑造和平，也包括在阿富汗、叙利亚、伊朗等热点问题上的和平努力，还包

---

① 杨洁篪：《深入学习贯彻习近平总书记外交思想　不断谱写中国特色大国外交新篇章》，《求是》2017 年第 14 期。

括在维护地区和平、打击海盗、国际防灾减灾、打击国际恐怖主义等领域的
国际合作。

第二，德国主张多边主义，积极参与塑造全球秩序，强调支持联合国为基
础的国际治理体系，在国际组织革新、反对贸易保护主义，加强国际金融、经
济合作方面提出许多有益主张。德国尤其重视联合国、二十国集团（G20）、
欧盟等国际和地区机制的作用，并重视自身在这些组织中发挥重要作用。

第三，全球化是德国分析外交环境的重要理论框架，其中特别提到要利
用全球化的机会，同时主张在气候、能源、环境、移民、网络等全球治理领
域加强政策指导以减少其负面危害。

第四，德国主张与发展中国家合作，主张与中国、印度、巴西等新兴国
家建立伙伴关系。

第五，德国敢于正视历史，珍惜和平，主张慎用武力，提倡文明国家，
追求国际关系文明化。[①]

以上种种，都可以看出中德两国政府在外交理念和政策领域有许多相近
或相似之处，说明两国在国际领域合作具有一定的基础和共同利益，有进一
步深入合作的长远前景。

三

2013 年以来，中德国际合作取得很大进展，两国通过政府联合公报等形
式，确定了在全球和地区问题上建立了各种合作关系，并在实践中加以贯
彻，主要包括以下七个方面。

1. 在联合国框架下开展建设性务实合作。包括维和合作、人员培训、后
勤支援、人道主义援助合作、双边和多边反海盗合作，及打击跨国犯罪、非
法移民方面的务实警务合作等。两国致力于按照《联合国宪章》确立的国际
法和平解决地区和国际争端和冲突。双方欢迎扩大和深化欧洲一体化、亚洲
区域合作，推动建设以更加公正、合理的规则为基础的国际秩序。

2. 在二十国集团体制内的密切合作。中德分别主办了 2016 年和 2017 年
二十国集团峰会，两国积极互动，加强在二十国集团框架下的沟通合作，共
同推动两场峰会取得成功，促进世界经济强劲、可持续、平衡增长。两国还

---

① 相关材料见德国外交部网页：http://www.auswaertiges-amt.de/。

与其他成员一道，增强二十国集团作为国际经济合作主要论坛的作用。

3. 两国同意共同应对能源、资源、气候、环境、粮食安全等全球性挑战，包括支持联合国《巴黎协定》谈判。两国表示，全球气候变化挑战需要中德两国坚定应对，两国将采取积极的措施应对全球气候变化，在国际气候保护倡议（IKI）框架内，减少温室气体排放、建立低碳经济发展方式等更高目标作为双边合作项目重点。确保《巴黎协定》的达成并维护其权威性。

4. 维护地区和世界的和平与稳定。两国在国际和地区热点问题上保持密切沟通，寻求可持续的解决方案，在伊朗核问题、叙利亚局势、乌克兰局势、阿富汗稳定等热点问题上进行了良好沟通与合作。

5. 在国际反恐中的合作，包括坚持反对和打击恐怖主义的共同立场，两国安全部门深化反恐合作等。

6. 致力于建设开放型世界经济，推动全球贸易自由化和相互开放投资方面的合作。包括反对贸易和投资保护主义；重视国际市场的公平竞争秩序；支持世界贸易组织（WTO）；支持开放、公正、透明的多边贸易体制；致力于通过对话解决反倾销、反补贴等贸易争端；在国际财政、金融和货币等议题上加强协调（通过二十国集团、国际货币基金组织）；为国际金融和货币体系改革做出创新性贡献。

7. 在军控、领事、网络安全等领域磋商合作。中德两国高度重视网络安全，推动构建和平、安全、开放、合作的网络空间，通过定期网络磋商加强维护网络安全和打击网络犯罪的交流，增进两国在网络安全领域的互信与合作。两国在打击跨国犯罪、非法移民等方面也展开了一系列务实警务合作。

双方还建立了相应的国际合作机制。2014年李克强总理访问德国期间，中德强调2010年商定建立的定期政府磋商机制对促进两国合作具有核心协调作用，应原则上每两年举行一次。商定于2015年上半年启动由两国外长主持、国防部代表参加的中德外交与安全战略对话，每年举行一次，以此加强两国在外交和安全政策问题上的协调。定期举行两国外交部副外长/国务秘书级政治磋商以及司局级外交政策规划、军控、领事、网络安全等分领域磋商交流。双方将就重大双边、地区和国际事务保持直接沟通。① 实践证明，

---

① 以上合作成果可参见：《中德关于李克强总理访问德国的联合新闻公报》，2013年5月26日；《建立中德全方位战略伙伴关系的联合声明》，2014年3月28日，柏林；《中德合作行动纲要：共塑创新》，2014年10月10日；《第四轮中德政府磋商联合声明》，2016年6月13日，北京；李克强总理正式访问德国并举行中德总理年度会晤，2017年6月2日。

这些机制建立后极大地加强了两国在国际领域的沟通与合作。

四

对于十八大以来中德在国际领域合作，笔者提出三点看法。

看法一：中德在国际领域合作的不断扩大和加强，成为中德合作新的增长点，使中德合作向更加全面、深入、均衡方向发展（政治、经济、人文、国际）。这一合作在双边、地区、全球治理、国际秩序、和平与发展等各个层面都具有重要的现实意义。

看法二：中德国际领域合作的扩大具有较好的基础，包括近似的国际治理理念，也包括共同利益。

看法三：十八大以来中德国际领域合作的实践证实了双方合作的潜力，展现良好前景。

目前德国大选刚刚谢幕，默克尔虽然获胜但将面临组阁、议会和政策三大方面一系列严峻挑战，执政能力受到制约，国际合作意愿也受到一些影响。与此同时，中国共产党第十九次代表大会胜利闭幕，习近平总书记将带领中国进入一个新的时代，中国国际影响力进一步提升，国际合作意愿更加强烈。在此背景下，处理好中德国际领域合作的规划，加强两国沟通，兼顾好彼此利益，就显得格外重要。

总的来看，中德国际合作理念近似，合作面宽，责任重大，符合两国利益，获得很多国家支持，潜力很大，只要将矛盾与分歧处理得当，中德国际合作就会沿着合作共赢大方向前进，前景一定会看好。

1. 中德都是国际社会经贸大国，在国际治理观领域有很多相似立场，在国家利益方面也有许多相近或共同利益。过去两国在国际领域合作有许多建树，取得很大成就，奠定了良好合作基础。目前虽然有特朗普上台后外交政策的冲击，欧洲民粹主义的影响，德国大选带来的不确定因素等，但习近平和默克尔主政各自国家政局的大格局没有变，国际社会需求没变，合作基本利益没有变，合作基础比较好，合作潜力很大。

2. 与此同时也要看到，两国毕竟分属东西方不同国家，价值观和利益也有很多不同，在合作中也出现了许多矛盾和分歧。近期德国政要在"16+1"及"一个欧洲"、南海、反倾销、投资限制、贸易摩擦、人权等问题上不断发难，自民党和绿党若参与执政会加重一些分歧，这些都会干扰中德国际合作，对此要有清醒认识。

3. 两国国际合作基础好，卓有成效，但也存在一些矛盾和分歧，要稳定发展两国在国际领域的合作，关键是对这些矛盾和分歧进行有效管理。管控分歧、扩大合作面是中德国际合作的成功经验，今后也要坚持这些行之有效的方针政策。要注意充分发挥各种对话机制（两国建立了包括政府磋商在内的 70 多个双边磋商合作机制）的作用，加强高层战略对话，这样中德国际合作就会比较顺畅。

在逆全球化、贸易保护主义、民粹主义、恐怖主义、美国不确定性、地区热点问题不断等诸多因素冲击下，国际社会处于艰难时刻。中德作为东西方两个重要大国，理应加强在国际领域的合作，肩负起维护世界和平，继续推动全球化进程，推进贸易自由化和投资便利化，维护多边体系和经济全球化，构建开放型世界经济，共同为地区和世界的稳定、合作、发展增添动力等方面发挥重要作用。

德非合作新特点及中德在非洲合作评估

李 超[*]

摘 要: 当前及未来一个阶段德国加大对非投入呈现出若干新特点:首先,改善非洲地区安全形势,成为德国加大对非投入的一个重要出发点;其次,深层次能源与环保合作成为新时期德国对非发展援助的关键领域;第三,德国重在发掘经贸合作和发展援助新模式。在新形势下,德国设计和发展对非关系有着深层次的战略考量。第一,解决恐袭、难民等安全威胁,是当前德国对非外交的重中之重;第二,对非关系是德国践行"积极外交政策"的有力抓手;第三,在能源与原材料方面,德国对非洲的倚重有所上升;第四,德国欲弥补以往对非投入的不足。展望未来,尽管德国推动对非关系存在良好的机遇,但也必须指出,双方合作仍面临一些挑战,长远前景虽趋好,但短期内合作规模并不会急剧跃升。本文最后评估了中德两国在非洲的合作现状及其存在的障碍,并提出了若干改进方面的思考,包括打消德国对来自中国竞争压力的恐惧、解决三方沟通和协调难题,以及逐步改善德国对中国在非洲形象的错误认知等。

关键词: 德国 非洲 德非合作 中德合作

近年来,非洲逐渐成为德国对外工作的重点对象,鉴于非洲发展快、战略地位日益突出,德国政府深刻地认识到,对非合作不再是外交工作的"边缘地带"。与此同时,欧洲国家当前面临的诸多挑战,如移民问题、恐怖主义、气候变化等,都与非洲相关联。默克尔担任总理以来,德国外交部门已

---

* 李超,中国现代国际关系研究院欧洲所副研究员。

多次组织讨论并出台对非新政策。2017 年 7 月的 20 国集团（G20）汉堡峰会上，德国主导将非洲问题列为重点讨论议题，彰显其对促进非洲发展、推动对非国际合作的重视姿态。本文拟总结近几年德国对非外交新动向，以此为基础分析德国政府背后的战略考量及未来政策走向，并就中德两国在非洲开展第三方市场合作做一些思考和展望。

一　德非合作新特点

2011 年至今是德国对非外交的活跃期，默克尔总理两次集中访问非洲，非洲多国首脑也受邀访德，双方就安全、经贸合作、发展援助等一系列问题展开了全面对话与磋商。2011 年 7 月 11～14 日，默克尔出访肯尼亚、安哥拉和尼日利亚三国，首次提出要打造德非"平等的经济与能源伙伴关系"。德国在肯尼亚内罗毕设立德国经济办事处，投资港口高铁和输油管道；启动了"德安经济论坛"，签署了总额近 10 亿欧元的基础设施工业建设项目合同，向安哥拉出售数艘海上巡逻艇；与尼日利亚建立德尼"两国委员会"，启动能源合作计划。此行还重点强化对非农产品开放市场、建立"农业伙伴关系"，提出帮助非洲改善耕地利用状况、提升农产品运输和储存能力，促进非洲农业经济发展。2016 年 10 月 9～12 日，默克尔再次集中访问非洲，出访马里、尼日尔、埃塞俄比亚三国，并访问非盟。在马里，默克尔同德国赴马里参与维和的士兵会面，勉励他们认真履职，承诺帮助马里强化教育和培训，以避免人才流失沦为难民；在尼日尔，着重讨论了移民政策及欧盟与非洲国家移民伙伴关系，德国承诺帮助尼日尔提升北部基础设施、打击非法移民、加强防务合作，双方商讨建立后勤基地，为德国派驻非洲的军事人员服务；在埃塞俄比亚，双方着重讨论民主和公民社会建设相关议题，德国承诺帮助埃塞俄比亚加强民主，在发展援助、军事合作及促进私人投资方面加大力度。德国还向非盟移交了援建的新会议大楼。

几年间，德国政府还出台了若干份关于非洲的战略文件，既有联邦政府发布的《非洲新战略》《对非政策指导方针》，也有联邦经济合作与发展部等部委发布的各类专项战略。2016 年 11 月，联邦经济合作与发展部最新发布一份名为《非洲马歇尔计划》的非正式研究报告，提出致力于综合解决非洲经济社会发展问题，以历史上著名的马歇尔计划为目标，全面助力非洲发展，塑造新时期的德非关系，在国际社会引发了不小反响。① 虽然该文件尚处讨论阶段，但象征意义突出，显示德国政府做出了加大对非投入的战略决策。

冷战结束后，非洲在德国的外交关系中一直处于边缘。近年来非洲逐步崛起，作为"未来大陆"的形象日益深入人心，又是联合国最大票仓，在政治和经济领域均深具战略意义，因此也受到德国的重视，成为德国塑造大国形象、积累外交资本、拓展经济合作的重要一环。纵观德国上述一系列对非外交活动和战略规划，可以清晰看出当前及未来一个阶段德国加大对非投入的新特点。

首先，改善非洲地区安全形势，成为德国加大对非投入的一个重要出发点。对比默克尔的两次访非之旅，可以清晰发现，前一次以推动经贸为主要目标，而后一次的关键词很明显是"安全"。这自然是由德国及欧盟近些年面临的日益严峻的恐怖袭击、难民涌入等安全风险所决定，也体现了德国从根源上解决安全困境的治理思路。综合分析德国近期的对非安全政策，其主要是从两个层面入手。宏观层面主要是协助构建非洲总体和平安全框架。德国持续不断呼吁非盟与非洲国家合力打造"反恐统一战线"，德国愿意在联合国和欧盟框架下，帮助非洲国家建立安全风险早期预警机制，并推动欧盟提供更多财政援助，支持非洲国家部署多边干预部队应对恐怖主义。在主导制定欧盟共同外交与安全防务政策时，德国有意突出非洲的重要地位，提出必须全力遏制非洲大规模杀伤性武器扩散，提议建立"欧非和平与安全伙伴关系"。② 在具体行动层面，德国扩充了联邦国防军在非洲的行动。这是德国对非安全政策的重大转变。过去德国坚持和平主义，反对通过军事行动解决冲突。2011 年北非国家爆发"茉莉花革命"，德国拒绝协助盟友出兵利比亚，遭到不少西方国家诟病。如今德国转变做法，不再完全拒绝军事手段。2016 年，德国参加联合国在马里维和行动"多维一体稳定化稳定特派团"（MINUSMA）的士兵上限已提升至 650 人，未来将再增至 1000 人。为配合联合国反恐行动，德国正积极协助尼日尔、马里建立正规国家军队，并向其提供军事培训支持，向尼日尔提供 1000 万欧元装备，协助尼打击毒品走私、

① "Ein Marshallplan mit Afrika", http://www.bmz.de/de/laender_regionen/marshallplan_mit_afri-ka/.

② "Afrikapolitische Leitlinien der Bundesregierung", http://www.auswaertiges-amt.de/cae/servlet/contentblob/677674/publicationFile/195359/Afrika_Leitlinien_download.pdf.

非法武器交易和贩卖人口的地下网络。德国政府还宣布同埃塞俄比亚加强警察培训合作，与乍得就军事装备合作展开对话。

特别值得一提的是，部分非洲国家执政水平落后、国家政局不稳、"脆弱性"突出，间接威胁欧洲安全。因此德国政府将非洲国家的"民主"、"良治"与欧洲的安全问题相捆绑，认为只有提升非洲国家治理水平现代化，才能从根本上缓解安全压力。[①] 为此，德国大力推动德非间议会和司法机构的对话与合作，在国家层面支持非洲国家分权进程，将发展政策、移民政策及经济政策手段结合起来，多手段推动非洲民主化进程。德国尤为关注非法难民流向欧洲的问题，提出要联手非洲国家大力打击人口贩卖、蛇头经济猖獗等痼疾，尝试与非洲国家建立"移民伙伴关系"，与利比亚、突尼斯等北非国家商签类似欧盟与土耳其所签署的难民协议，在移民法规、管理机制等方面为非洲国家提供先进经验。

其次，深层次能源与环保合作成为新时期德国对非发展援助的关键领域。发展援助是长期以来德国对非投入的主要形式，覆盖范围广，总体目标是提升非洲现代化体系建设，重点应对非洲贫穷、疾病、粮食不足、饮水不洁等突出问题。联邦经济合作与发展部每年对非发展援助金高达 13 亿欧元，其向非洲 32 个国家派出近 2000 名工作人员，将非洲视为发展援助的最主要对象。[②] 近年来，除坚持传统发展援助项目外，鉴于全球环境和气候问题日益突出，非洲大陆又是推动解决环境气候问题所不能忽视的重要地区，德国对非援助的重点延伸到了可持续发展领域。在能源合作方面，一是加强对非能源外交。注重拓展在非洲的能源与原材料伙伴，尤其是拥有丰富资源的北非国家，下阶段将成为德国重点公关对象。二是支持非洲新能源体系建设。非洲人口稀少，日照时间长，生物能丰富，德国支持这些地区建立可再生能源体系，近年来已提供超过 10 亿欧元的援助资金，挖掘当地可再生能源潜力，促进低排放战略，大力保护生态环境。三是支持德国能源和原材料企业在非洲开展活动。鼓励德企参与非洲能源和原材料基础设施建设，帮助非洲国家建设水电站，推进液化天然气项目合作，支持欧非企业共同开发沙漠地区太阳能和风能，为非洲国家提供优惠贷款、签署长期供应合同等，确保非

---

① "Afrikapolitische Leitlinien der Bundesregierung", http://www.auswaertiges-amt.de/cae/servlet/contentblob/677674/publicationFile/195359/Afrika_Leitlinien_download.pdf.

② "Die neue Afrikapolitik des BMZ", https://www.bmz.de/de/presse/aktuelleMeldungen/2014/maerz/140321_pm_025_Die-neue-Afrika-Politik-des-BMZ/25_Die_neue_Afrikapolitik_des_BMZ.pdf.

洲多余的电力出口到德国和欧盟。在环保领域，注重提升非洲国家科研能力，协助建设科研设施，研发新技术，共同缓解气候变化对生态环境和经济生活的影响。2016 年德国在乍得投入 1800 万欧元，用于综合治理乍得湖地区严重旱灾，研发环境友好型新技术，应对供水危机。德国同 15 个非洲国家一道在西部及南部非洲建立气候变化和土地管理中心等科研基础设施，并帮助培训非洲科技人才。2012 年起，德国政府每年拨款 5 亿欧元，保护非洲森林和其他生态体系，减少对森林的破坏性使用，强调可持续开发，维护生物多样性。

第三，德国重在发掘经贸合作和发展援助新模式。近年来，德国在维持传统合作项目的基础上，积极探索一些新的合作方向和模式，期待以创新思维和手段提升合作规模。一是重视帮助非洲国家提升经济一体化水平，向非洲国家传授欧洲一体化的理论和实践经验。欧盟已与西非经济共同体等组织签订了经贸伙伴关系协定，德国希望以此为基础，以非洲国家建设关税同盟和"非洲大陆自贸区"为契机，为非洲提供专业咨询，并支持非洲制定符合世贸组织规定的经贸新秩序。二是鼓励私人投资。德国传统上对非合作局限于官方发展援助，虽然对非洲发展起到积极促进作用，但也存在一些缺陷，如挤占私人资本进入、援助形式单一等，甚至因掺杂政治目的而遭到外界诟病。从近年发展趋势看，私人资本流入非洲的规模逐渐加大，其相较官方发展援助更为灵活，可起到重要的补充作用。德国政府鼓励更多私人资本进入非洲，政府则为企业牵线搭桥，创设规则，并为企业提供了一定额度的投资担保，重点保障中小企业在非洲的资金安全。德非政府间的政策沟通也趋于频密，既为更好了解非洲当地需求，以便为企业提供咨询，也敦促相关国家为德企的经营活动提供保障。三是"以援助促自助"。德国积极总结其多年来发展援助的经验，认为归根结底还是要提升非洲自主发展的能力。2017 年6 月，德国主持召开了二十国集团非洲峰会，会上德国作为二十国集团主席国提出了对非合作新倡议"与非洲有约"（Compact with Africa），核心在于摒弃简单的金钱支援模式，邀请非洲国家共商可持续发展大计，德国根据需要予以相应的支持。初期合作的重点是改善投资环境、发展金融行业、创造工作岗位、提升民众收入等。作为示范，德国联邦经济合作与发展部与突尼斯、科特迪瓦和加纳财政部宣布建立"改革伙伴关系"，随后卢旺达、塞内加尔、埃塞俄比亚和摩洛哥也加入这一合作框架。经合部 2017 年将额外支出 3 亿欧元用于支持该合作。

德国在非洲的投入日益拓展，力度也较大，限于篇幅，这里很难列出所有合作领域。上述几个方面是近些年来较为突出的一些新亮点，总体而言，新形势下德国对非合作将以经贸和安全为两大支柱，夯实发展援助传统项目，拓展科研、环保等新领域，并不断尝试新的合作模式，既促进非洲发展，也更好维护自身利益。

二　德国加大对非洲投入的主要原因

非洲不再是原先那个一穷二白的"贫瘠之地"，如今非洲丰富的资源、广阔的市场、无可比拟的地缘战略地位，无一不吸引着世界各国的目光。德国官方一再表示，勿再将非洲视作"危机之洲"，要转换视角，从中看到机遇。[①] 对德国这样典型的出口导向型经济体而言，非洲市场的诱惑不可谓不大。

非洲近年来发展迅速，其优势体现在以下几方面：一是经济增长快。埃塞俄比亚、肯尼亚、卢旺达等非洲国家多年来坚持推动改革，改善国内经济结构，如今已不再单纯依靠出口原材料维持增长，近几年来经济增速一直保持在5%以上，大大超出全球平均水平。二是对外资需求高。尽管流入非洲的直接投资仅占全球对外直接投资总额的不到3%，但过去几年增速迅猛，除流向较为成熟的南非、尼日利亚、肯尼亚市场外，其他非洲新兴国家对外资的吸引力也在日益增长，[②] 中国、印度已经成为非洲外资的重要来源国。三是享有人口红利。非洲国家生育率高，到2050年人口还将比现在翻一番，达到25亿，每年需新增的就业岗位达3000万个。[③] 非洲一方面欢迎外国企业投资设厂、雇用本地工人，因其庞大的消费群体提供了广阔的市场；另一方面，对于德国这样老龄化严重的欧洲发达工业国而言，非洲也可向其输出劳动力。利比亚、突尼斯等不少北非国家的技术工人，因其较高的劳动技

---

① Gert Müller, "Afrika ist ein Chancenkontinent", https://www.zdf.de/nachrichten/zdf-morgenmaga-zin/zdf-morgenmagazin-clip-13 – 114. html.

② Makhtar Diop, "Africa Still Poised to Become the Next Great Investment Destination", http://www.worldbank.org/en/news/opinion/2015/06/30/africa-still-poised-to-become-the-next-great-in-vestment-destination.

③ Josoph J Bish, "Population growth in Africa: grasping the scale of the challenge", https://www.theguardian.com/global-development-professionals-network/2016/jan/11/population-growth-in-africa-grasping-the-scale-of-the-challenge.

能，在德国劳动力市场有较高的认可度。四是贸易环境趋好。世界银行 2015 年营商环境报告显示，在排名提升幅度最大的 10 个国家中，非洲占 5 个。与此同时，非盟启动了覆盖整个非洲大陆的自贸区谈判，有望取得一些早期收获。虽然非洲大陆自贸区是一项长期政治工程，短期还很难消除所有非洲国家间的贸易壁垒，但从另一个角度看，这显示非洲国家对自贸区建设的重视程度正不断上升。一旦自贸谈判在某些具体领域首先取得一些突破，就将彰显重大政治意义，这将一定程度推动全球自贸建设进程，对于德国在非洲开展经贸活动也是重大利好。

贸易自然是国与国之间发展关系的最基础领域，往往也是推动国际关系发展的一大主要动力，但在新形势下，德国设计和发展对非关系显然还有更深层的战略考量。

第一，解决恐袭、难民等安全威胁，是当前德国对非外交的重中之重。近年来，欧洲各国安全形势显著恶化，极端伊斯兰恐怖主义无孔不入，独狼式袭击、卡车袭击日益成为常态，防不胜防，给民众留下严重的心理恐惧感。2015 年爆发的难民危机进一步加重了欧洲国家的安保负担，德国一度奉行"门户开放"政策，涌入了超过 90 万难民。不少难民融入不了社会，制造刑事和治安案件，也有恐怖分子伪装成难民进入德国，大大增加德国的安全风险。难民与恐袭相互交织，其根源主要在中东和非洲。中东乱局不解自然是最主要原因，但非洲大陆国家普遍发展水平较低，不少民众仍受贫穷饥饿困扰，部分国家政局不稳、国家治理能力底下，有的国家民族宗教冲突仍存，故而非洲的难民数量一直居高不下。仅索马里、南苏丹等国逃到埃塞俄比亚的难民就达近 70 万；尼日尔蛇头经济蓬勃，90% 的西非、中非难民经尼日尔前往欧洲；[①] 乍得等国受"博科圣地"等恐怖组织之害，潜在难民数量巨大；自北非国家出发，经由地中海非法登陆欧洲的难民则不计其数。德国希望加大对非洲扶持力度，帮助非洲国家改善经济发展和安全状况，提升国家治理和安全保卫能力，推动与非北非国家签署难民协议，换取非洲国家主动管控难民流出，从根源上缓解难民和恐袭难题。

第二，对非关系是德国践行"积极外交政策"的有力抓手。中东和平进程与非洲发展问题并非一般地区性事务，现已上升为全球性议题，各大国纷

---

① Sulaiman Momodu, "Refugees turn to Ethiopia for safety and asylum", http://www.un.org/africare-newal/magazine/april-2015/refugees-turn-ethiopia-safety-and-asylum.

纷介入其中，既拓展自身影响力，又试图稳定地区局势，维护全球安全。随着德国经济实力的提升，其于 2014 年起开始实施"积极外交政策"，在国际重大事务上参与度明显增强，彰显负责任大国形象。近年来，德国积极参与叙利亚问题国际谈判，在乌克兰危机中大力斡旋，在促成伊朗核协议方面发挥了重要作用，还参与了法国主导的打击"伊斯兰国"的军事行动。德国长期主张用政治和外交手段解决冲突，不支持使用武力，中东和非洲国家对德国的好感度相对较高，这也为德国与相关国家开展安全合作创造了有利条件。此外，在环保与应对气候变化领域，德国同其他欧洲国家一样，长期活跃在国际社会前沿；消除贫困及传染病、加强人道主义救援等，都是德国长期宣扬的价值观理念，这些问题在非洲目前仍十分突出，积极参与其中将成为德国承担国际责任的加分项。

第三，在能源与原材料方面，德国对非洲的倚重有所上升。德国国土相对狭小，资源匮乏，能源和原材料长期大规模依靠进口，特别重视拓展海外原材料供应渠道。德国政府于 2010 年先后推出《能源战略》和《原材料战略》，提出要重视同新兴国家开展相关合作，确保能源战略安全。2011 年 6 月出台的《非洲战略》将能源和原材料列入对非六大政策重点之中，确立了其在德非关系中的支柱性地位。至今，德国已与南非、摩洛哥、突尼斯、尼日利亚、安哥拉等国建立了能源与原材料伙伴关系，并将继续加以拓展，表明其看重从非洲获取能源和原材料。长期以来，德国油气和煤炭需求的 1/4 以上依赖从俄罗斯进口，乌克兰危机爆发后，欧盟对俄罗斯实施制裁，德俄贸易大幅下滑。2016 年，德国从俄罗斯进口价值 264.4 亿欧元的商品，较 2012 年的最高值 427.7 亿欧元下降了 38%。[1] 能源供应受地缘政治影响过高，迫使德国能源供应多元化，尝试拓展能源进口渠道，其对非洲的倚重显著上升。

第四，德国欲弥补以往对非投入的不足。不同于英、法等非洲前宗主国，德国在非洲根基浅，长期以来投入和影响力都比较低。就拿德国最为重视的贸易领域来说，2016 年德国对非出口额仅仅只有 245 亿欧元，占德国出口总额比重 2%，比德国对瑞典出口额还低。[2] 近年来，非洲的战略地位上

---

[1] "Wert der deutschen Importe aus Russland von 2001 bis 2016", https://de.statista.com/statistik/daten/studie/260062/umfrage/deutsche-importe-aus-russland/.

[2] "Handel mit Afrika schwächer als mit Schweden", http://www.handelsblatt.com/politik/konjunktur/nachrichten/deutsche-exporte-handel-mit-afrika-schwaecher-als-mit-schweden/19719600.html.

升，域外大国争相赶来，加大力度发展对非关系，以期从中获利，尤其中、印等新兴国家对非洲投入很大，且都有所斩获，相比之下德国在非洲的竞争力明显不足，有必要调整政策重心，突出自身优势，吸引非洲国家重视。德国近年来对非政策日趋务实，强调帮助非洲解决其面临的现实问题，并强调"以援助促自助"，注重打造在非洲的良好国家形象。正在论证中的德国版"马歇尔计划"，受到不少非洲国家的青睐。

三　德国对非政策前景

正是鉴于非洲大陆所蕴含的经济和战略潜能，德国政府做出了加大在非洲投入的长远决策。对德国自身来说，当前面临着前所未有的机遇，能够迅速参与到非洲事务中来。总体而言，未来德国在非洲的活跃度或将进一步上升。

从能力上看，德国可以说是目前对外行动能力最强的欧盟成员国。德国近年来外交之所以呈现积极态势，归根结底源于其强大的经济实力。其不仅较快地从欧债危机旋涡中解脱，近几年经济始终能保持1.5%以上的稳定增长，且各金融机构对德国经济的前景均持乐观态度。德国从2015年开始，已经停止新增债务，其财政收入已实现连续三年盈余，2016年达240亿欧元，占国内生产总值比重达0.8%。① 与其他国家仍奋斗在减赤、降债道路上相比，德国政府可以有更多空间考虑如何进一步盘活财政资金，提升投资效率。其无论是增加对非发展援助，还是扩大对非基建投资，都具有坚实的财力基础。

从意愿上看，德国数十年来在国际舞台上"低调做人"，但其实并非真心所愿，更多是从洗刷历史罪责、争取外界谅解的角度出发而做出的被动性决定，德国并非没有追求成为"正常国家"甚至是"政治大国"的愿望和雄心。近些年，在欧盟国家普遍遇挫，全球冲突和不确定性又显著上升的背景下，德国实力凸显出来，也有意愿更多参与到国际事务中来。外界对德国承担更大责任的呼声实际上也在增长。波兰前外长西科尔斯基对德国外交的一句评论极具代表性，他说："相比对德国'强权'的担忧，我更担心德国

---

① "Staat erzielt überschuss von fast 24 Milliarden Euro im Jahr 2016", https://www.destatis.de/DE/PresseService/Presse/Pressemitteilungen/2017/02/PD17_063_813.html.

的‘不作为’。"① 从非洲国家角度来看，其对外部合作的需求十分强烈。德国联邦经济合作与发展部的《非洲马歇尔计划》研究报告发布后，得到非洲国家的热烈欢迎。尼日尔总统在默克尔总理到访时直言，欢迎德国尽早实施该计划。② 反倒是德国目前还有所迟疑，认为该计划论证尚不充分，还需深入研讨和调研。总体而言，德国在非洲开展合作没有过重的历史包袱，其国家形象相对较好，开展项目将较为顺利。德国政府计划进一步加强与非洲的战略对接，适时出台对非一揽子方案，从更高层次设计合作新框架，同时也将积极介入非洲和平安全进程，主动为全球安全贡献更多公共产品，其相关外交努力将得到国际社会的广泛认可。

目前，德国十分重视建立新型合作机制，拓展自身在非洲的行动空间。德国借二十国集团峰会之机提出"与非洲有约"倡议，显示其已逐渐意识到过去"以我为主"的合作模式不能适应新形势下对非合作需要，故未来将着重推动以能力为基础、以需求为导向的新型合作模式。一方面要考虑非洲国家的现实需求，变"以我为主"为"协商共谋"；另一方面兼顾自身及合作伙伴擅长的领域，做到精准合作，提升效率。德国将从更高层次设计在非洲的国际合作框架，尝试在非洲的三边或多边合作。二十国集团等机制将成为德国与国际伙伴协调对非政策的主要平台。

尽管德国推动对非关系存在良好的机遇，但也必须指出，双方合作仍面临一些挑战，长远前景虽趋好，但短期内合作规模并不会急剧跃升。其一，德国对非投入历史欠账较多，难以在短时间内追平其他国家。尤其此前德国对非投入以官方发展援助为主要形式，手段较为单一，不够灵活，其官方身份也受到较多限制。近年来虽不断调整投入方式，鼓励企业加入，但仍难与中、印等国比肩。如前所述，致力于综合解决非洲经济社会问题的《非洲马歇尔计划》，虽广受非洲国家期待，但德国国内却有不少顾虑，有人担心其过于雄心勃勃，恐力所不及，也容易遭别国猜忌，或被指为"新殖民主义"，容易再次引发外界对"德国霸权"的指责，因此，该计划目前并未实质性推进。其二，价值观因素是限制德非关系发展的一大障碍。德国虽力推灵活务实的对非政策，努力摆脱价值观约束，但现实中不可避免仍受到限制，难以

① Sikorski："Deutschland ist Europas unverzichtbare Nation", http://www. euractiv. de/section/prioritaten-der-eu-fur-2020/news/sikorski-deutschland-ist-europas-unverzichtbare-nation/.

② Anja Maier, "Kein Marshall-Plan für Afrika", http://www. taz. de/! 5343632/.

与非洲国家保持"平等伙伴关系"。至今,德国与非洲国家打交道时,也不会完全抛弃"人权、民主、良治"等口号,常将防控难民、打击恐怖主义作为对非援助的先决条件。其出发点不纯,其诚意遭受非洲国家的一些质疑。其三,受欧盟共同外交与安全政策束缚。德国毕竟是欧盟国家,尽管发展援助事务决定权在成员国,但由于涉及国家间关系问题,在一定程度上仍要受到欧盟对外政策"一个声音"的束缚,必要时还需与其他成员国协调,而军事行动则更要在欧盟、北约框架下开展,因此德国难以绝对独立地发展对非关系。

综上所述,德国需要改变思维模式,以全新、平等的视角看待非洲,逐步补齐短板,这样一来,其在非洲投入才能取得成效,德非关系才能获得实质性的提升。

四　中德在非洲合作评估

中德关系近年来稳步前进,在诸多领域都达到了历史最好水平。两国领导人互访频繁,默克尔就任总理12年已访华10次,2017年中国国务院总理李克强、国家主席习近平先后访德,充分显示双边关系的密切和深入。建交45年,尤其是最近五年来,中德关系实现了三个层级的跨越。第一层级是"经贸伙伴"。中德贸易总量超大,长期占中欧1/3,超过中英、中法、中意贸易总和。2016年中国一跃成为德国最大贸易伙伴,双边贸易总额达1700亿欧元。密切的经贸往来已超越普通生意伙伴层面,其影响逐渐拓展至政治领域。第二层级是"创新伙伴"。为了推动本已达到高点的经贸关系进一步深化,2014年双方提出构建"创新伙伴关系",推动包括高科技以及人文乃至政治、社会领域的全面创新合作,发掘合作新领域,本着互学互鉴的理念,达到共同发展目标。第三层级是"全球伙伴"。随着中德国力加快提升,两国外交政策都日趋积极。两国无重大历史纠葛,无重大地缘政治冲突,在许多全球性问题上持相似立场,加强全球治理合作符合两国共同利益。外界已经注意到,中德频繁借二十国集团等多边平台,在气候、自贸、全球经济治理等议题上加强政策协调,中德"全球伙伴关系"已初见雏形。

在上述三个层级的理念基础之上,非洲顺乎逻辑、水到渠成地成为深化中德合作的一个新领域。一方面,中德双边贸易额已达到相当高的水平,进一步提升传统贸易难度相对较大。因此尝试开展第三方市场合作成为近些年来提升两国贸易的新思路，这既符合创新合作的总体规划，也有利于打造新时期的经贸伙伴关系。2016 年中德在阿富汗开展的矿业人才培训、防灾减灾建设合作取得了良好成效，双方都有意复制并拓展这一模式。另一方面，非洲大陆总体面临的发展任务十分繁重，维护安全、保护生态环境一定程度要依靠外力，其对外部援助的需求并未减少。中德携手帮助非洲发展，将是对全球和平稳定及发展做出的重大贡献。

总体而言，中德两国在非洲合作存在一些有利条件。非洲传统上是英、法的后花园，如今各大新兴国家出于各种目的纷纷进入非洲，英法的担忧情绪正在上升，它们害怕"后院被抢占"，自身在非洲的影响力遭弱化。正是出于这一原因，中法两国虽然在 2015 年签署了《关于第三方市场合作的联合声明》，将非洲作为启动地，但此后法国政府和企业颇有顾虑，提议多年的中法非三方峰会至今仍未能举办。相对而言，德国自二战后更多专注于自身经济发展，海外投入一直保持较低水平，目前正期待更多打入非洲市场，对于与中国开展第三方市场合作态度较为积极，不存在英法那样的顾虑。同时，冷战期间，中国与众多非洲第三世界国家培养了深厚的友谊，建立了特殊的政治关系，近几十年又十分重视深耕中非关系，在非洲投入巨大，有着丰富的援助和合作经验以及独特的优势，如今中国在非洲的投入渐趋多元且具有长远眼光，早已超出了"基建换资源"的原始模式，德国自然也有意借助中国在非洲的影响力，借鉴中非合作的经验。[①] 此外值得一提的是，目前中国在非洲开展工程项目，有时会因透明度问题而遭到英法等国的非议，德国是欧盟成员国，中德开展在非洲的合作，可以有力化解欧盟及其成员国的猜疑情绪。

但同样，中德在非洲合作不可避免地也面临一些障碍，在下一步推进的过程中应着重注意加以解决。首先就是要打消德国对来自中国竞争压力的恐惧。显而易见，近年来中国的制造业水平快速攀升，在以高铁为代表的一些高端制造领域，"中国制造"已经与蜚声世界的"德国制造"构成了竞争关系。德国社会普遍出现了对自身竞争力可能下降的担忧。德国专门研究中国的智库"墨卡托中国研究中心"就发布报告称，"'中国制造 2025'战略的长期目标就是通过有针对性的政策扶持，让中国技术最终取代外国技术，尤

[①] Hans Spross, "Nach G20-Gipfel: China und der 'Compact with Africa'", http://www.dw.com/de/nach-g20-gipfel-china-und-der-compact-with-africa/a-39636412.

其是在国际市场上同外国技术竞争。"该报告提议德国政府要谨慎开展同中国的高科技企业,尤其是国企的合作,要以严格的国际标准框定中企的行动,严防"德国技术失窃"。① 由此看来,中德在非洲合作若想有所突破,大规模开展基建、装备制造合作,目前可能还面临较大阻力,主要是德国对中企的不信任、设防心理突出。对此,中国除了加大宣传解释力度外,可以借鉴双方在阿富汗合作的经验,尝试先从低敏感领域起步,开展职业教育、技术培训、卫生普及等合作,积累互信,逐步由浅入深,适时向制造业推进。2017 年 7 月习近平主席访德期间,双方商定在安哥拉合作建设水电站。这可以说是两国真正意义上的一次"第三方市场合作",而不仅仅是低层次的援助,这将为未来更大规模拓展基建合作提供经验基础。

其次要解决沟通和协调难题。三方合作最棘手的问题在于利益攸关方多,各方诉求、文化传统、办事规则和标准不尽相同,沟通协调难度很大。目前两国尚未设立专门负责涉非洲三方合作的机制,相关业务可能分散至商务、外交、发展援助等不同机构,即使同一机构内,也可能由非洲、欧洲或亚洲等不同地区部门负责,既难于协调,也容易出现推诿扯皮。在三方合作过程中还应特别重视非洲国家的民族自尊心。发展水平相对滞后并不等于主权意识差,非洲国家对域外大国不与非洲当事国协商,单方面搞所谓援助十分不满。中德两国若仅仅通过双边协商制定三方合作规划,必然会引起非洲国家抵触。针对这些问题,现阶段可以就具体合作项目成立专门工作组,将非洲国家也纳入其中,协调具体项目事宜。在更高层面上,可以利用好各类双、多边合作机制,利用联合国专门机构、会议等,加强中德非洲政策协调,增信释疑。与此同时,应当注重合作过程中的规则和标准对接问题,尤其应当敦促承办企业在合作开展前先就规则和标准问题达成一致,避免后期出现争端。

再次要逐步改善德国对中国在非洲形象的错误认知。与其他欧洲国家类似,德国对中国在非洲长期以来的活动仍有不少误解。综观德国媒体,依然存在关于中国"破坏非洲生态环境""对资源进行掠夺式开采",甚至是"新殖民主义"的说法。除此之外,一些充满意识形态色彩的说辞也是不绝

---

① Jost Wübbeke, "Made in China 2025: The making of a high-tech superpower and consequences for industrial countries", https://www.merics.org/fileadmin/user_upload/downloads/MPOC/MPOC_Made_in_China_2025/MPOC_No. 2_MadeinChina_2025. pdf.

于耳，如"不尊重民主""支持独裁政权"等。① 在德媒长期渲染下，德国民众对于中国在非洲的形象有着很深的误解，成为开展中德非三方合作的一大障碍。若要扭转这一局面，对中国而言，既需持续不懈地做好政策的解释工作，涉及中国基本对外政策的原则立场必须反复重申；同时也要尽可能提升三方合作的透明度，及时回应外界关切。在各方都颇为关注的环保、工程标准与质量、劳工权益等问题上，中企应尽可能与国际标准和惯例接轨，只有这样才能保证合作的持久，也为三方合作打下稳固的基础。

从某种意义上讲，中德在非洲理想的合作领域是"产能合作"，中国在非洲有着数十年的资金和市场优势，德国则拥有技术优势，若把双方优势结合起来，再根据非洲需求有针对性开展合作，必将产生"一加一大于二"的效果，最终惠及三方。但就当前现实来看，由于竞争加剧以及长期历史偏见形成的误解，德国对于与中国开展产能合作并不十分积极。这不仅体现在中德第三方市场合作上，也体现在"中国制造2025"与德国"工业4.0"战略对接上，甚至于德国对中国"一带一路"倡议也有类似的疑虑。因此，中德在非洲合作大幕虽已拉开，但尚未步入大规模推进阶段。可以预见的是，在未来相当一段时间，中德非三方合作仍将以中低层次的非敏感领域为主。当然，这种较低水平的合作同样必不可少，在此过程中如能发现问题、妥善沟通解决，将对避免未来在更高层次合作过程中发生摩擦起到至关重要的作用。

---

① "Chinas Einfluss in Afrika: Infrastruktur gegen Rohstoffe", http://www.3sat.de/page/? source = / boerse/hintergrund/183373/index.html.

近年来德国对中国的角色定位及其对中德关系的影响

于 芳*

摘 要：德国对中国的角色认知影响德国对华政策。在过去几年中，德国对中国的角色定位主要有两种视角，一种是"共同建构国际秩序的伙伴"，另一种是"挑战者"。在前一视角下，德国政府希望赋予中国等新兴大国以"建构力量"的角色身份，通过与新兴市场的合作来应对全球化给德国带来的挑战，共同塑造国际新秩序，这一思路在中德关系中体现为德国与中国的务实合作。在后一视角下，在对德国国家利益和价值观具有战略意义的国家中，中国与俄罗斯等国被德国视作挑战者，因为这些国家不遵循西方发展模式和民主模式来发展本国。这些国家的经济崛起和国际影响力增强，不仅给德国带来经济上的竞争，更给西方的制度和价值观体系构成了挑战。对于挑战者国家，德国采取既接近又限制的策略，与美国的接近－遏制策略一致，这一策略在中德关系中体现为德国对中国经济崛起的不理解、怀疑和敌视的心理，并试图为中国企业在德投资设置障碍。与"挑战者"定位下的对华遏制策略异曲同工的地方在于，"合作者"定位蕴含着"以贸易求变化"的思想。二者凸显了德国对华政策的价值导向以及对德国利益的追求，德国在两种定位间的摇摆体现了价值观与利益的冲突与矛盾。

关键词：中德关系 挑战者 建构力量 新型大国关系

---

* 于芳，北京外国语大学德语学院副教授、博士。

2017 年是中德建交 45 周年。在过去四十五年中，中德两国关系不断发展，在政治、经济、文化、科技等领域的交流与合作日益广泛和深入。继 2004 年 5 月中德两国宣布在中欧战略伙伴关系框架内建立具有全球责任的伙伴关系、建立两国总理年度会晤机制后，2010 年双方同意建立战略伙伴关系，并于 2011 年正式开启中德两国政府磋商机制；2014 年，中德两国将双边关系提升为全方位战略伙伴关系。同年，在两国总理共同主持第三轮中德政府间磋商时，发表了《中德合作行动纲要》，明确了两国合作的诸多领域，不仅包括传统的经贸、文化合作，更向外交和安全领域迈进。

自 2002 年以来，德国一直是中国在欧洲最大的贸易伙伴，同时也是对华直接投资最多的国家之一，截至 2016 年底，德国企业在华投资项目达到 9394 个[1]。中国一直是德国在亚洲最大的贸易伙伴，2016 年双边贸易额达到 1512.9 亿美元，中国成为德国在全球最大的贸易伙伴，两国经贸关系稳步发展。德国政府支持中国提出的"一带一路"倡议，也积极支持中国倡导建立的亚洲基础设施投资银行（亚投行），并以 45 亿美元的出资额成为亚洲区外最大的出资国。德国还将同中国建立协调机制来实现"中国制造 2025"与德国"工业 4.0"的战略对接。

德国默克尔总理自上任以来，很重视对华关系，多次访问中国同中国领导人会谈，并参观了北京、上海等多个城市，对中国国情以及中国在世界上的地位相对比较了解，而她本人在经历了接见达赖使得中德关系受损之后，也逐渐认识到中德两国的利益关系，因而在大方向上她积极支持中德关系的发展。

然而，双边关系在上述有利因素的作用下，仍旧存在现实的冲突与隐患。例如，德国方面并不是一致为"一带一路"倡议叫好，一部分德国人认为这是以东欧国家为目标群体的、中国版的马歇尔计划，会加剧新老欧洲的矛盾和分裂；[2] 也有人认为这一倡议是中国应对全球化的战略攻势，令德国感到了竞争和威胁。[3] 再如，2014 年时任德国经济部长加布里尔访华期间，

---

① 《中国同德国的关系》，http://www.fmprc.gov.cn/ce/cede/chn/zdgx/zdgxgk/。

② "Marshall plan made in China"，http://www.manager-magazin.de/magazin/artikel/wirtschaft-usa-und-asiaten-lassen-die-europaeer-links-liegen-a-1072821 – 3. html.

③ "Alte Seidenstraße in neuem Gewand-Chinas Globalisierungsoffensive"，https://www.giga-hamburg.de/sites/default/files/media-contributions/1610_asienhaus_schueller.pdf.

既肯定了中国的发展和进步，但也因无法会见持不同政见者而出现不和谐插曲；[①] 2016 年德国副总理兼经济部长加布里尔访华前两周，德国经济部、德国政府叫停了中国公司在德国的两起收购，访华前一天，加布里尔在德国《世界报》上撰文，呼吁欧盟对中国采取更强硬的姿态，以保障公平竞争，言外之意是中国在欧洲的收购带有地缘政治因素、意在获取核心技术，而欧洲企业在华投资环境还不够理想。2017 年初，加布里尔出任德国外交部长，更侧重从全局角度而非仅从德国经济角度出发来看待中德关系。可是，在 2017 年 8 月 30 日出访法国期间，加布里尔却表示要求中国遵循"一个欧洲"的原则，不应试图分化欧洲。[②]

德国政治家对中国态度的摇摆，与德国政府对中国的角色认知有着直接而紧密的关联。当德国视中国为互利合作、互惠共赢的伙伴时，德国对中国的态度积极而友好；当德国视中国为挑战时，德国对中国的态度充满了戒备和不满。下文将主要阐述和分析德国对中国的两种角色认知及其深层结构性矛盾。

一　德国视中国为建构国际新秩序的合作者

1. 建构力量方案的提出

德国作为西方传统大国的一员，其对外关系一直以来都以对欧关系和对美关系为核心内容，以积极的和平政策为原则和导向。在欧美为代表的西方世界先后经历了长达数年的金融危机、债务危机之后，作为老牌发达国家的德国深刻地感受到国际政治经济变革所带来的挑战：欧美模式、西方价值观主导并引领世界的时代正渐行渐远，以俄罗斯、中国、巴西等国家为代表的新兴国家群体性崛起，充分利用经济全球化的机遇，力争参与重塑国际政治经济秩序。这一挑战体现在德国的外交政策上，即德国自身如何利用全球化的机遇，以及德国应如何定位与新兴国家特别是新兴大国之间的关系。

2012 年 2 月 8 日，默克尔政府首先在战略文件中提到了"德国处理同新的建构力量的关系"，指出新的建构力量是那些经济高速发展并具有重要影

---

①　《德国经济部长访华肯定中国发展变化》，http：//www. mofcom. gov. cn/article/i/jyjl/m/2014 04/20140400564075. shtml。

②　《德外长声称中国试图"分化"欧洲，中方回应》，http：//news. ifeng. com/a/20170831/518 25353_0. shtml。

响力的国家——新兴国家。至此，德国与新兴国家之间的关系成为德国外交政策中继欧洲政策、跨大西洋伙伴关系之后的又一大重要内容。根据官方表述，欧洲、跨大西洋伙伴关系、和平政策、新的力量中心和建构全球化是德国外交政策的核心内容。① 从地域维度上看，德国与新兴国家之间的关系正好应对了德国与欧美国家之外的国家与地区的外交，对于德国外交政策的全球图景具有重要意义。

黑黄联合政府就德国外交的走向问题提出了"建构力量方案"，该角色方案源于德国智库，为德国政府所接受，并由黑黄联合政府首次在公开颁布的战略文件中使用。这里的建构力量用的是复数形式"Gestaltungsmächte"，指的并非某一个国家，而是一类国家。

在德国外交部的官方文字中，这些国家被称为"新的力量中心"，只有团结这些力量，德国才能充分利用全球化带来的机遇，实现国家富裕和安全、工作机会和环境保护等发展目标。② 德国政府颁布了政府方案《建构全球化——加强伙伴关系－分担责任》，其中是这样定义建构力量的：它们是经济火车头，它们对所在地区的合作影响较大，它们在其他地区也发挥作用，它们在国际决策过程中起到越来越重要的作用。它们在国际关系中自信地找到自己的位置，对全球问题承担越来越多的责任。③

中国、印度、巴西、南非、墨西哥等国原本被称为门槛国家，即经济发展较快、在所在地区享有较大影响力的发展中国家。在德国政府的战略文件中，这些门槛国家被赋予了新的角色——新建构力量，德国将和它们一起共同建构全球化的未来发展。根据该方案，德国政府应当加强同中国、印度、巴西、墨西哥和南非的关系，核心概念"建构力量"不仅包括经济快速增长的金砖国家——巴西、俄罗斯、印度、中国和南非，也包括正在蓬勃发展的国家如哥伦比亚、越南或者土耳其，还包括因为人权状况常受德国批评、资源丰富的哈萨克斯坦（发展与德国的能源和原料伙伴关系）。

2. 建构力量方案的具体内容

该方案突出了中国、印度和巴西等经济发展较快、具有较大区域影响力

① "Schwerpunkte deutscher Außenpolitik", http://www.auswaertiges-amt.de/sid _ B69188DE2EA22 B2E31F72FE728C2620E/DE/Aussenpolitik/Schwerpunkte/Schwerpunkte_Aussenpolitik_node.html.

② "Neue Kraftzentren und die Gestaltung der Globalisierung", http://www.auswaertiges-amt.de/DE/Aussenpolitik/GlobaleFragen/G20/Gestaltungsmaechtekonzept_node.html.

③ "Deutsche Außenpolitik, eine Gestaltungsmacht in der Kontinuitätsfalle", http://www.bpb.de/apuz/75784/deutsche-aussenpolitik-eine-gestaltungsmacht-in-der-kontinuitaetsfalle-essay? p = all.

的国家是新的建构力量，尽量避免明确表述德国自身也是建构力量，方案中德国的角色是"同新兴建构力量一道建构全球化的伙伴"①。

在共建全球化的过程中，德国一方面在国际事务中要站在欧洲的立场上发声，与新兴的建构力量国家一起与欧洲并肩合作，既尊重欧洲各个国家的民族特性，也将欧洲各国视作一个联合的整体。另一方面，德国有意识地通过德国与中国、俄罗斯、墨西哥等国的战略伙伴关系，来加强欧盟与建构力量的合作。

在建构力量方案中，德国关注和平与安全、人权与法治国家、经济和金融、粮食资源和能源、工作、社会福利和健康、发展和可持续性等重点，尤其关注经济和社会层面。

（1）在安全政策领域，新建构力量能在危机时刻起到地区协调者的作用，是实现地区和平与安全的可靠伙伴，联邦政府通过促进地区信任建设和安全措施来推动冲突地区的稳定。例如在南非和德国之间进行了"良好希望"双边军事合作，不但双边军事交流增多，并且还多次进行合作演练。德国在安全问题上为新建构力量提供咨询，并通过安全协定改善定期的机制化合作。

（2）在价值观领域，联邦政府追求人权的普遍适用，反对人权在不同文化中的相对概念，坚持人权是德国政府的一贯目标。联邦政府通过对话伴随新建构力量的改革和转型，主动提出法治国家发展等主题，以传播法治国家的基础价值，在全球范围内实现人权。

（3）在经济和金融领域，加强世界贸易组织，并将二十国集团作为协调与新建构力量进行经济与金融合作的重要论坛，联邦政府支持德国企业和新建构力量国内的商业伙伴深化经济关系，通过对外经济促进手段来加强合作。在多边合作的基础上，德国政府致力于避免国家之间在支持本国出口方面的误解和不利竞争，同时和第三国签署投资促进和投资保护条约，以促进各国的直接投资。

（4）资源、粮食和能源领域被视作社会富裕的基础，德国政府致力于与新建构力量进行合作，而不是对抗，在进行原材料贸易时指定全球有效的规则，承认新建构力量要求发展的权利，推动它们的经济发展与能源消耗脱

---

① "Neue Kraftzentren und die Gestaltung der Globalisierung", http://www. auswaertiges-amt. de/DE/Aussenpolitik/GlobaleFragen/G20/Gestaltungsmaechtekonzept_node. html.

钩。此外，德国会在国际组织的框架内，通过提高生产效率，提供技术、运输条件等方式减少粮食短缺。

（5）在劳动、社会福利和健康方面，德国以社会市场经济而自豪，追求在世界范围内贯彻其核心的劳动规范。联邦政府的国际健康政策以实现千年目标为方向，力图改善全球社会和健康标准，有效避免全球健康风险。

（6）在发展和可持续发展方面，德国政府采取综合方案，以实现联合国的千年发展计划，德国政府会和国外代表处、商会、德国贸易与投资有限责任公司、私营经济、发展合作的执行机构一起，在新建构力量的大力配合，营造出全球性的框架条件，如保护资源、保护生物多样性、保护环境和气候。

二战结束后的中国，特别是1971年恢复联合国席位以后的中国，作为世界政治大国已经是世界大国中的一员，但综合国力还有待提升。在过去45年中，中国改革开放后的发展成效日益明显，从2010年开始，中国成为世界第二大经济体，可以说，中国的大国身份正随着经济的崛起从政治大国向综合实力大国跨越。中国和其他金砖国家一样正在成为全球经济新的重要力量，促使世界经济力量结构发生巨大的变迁，同时也影响政治格局的面貌。这样的中国是德国应对全球化挑战、争取新兴市场、参与国际秩序建构的同行者。

事实表明，中德两国的经贸合作的确给两国人民都带来实惠。中德经贸关系得到长足发展，如今两国一天的双边贸易额即相当于建交时一年半的贸易额，德国的先进技术和产品与中国市场之间相得益彰，务实合作加强了双边关系。两国高层领导人互访频繁，中德两国相互支持彼此作为主席国召开二十国集团领导人峰会，在环境、气候等关涉人类命运的问题上，中德两国积极寻求解决方案。

德国部分学者如德国外交政策协会主任桑特施耐德教授认为，如果德国视自己为建构力量，也视巴西、中国等伙伴为建构力量，这种同为建构力量的认同将会拉近德国与金砖国家之间关系，对国家之间的行为产生积极影响，强化伙伴关系和信任建设，促进在国际问题上的合作。另一方面，随着中国在国际关系中正变得越来越自信，中德之间的积极合作有利于"脆弱的"多极化趋势得到加强。① 在国际问题上，建构力量方案和美国不希望金

---

① 参见"Gestaltungsmacht China"，https://zeitschrift-ip.dgap.org/de/ip-die-zeitschrift/archiv/jahr-gang-2012/maerz-april/gestaltungsmacht-china。

砖国家插手的做法不同，认为"建构力量"应当承担更多国际责任，[1] 更积极地参与到全球化的建构中来。需要指出的是，德国政府尽管赋予金砖国家以"建构力量"的身份，称他们为与德国一道"构建国际新秩序"的伙伴，但实际上此"伙伴"并不等同彼"伙伴"。德国传统意义上的伙伴，不是金砖国家，而是与其同属于价值共同体的西方盟友，这是德国外交政策的基石。德国外交政策的价值导向并未发生变化，只是选择"以贸易求变化"的思路。

二　德国视中国为挑战者

中国和德意志联邦共和国的官方关系始于 1972 年。无论在建交前还是在建交后，双边关系都受到冷战时期国际关系大环境的深刻影响。当前国际格局处在变化中，最显著的特点是美国单独掌控世界事务的能力下降，二十国集团取代八国集团成为世界经济主要论坛，新兴大国的地位与影响力上升。在西方国际关系理论的现实主义看来，守成大国应对崛起国保持极大警惕，担心会引起现有国际秩序的变化。

在全球经济一体化的潮流之下，德国作为全球化的受益国，在制定外交政策时要保持和平、自由、规范、合作的国际秩序，另外又需要适应新兴大国的崛起带来的国际秩序变化。

重新统一之后的德国，获得了前所未有的地位和自由，对于欧美之外的伙伴国家也拥有了新的影响力。在德国重新审视与世界大国关系的时候，首先要考虑对德国利益和国际秩序产生影响的国家。衡量这些国家的传统标准有军事力量、经济实力、人口、资源、资金和地理位置，现在还包含另外两个要素——行动能力、建构能力。在德国看来，这一能力意味着在双边关系中、在对第三国时、在多边合作或战略市场上有施加政治、经济、文化或者宗教影响的能力和意愿。[2] 德国同多个国家建立了战略伙伴关系，正是出于这一考虑。在区分伙伴关系亲疏时，德国采取的判断标准是与德国利益和价值观的接近程度。世界观和西方价值观方面存在的分歧越多，两国之间的接

---

[1]　"Im Namen der Gestaltungsmacht", http://www. taz. de/! 87305/.

[2]　"Neue Macht, Neue Verantwortung-Elemente einer deutschen Außen-und Sicherheitspolitik für eine Welt im Umbruch", Ein Papier der Stiftung Wissenschaft und Politik (SWP) und des German Marshall Fund of the United States (GMF), https://www. swp-berlin. org/fileadmin/contents/products/projekt_papiere/DeutAussenSicherhpol_SWP_GMF_2013. pdf, S. 30.

近越具有难度,双方的目标冲突就越大。德国智库将对自己具有重要战略意义的 28 个国家和组织分为了三组——盟友、挑战者、破坏者。

表 1 德国智库将对自己具有重要战略意义的 28 个国家和组织的分组

相关性	盟友	挑战者	破坏者
优先	美国、欧盟、日本、加拿大、以色列、土耳其、韩国	中国、俄罗斯、印度、巴西、巴基斯坦	伊朗、叙利亚、朝鲜
次要	墨西哥、澳大利亚、新西兰	印度尼西亚、南非、沙特阿拉伯、新加坡、卡塔尔、越南、埃及、尼日利亚	古巴、委内瑞拉

资料来源:"Neue Macht, Neue Verantwortung-Elemente einer deutschen Außen-und Sicherheitspolitik für eine Welt im Umbruch", Ein Papier der Stiftung Wissenschaft und Politik (SWP) und des German Marshall Fund of the United States (GMF), https://www. swp-berlin. org/fileadmin/contents/products/projekt_papiere/DeutAussenSicherhpol_SWP_GMF_2013. pdf, p. 30。

德国与这些国家的关系,从盟友到干扰者亲密程度递减,分歧与目标冲突递增。其中,中国在主要挑战者一组中被排在多个国家的首位。德国与多数挑战者国家的关系都超越了单纯的经济合作,一些挑战者国家也和德国一样追求自由和平的世界秩序,认同法治国家和良政。在德国看来,这些国家构成挑战的地方在于,他们并不遵循西方国家的发展模式,其公民的政治和社会权利、自由受到限制,尽管市民社会和新中产阶层正在形成,但离西方价值体系中的自由民主制度距离较远。那么,德国同这些挑战者之间必然会产生竞争和冲突,双方都会争取更大的影响力、争取更多的资源、争取对国际秩序的建构、争取对国际规范的主导。如果能以和平方式来应对这样的竞争和冲突,符合德国利益,因此反映二战后国家权力对比的国际秩序需要与时俱进,给予新兴力量以适当的地位和空间,避免新兴国家之间组成新的阵营,形成更强大的对手。对此,德国也预想了两种可能性:其一,德国和挑战者国家能够在共同构建国际新秩序的过程中成为真正的伙伴;其二,德国和挑战者国家之间的矛盾和对抗无法避免。不确定性促使德国在与挑战者国家合作过程中同时采取了接近和限制的混合策略。①

① 参见 "Neue Macht, Neue Verantwortung-Elemente einer deutschen Außen-und Sicherheitspolitik für eine Welt im Umbruch", Ein Papier der Stiftung Wissenschaft und Politik (SWP) und des German Marshall Fund of the United States (GMF), https://www. swp-berlin. org/fileadmin/contents/products/projekt_papiere/DeutAussenSicherhpol_SWP_GMF_2013. pdf, pp. 29 – 33。

德国同挑战者国家中的中国、俄罗斯、印度、巴西等国建立了战略伙伴关系，一方面与它们保持长期可靠的伙伴关系，另一方面同盟友国家保持多边合作，以推动重塑国际秩序。德国对美国等国的盟友国家定位不意味着德国与这些国家之间的信任无懈可击，相反，盟友间的竞争和矛盾也始终存在，建设盟友间的信任是避免被中国或俄罗斯利用国家间矛盾的关键。在面对挑战者国家时，德国需要不断考量的问题是：和挑战者国家存在分歧和目标冲突时，在多大程度上能够做出让步使得最终目标——建立和平规范的国际新秩序——的实现不受影响？德国外交政策需要在价值观和经济利益之间、在经济手段和合作机制之间不断寻找平衡点。

这一特点在中德关系中表现明显。视中国为制度挑战者、发展模式挑战者、对外贸易挑战者的德国，其外交政策的价值导向被赋予了特殊的重要性。无论是默克尔总理 2007 年不顾中国反对在总理府接见达赖，还是宣称印度是亚洲最大的民主国家，或者德国政要访华时被寄予厚望与中国谈及人权问题，都强调了德国的价值立场，强调中国与德国价值观的相异和距离。然而，中国市场的巨大吸引力和德国以经济利益为重的务实合作使得双边互利共赢成为主流，价值观问题退到次要地位，但没有完全消失，成为一个潜在的隐患。2016 年，中国成为德国最大的贸易伙伴。随着中国在德国投资的增加，德国戒备心理增强，逐渐提高对中国贸易的要求，从强调自由贸易转变为强调投资、数量上的对等。并且推动欧盟制定新规旨在组织中国企业并购德国高科技企业，德国政要甚至在媒体撰文攻击中国通过企业并购攫取具有战略重要性的关键技术。如果用数据说话，中国对德投资不足 88 亿美元，而德国在华投资总数已经达到 700 亿美元，中国对德投资仅占海外在德投资存量的 1%。[①] 可见，德国的一系列反应主要源自西方大国地位受到非西方崛起国挑战的复杂心理，更深层的是对不同制度国家的敌视和希望改变的诉求。

三 建构国际新秩序的合作者还是挑战者？

德国与大多数发展中国家都有双边合作协议，向发展中国家提供发展援

---

① 王建斌：《中德认知赤字待消除》，《环球时报》2017 年 5 月 30 日，http://news.163.com/17/0531/01/CLNQ4210000187V5.html。

助。新兴大国脱胎于发展中国家，随着国家经济实力和国际影响力的增强，逐渐向发达经济体转型，单纯的援助－受援的发展政策模式已经不适应变化了的情况。德国与新兴大国不再仅是援助国和受援国的关系，一方面双方开始进行更深层次的合作，如政策领域的合作；另一方面新兴大国自身也成为向欠发达国家和地区提供援助者，如中国对非洲提供的基础设施建设援助等，有可能成为德国的竞争者。新兴大国从受援者的角色转变为竞争者的角色是不可逆转的过程，对德国、欧洲的自身定位与发展战略都提出了挑战。

2012 年德国政府建构力量方案出台后，德国媒体与学界普遍对该方案持正面态度，认为该方案有利于德国顺应经济全球化的趋势，并进而"参与建构全球秩序"①。德国特里尔大学毛尔教授认为，德国在欧洲和国际政治中最重要的实力资源主要是经济实力和软实力，如何能在资源有限的情况下巧妙利用这两种实力，这是外交政策所面临的挑战。② 尽力促进建构伙伴的发展和国际机制的运行效率，不失为外交政策巧妙利用经济实力和软实力的方式。

2014 年关于德国外交政策的大讨论中，许多人认为德国的强大和富裕要归功于全球经济扩张，得益于经济自由主义的世界秩序，这一秩序由西方国家提供保障，却在不断弱化。随着发展中国家力量增强，西方国家无法再施加主导力量，而欧盟在经历经济危机和债务危机之后，力量有所削弱，此时德国应做出与自身经济实力、地缘位置和国际威望相匹配的积极努力。尽管此时还主要是隐而待发的建构力量，未来必定能够进一步发挥其领导作用，德国应在国际政治中加强领导力，采取更积极的行动。③ 这种声音针对建构力量方案提出了批评，即人权所占的地位不够突出，有违德国外交的价值导向。黑黄联合政府时期的外长韦斯特韦勒对此表示，建构力量方案不意味着对外经济促进和民主促进之间的矛盾，他奉行"以贸易求变化"的信条，坚信只要经济关系繁荣发展，人权促进就一定会站稳脚跟。

将中国归于挑战者国家一组的定位，出自德国著名智库国际与安全事务

① 参见 "Koalitionsvertrag 2013"，http://www.cdu.de/artikel/der-koalitionsvertrag-von-cdu-csu-und-spd。

② Hanns W. Maull, "Deutsche Außenpolitik: zwischen Selbstüberschätzung und Wegducken", GIGA-Focus, Nummer 1 2014, pp. 1 - 7, here p. 1.

③ "Die Neuvermessung der deutschen Außenpolitik", http://www.nrhz.de/flyer/beitrag.php? id = 19606.

研究所一项名为《德国外交战略要素》的研究成果。在这篇论文中，"建构力量"出现了4次，一次指上文中提到的新型国家，一次指德国自身，另两次根据上下文的意思是建构国际秩序的能力。此外，词频分析中出现频率靠前的词汇依次有："全球化""利益""价值观""责任""国际秩序""伙伴""合作"。尽管这份报告对中国的分类有别于建构力量方案，但是对于德国所面临的全球化趋势及挑战、外交政策目标、方式等都与建构力量方案完全一致。

对比德国视中国为"建构力量"以及"挑战者"的两份文本，可以看到，德国利益与全球化紧密相关，作为全球化的受益者，德国希望继续利用全球化带来的便利；寻求实现国家利益的同时，德国也致力于提升自身的国际影响力、政治影响力，向政治大国迈进，这意味着德国要求在国际社会的经济付出和政治责任与德国的国际地位相匹配；建构和平、基于规则的国际秩序是德国在国际关系中的长远目标；与战略伙伴合作是外交政策中实现长远目标的重要手段和方式。"建构力量"方案侧重于经济社会层面的德国与新型大国的合作，体现了"以贸易求变化"的思想；《德国外交战略要素》更关注利用经济全球化过程中的外交和政治因素，十分强调价值观和价值导向对德国外交和西方世界的重要意义。"建构力量"方案不把德国视作"建构力量"，而是和新型大国共同建构国际秩序的伙伴；《德国外交战略要素》中认为德国是国际政治中的中等大国，是积极构建国际新秩序的建构力量，中国、俄罗斯等挑战者国家挑战西方的发展模式和价值观，对它们既要拉拢又要限制。

无论是哪一种角色方案，其价值色彩和远景目标并没有因方法和手段的更新而发生根本性的变化。德国外交政策始终是以价值为导向、受利益约束的外交政策。在德国政府的发展政策内容中蕴含着德国式的价值观因素，发展政策本身成为推行德国价值观的工具和手段，将良政、民主促进和尊重人权作为提供发展援助的附加条件。建构力量方案重视与新兴大国合作，尤其重视通过合作产生的渗透影响，最终目的是促进自身以及欧洲在全球化趋势中的发展，从另一侧面强调德国与欧洲的紧密关联。新兴大国的挑战不仅指新兴大国同德国之间的经济竞争日益增强，更指其独特的发展模式对西方发展模式、民主模式的主导地位所带来的挑战。既拉拢又限制的做法与美国对中国等新兴大国之间既接触又遏制的策略，如出一辙。

欧洲和美国是与德国拥有共同价值体系的盟友，以价值共同体来增强西方体系的团结和力量，这与德国自二战后立国以来的西方一体化倾向一脉相承。德国外交政策的两大支柱始终保持不变，对民主、人权等价值观的宣扬则改变形式继续进行着。德国和新兴大国（建构力量）尽管是重要的合作伙伴，但欧洲和美国是更重要的合作伙伴。① 在国际局势动荡和经济疲软的背景下，新兴大国的经济活力对德国和欧盟而言无疑具有特别的吸引力，德国也有意与新兴大国合作塑造国际经济新秩序，但无论是从商品、服务还是直接投资，抑或是对国际机制的构想上，新兴大国的成长与成熟仍旧需要时间。当德国仍旧以价值观作为区分盟友和挑战者的标准，把价值观与合作发展紧密结合在一起的时候，意味着德国对中国等新兴大国的发展没有真正平视，真正接纳它们参与国际规范和国际规则的制定和修改还有很长的路要走。

---

① Claudia Schmucker and Stormy-Annika Mildner, " Die BRICS-Staaten ", https://zeitschrift-ip. dgap. org/de/article/21145/print.

中德经贸关系与德国贸易保护主义

童天齐*

摘　要：中德经贸关系的特点是：其一，随着中国工业产品的结构、质量逐渐优化，其竞争优势逐渐增强，中德贸易摩擦开始出现。其二，中德之间的双向投资依然具有不平衡性，现在开始朝着平衡的方向发展，从而又引起了中德投资摩擦。德国贸易自由主义阵营与贸易保护主义阵营之间的斗争将是一场持久战。据一位德国学者预测，中国的工业发展水平将在二十年内赶上德国。显而易见，中国的工业发展水平越是接近德国，德国贸易保护主义阵营就越会在斗争中占上风。德国政府的对华经贸政策将一如既往地具有两重性：一方面，它将继续高举"自由贸易"的旗帜，反对中国的所谓"贸易保护主义"。另一方面，它又担心中国赶超德国，将会越来越倾向于以实际行动支持本国贸易保护主义阵营的诉求。

关键词：中德经贸关系　贸易摩擦　德国贸易保护主义

一　中德经贸关系的特点

1. 随着中国工业产品的结构、质量逐渐优化，其竞争优势逐渐增强，中德贸易摩擦开始出现。

中德两国贸易规模逐渐扩大，中国在德国进、出口贸易中的地位不断增强。据统计，1972 年中德贸易额仅为近 3 亿美元，2016 年升至 1500 多亿美

---

*　童天齐，中国国际问题研究院副研究员。

元，后者是前者的 500 倍。2016 年中国代替了美国（2015 年美国是德国的最大贸易伙伴），成为德国最大贸易伙伴。而德国则一直是中国在欧盟内的最大贸易伙伴（中德贸易额占中欧贸易额的比例约为三分之一）。

毫无疑问，在中德经贸合作的各个领域里，中德在汽车产业领域里的合作取得了最丰硕的成果。在两国的汽车产业领域里，已经形成了"你中有我，我中有你"的格局。

长期以来，中国的汽车市场一直是德、日两国汽车企业争夺的对象。德企精准把握了中国消费者的需求，不断提高制造汽车的技术水平，最终在中国汽车市场上确立了强势地位。2015 年，美国指责大众公司在尾气检测中作弊，导致该公司亏损 16 亿欧元。据统计，2016 年大众汽车公司在世界市场上销售了 1030 万辆汽车，居世界第一位。仅在中国市场上它就销售了 400 万辆，中国市场成为该公司销售额最高的市场。据该公司 2016 年财政报告，它在中国市场上的销售额导致其在全球的销售额增长了四个百分点，从而使得它在 2016 年获得了 51 亿欧元的纯利润。

在改革开放初期，我国决定与德企大众汽车公司建立合资企业。现在看来，这一决定是正确的。我国的路径是"以市场换技术"，而德国的路径则是"以技术换市场"。中企和德企都进入了"良性循环"的轨道。中企引进了德国先进的汽车制造技术，"一汽大众""上海大众"成为市场上的知名品牌。中国汽车产业已经从低端阶段迈进到了高端阶段，"一汽红旗""一汽解放"和"吉利"等国产品牌的汽车也开始在市场上畅销。固然，国产汽车目前还存在关键技术缺失等"短板"，但中企正在致力于补"短板"。值得注意的是，德企"以技术换市场"的路径具有示范效应，目前中企也走上了这一路径。例如，"吉利"汽车公司并购了马来西亚"宝腾"汽车公司，从而进入了东南亚市场。可以预料，进口汽车、合资汽车将遇到国产汽车的有力竞争。

中国的工业产品结构已经今非昔比，但就总体而言，依然落后于德国。中国工业产品的传统竞争优势是价格低，而德国的优势则是质量高（据统计，2016 年"德国制造"产品的排名居世界第一）。随着中国出口工业产品的质量逐渐提高，其竞争优势逐渐增强。例如，中企对德出口的太阳能电池板物美价廉，受到了使用该产品的"欧洲太阳能联盟"各企业（该"联盟"由德企领导下的 26 家企业组成）的欢迎。但是，制造该产品的德企（"太阳能世界公司"）却对中国产品的畅销非常不满。"欧洲太阳能联盟"与德国

"太阳能世界公司"领导下的大约十家企业之间出现了尖锐的矛盾。2017年5月，"太阳能世界公司"宣告破产。该公司创始人阿斯贝克认为，来自中国的竞争导致了公司的破产。①

2. 中德之间的双向投资依然具有不平衡性，现在开始朝着平衡的方向发展，从而引起了中德投资摩擦。

投资合作是中德经贸合作的组成部分。过去的投资合作方式是"德国投资加中国制造"，现在又增加了第二种方式即"中国投资加德国制造"，而这第二种方式引起了某些德国政界、经济界人士的疑虑。他们认为：中国没有实行"互惠"原则，中国对德资的开放程度不如德国对中资的开放程度。这种看法是不符合事实的。

我们可以从三个方面来看：其一，从企业数量及其投资额看，中国在德企业仅有2000多家（累计投资额80亿美元），德国在华企业有8000多家（累计投资额为600亿美元），前者的数量是后者的四分之一（前者的投资额是后者的13%）。其二，从投资项目看，中国连续三年成为在德投资最多的国家。2014年，中国在德投资项目为190个，2015年增至260个，2016年增至281个。中企的投资集中在商业与金融服务、机械制造与设备、电子与半导体、汽车行业。2016年德国在华投资项目392个。其三，从2016年投资额和全部投资存量看，2016年中国对德投资额为29.45亿美元，全部投资存量为88.27亿美元。同年德国对华投资额为27.1亿美元，全部投资存量为281.8亿美元。2016年中国对德投资额超过德国对华投资额两亿多美元。但从全部投资存量看，中国仅相当于德国的三分之一。

2016年，中企共收购了58家德企，收购金额为116亿欧元。六年来中企收购德企的数量逐渐增加（从2010年到2016年，中企并购德企的数量从5家增至58家。2016年的交易总额超过了过去五年的交易总额）。

以下的两个例子表明：在中企收购德企之后，德企的经营状况好转。收购者与被收购者达到了"互利共赢"的目标。

其一，垃圾能源公司收购案。

随着城镇化的发展，我国城镇面临着垃圾"围城"的难题。2016年2月，为了破解这一难题，北京控股有限公司以14.38亿欧元收购了德国垃圾能源公司。垃圾能源公司拥有18个垃圾处理厂和1000多名员工。它每年将

---

① 德国《每日镜报》网站，2017年5月12日报道。

几百万吨垃圾转化为能源。它能为企业提供蒸汽，能为居民供暖、供电。其年营业额超过 5 亿欧元，2015 年的利润达 1.9 亿欧元。2017 年，该公司负责人肯珀满意地总结说："收购给各方都带来很大好处。它带来了机遇，中国对新型垃圾焚烧设备有着很大的需求。"

其二，"库卡"公司收购案。

"库卡"公司的产品是机器人，其技术是非常先进的。德国的奥迪汽车公司和美国的波音航空公司都使用了它的产品。其客户包括美国防务公司格鲁曼公司。"美的"是中国广东的一个家用电器企业集团。2016 年 5 月，"美的"决定用 45 亿欧元投标收购"库卡"。"美的"集团负责人对德国《商报》记者表示："库卡"将在中国获得"巨大成就"。"在这里我们迫切需要机器人。增长的潜力是巨大的。"

这起收购案引起了一场热烈的辩论。在辩论过程中，一名德国议员表示："我们确实需要考虑：我们是应该把这样一个关键企业送给中国人，还是应该试图把它保留在欧洲人手里。我担心，诸如此类的交易产生的后果是：未来的汽车生产场所将不会留在斯图加特。"德国副总理加布里尔宣称，德国正努力寻找一项替代方案。2016 年 6 月 13 日，德国经济部表示：正式的替代方案尚未出现。如果它出现，我们将会很高兴。① 德国金属工业工会推荐德国的福伊特公司（它拥有"库卡"25.1% 的股份）并购"库卡"，但该公司却以 12 亿欧元将其股份卖给了"美的"。在这种情况下，德国经济部无可奈何地批准了这一收购案。7 月 7 日，"美的"宣布：它已拥有"库卡"57.25% 的股份，获得了控股权。当前，"库卡"公司负责人罗伊特对现状很满意。他说："我们希望成为中国机器人技术市场上的老大。"

除此之外，中企也对收购银行表现出了浓厚的兴趣。2017 年 2 月，中国海南航空公司集团（"海航"集团）购买了德意志银行（欧洲最重要的银行之一）3% 的股份。后来，它又把股份扩大到了 9.9%，成了该银行的头号股东。②

二　贸易保护主义思潮在德国出现

正如国际货币基金组织总裁拉加德所说："在全球经济之上悬挂着一把

---

① Guy Chazan, "Berlin wary of Chinese robotics bid", *Financial Times*, 14 June, 2016.
② James Shotter, Lucy Hornby and Hudson Lockett, "HNA lifts stake in Deutsche Bank to nearly 10%", *Financial Times*, 4 May, 2017.

保护主义之剑。"① 同样，在中德经贸关系之上也悬挂着一把保护主义之剑。

德国贸易保护主义有着悠久的历史传统。在19世纪，德国经济学家李斯特是贸易保护主义者。他坚决反对英国经济学家斯密和李嘉图的自由主义贸易理论，主张实行保护关税政策。德国政府采纳了他的理论，厉行保护关税政策。该政策成功地防止了英、法的廉价工业产品进入德国市场。德国的工业发展水平终于赶上并且超过了英、法两国。在21世纪，德国已经是欧洲头号工业强国。目前，德国贸易保护主义者的主张是：运用各种措施防止中国的廉价工业产品进入德国市场，从而防止中国的工业发展水平赶超德国。德国政界、经济界人士已经分化为两个阵营：贸易自由主义阵营与贸易保护主义阵营。

保护主义总是与民族主义携手同行的。自难民危机爆发以来，德国"原住民"的民族主义情绪高涨。民族主义政党"德国选择党"在2017年9月的德国大选以后成为德国第三大党。有相当数量的公众认为，中国向德国输出的廉价产品导致了德国产品在竞争中失利，因而敦促政府采取贸易保护主义措施。

中、德在经贸领域关切的重点不同。中方关切的重点是中国市场经济地位、反倾销措施对中企利益的损害、德政府限制中企对德投资等问题。德方关切的重点是中国对德倾销产品与对德投资、对德企开放市场等问题。双方已经通过各种渠道交换了意见。2017年6月，李克强总理访德。在双方总理的会谈中，默克尔首次明确表态：欧盟应当履行《中国入世议定书》第15条规定的义务。这是德政府立场的一个重要变化。但是，这一新立场尚未成为欧盟所有成员国的共同立场。

1. 德国在贸易领域里采取的保护主义措施。

2016年2月8日，德、法、英、意、比、卢、波七个钢铁生产国经济部长致信欧盟委员会和欧盟理事会。他们在信中警告说："面对中国的倾销以及全球产能过剩的双重压力，欧盟的钢铁业正面临着很快彻底崩溃的巨大风险。"信件呼吁欧盟"动用现有的一切手段，采取积极的行动应对这一挑战"。信件敦促欧盟"尽快考虑相关诉求"，调查中国的倾销行为。不要"消极等待"这些"非法行为"给欧洲钢铁行业造成无法挽回的损失。信件建议欧盟采取如下两类措施：其一，世贸组织框架下的贸易保护手段。其

---

① Shawn Donnan, "'Sword of protectionism' hangs over trade", *Financial Times*, 13 April, 2017.

二，帮助欧盟钢铁业实现现代化的鼓励性措施（例如创新支持）。

这封信危言耸听地描述了欧盟钢铁业面临的风险。欧盟委员会决定接受德国等国的建议，采取"贸易保护手段"应对"中国的倾销行为"。此后，它多次决定对中国不同种类的钢铁产品征收反倾销税。

2013 年，为了满足德国"太阳能世界公司"等企业的诉求，欧盟委员会决定对中国的太阳能电池板征收反倾销税。2016 年 12 月，它又决定把实行该项措施的期限延长两年。2017 年 1 月 26 日，16 个欧盟成员国投票反对它的提议，导致该提议被否决。三年来，它的提议都获得了多数国家的支持，只有这一提议被多数国家否决。2017 年 3 月，欧盟委员会与持反对意见的成员国达成妥协，决定将期限延长一年半。该决定终于得到了多数欧盟成员国的支持。在整个博弈过程中，德国政府始终致力于维护德国"太阳能世界公司"的利益，支持欧盟征收反倾销税。该公司的破产，证明了保护主义措施的失败。正如经济学家费尔（他是德国《可再生能源法》的起草人之一）所说，与其将精力用于打击倾销，不如积极推进技术研发。①

2. 德国在投资领域里采取的保护主义措施。

2016 年 9 月，经德经济部批准，中国福建宏芯基金以 6.7 亿欧元收购了德国半导体工业设备制造公司爱思强公司。该公司的合作伙伴包括美国国防部、能源部（它与美国能源部所属的一些实验室共同进行"保密研究"）。它生产了美军的夜视设备部件和美国导弹上的传感器部件。10 月，美国情报部门直接向德国总理府提交了证据。证据表明：爱思强的产品可以成为军用产品。于是，德经济部出尔反尔，撤销了此前发出的"无危害证明"。最后，美总统奥巴马发出命令，否决了该项收购案。

根据德国的《对外贸易法》，德国政府有权禁止外企收购德企。德国经济部在 2017 年发表的一份文件认为，由于中国政府提供了资金并且施加了影响，中国投资者的大规模收购不同于迄今为止流行的收购。"去年的情况表明，现有的手段是不够的。"在德政府的推动下，联邦参议院开始讨论修改《德国对外经济法》，其目的是加强对外企对德投资的限制。2017 年 7 月 12 日，德国政府通过了经济部制定的新法规。根据该法规，如果并购涉及所谓的"关键性基础设施"，构成了"对公共秩序和安全的威胁"，政府就有权禁止收购。《法兰克福汇报》发表了一篇题为《柏林的贸易保护主义》的

---

① 德国《每日镜报》网站，2017 年 5 月 12 日报道。

文章。文章指出："德国总理默克尔在汉堡二十国集团峰会上盛赞自由贸易，而与此同时，柏林却准备闭关锁国。世界出口冠军德国借此向贸易保护主义趋势愈演愈烈的世界发出了一个毁灭性的信号。"①

2017 年 2 月初，德、法、意三国经济部长致信欧盟委员会，要求扩大欧盟行使否决权的范围，以保护高技术企业。6 月，欧盟峰会决定审查中国国有企业的对欧投资。7 月 28 日，德、法、意三国经济部长再次致信欧委会。该信声称，外国资本流入原则上是"积极的发展态势"，但"在一段时间里我们观察到这些投资片面集中于高技术和关键技术企业"，而这些技术"显然与'中国制造 2025'战略有关"。与此同时，"中国市场在许多领域对欧洲投资者关上大门"，因此欧盟国家必须得到更多的干预权。②

对于德国政府采取的保护主义措施，德国贸易自由主义阵营里的有识之士明确表示反对。政治家、前总理施罗德指出，在他任总理期间，中德开始建设战略伙伴关系。应该继续加深这一伙伴关系。"我们不应该对中国对德国的投资采取防备态度。"经济学家"五贤人"在其 2016 年至 2017 年的经济评估报告中专门分析了中国对德投资的问题。他们认为，对于中国获得关键技术的担忧是过分的。中企提升技术水平以后，将成为德企更具吸引力的贸易伙伴。即使中企的技术水平超过了德企，也不是坏事，反而会刺激德企继续提升技术水平。"欧洲太阳能联盟"的企业家认为，"贸易限制措施并未让欧洲的生产成本降低，结果是消费者和投资者支付了不必要的高价"。③

综上所述，德国贸易自由主义阵营与贸易保护主义阵营之间的斗争将是一场持久战。据一位德国学者预测，中国的发展水平将在二十年内赶上德国。显而易见，中国的工业发展水平越是接近德国，德国贸易保护主义阵营就越会在斗争中占上风。德国政府的对华经贸政策将一如既往地具有两重性：一方面，它将继续高举"自由贸易"的旗帜，反对中国的所谓"贸易保护主义"。另一方面，它又担心中国赶超德国，将会越来越倾向于以实际行动支持本国贸易保护主义阵营的诉求。

---

① 《柏林的贸易保护主义》，德国《法兰克福汇报》网站 2017 年 7 月 13 日文章。
② 《柏林想增加中国收购的难度》，德国《商报》网站 2017 年 8 月 19 日报道。
③ 德国《每日镜报》网站 2017 年 5 月 12 日报道。

德国数字经济发展路径
与中德数字经济对接

俞宙明*

摘　要： 2014 年德国政府推出"数字议程 2014 – 2017"，提出三大核心战略目标与七个核心行动领域以推动政治、经济与社会的数字化转型。2016 年联邦经济部又提出了《数字战略 2025》及具体的"数字化行动计划"，德国的数字化战略趋于完整。虽然仍然面临政治、经济和社会方面内部和外部的问题和挑战，三年来，依循顶层设计、基础建设、创新驱动、重视中小型企业、打造法规环境、保障数字与人才安全等方面的发展路径，德国的数字经济有了一定的发展。中德两国在数字经济领域的合作拥有诸多有利条件，自 2014 年起也达成了若干纲领性文件与合作协议，在杭州与汉堡两次二十国集团峰会的推动下，中德两国的数字经济合作大有可为。

关键词： 德国　数字战略　数字经济　中德合作

进入 21 世纪以来，信息通信技术飞速发展，新技术的大量涌现和广泛使用，为整个社会经济环境和生产生活方式带来了根本的变化，在政治、经济、社会、文化等各方面都起到革命性影响。德国政府深刻认识到，信息通信技术将在德国提高国际竞争力、打造高科技高地中起到决定性作用。数字化被视为生产力、创新与增长的发动机，并依靠数字化转型，更好地应对人口结构变迁所带来的种种挑战。

---

*　俞宙明，同济大学德国问题研究所/欧盟研究所讲师、同济大学德国研究中心研究人员。

本文旨在介绍德国数字化战略出台的背景与内容，梳理德国经济社会数字化转型的现状与面对的问题和挑战，总结德国数字经济发展的路径，并分析与展望中德数字经济合作与对接的优势与前景。

一 德国数字化战略出台的背景与形成

德国政府推动数字经济发展的最早战略是 2006 年的德国"高科技战略"。该战略列出 17 个未来重点发展领域，其中包括信息通信技术。2010 年 7 月，"高科技战略"升级为"高科技战略 2020"，其中信息通信技术的发展被列为五大重点需求领域之一。该领域包含发展互联网服务和"工业 4.0"两项未来计划，聚焦"云技术"和信息物理系统（CPS），投入资金共计 5 亿欧元。

2010 年 5 月欧盟委员会在"欧洲 2020 战略"框架中发布了欧洲的"数字议程"，提出创建统一的数字市场、改善信息技术标准和兼容性、建设互联网信任与保障互联网安全、提高宽带覆盖面、增加研发投资、提高全民信息素养、应用信息通信技术应对气候变化。与此相应，德国政府也在 2010 年 11 月推出其在信息通信领域的全面战略计划，名为"德国数字 2015"，该战略提出的目标涵盖经济、网络、安全、研发、教育和数字化解决方案。相关的研究主题则被纳入联邦教育与科研部的"信息通信技术 2020 - 创新研究"资助计划中，三大资助重点为"复杂系统中的信息通信技术"，"新型运作流程与生产工艺"以及"物联网与服务联网"。此为"数字议程"的前身。

2013 年 11 月，联盟党和社民党联合组阁建立新一届联邦政府，两党在《联合执政协议》中就打造"数字议程"达成共识，要通过数字化战略推进经济增长、教育公平与互联网的自由和安全。具体目标包括：经济方面，要使德国数字经济发展在欧洲领先；教育科研方面，要在数字化社会中保障公平、促进创新、提高全民信息素养；在社会的数字转型中要促进机会均等，加快立法进程。①

计划中的这一"数字议程"最终于 2014 年 8 月通过。这份由联邦经济

---

① Deutschlands Zukunft gestalten. Koalitionsvertrag zwischen CDU, CSU und SPD, 2013, https://www.cdu.de/sites/default/files/media/dokumente/koalitionsvertrag.pdf.

与能源部、联邦内政部和联邦交通与数字基础设施部共同拟定的《数字议程
2014－2017》成为本届政府在该领域的行动框架，也是德国经济创新政策的
一个重要基础和组成部分。"数字议程"聚焦以下七大核心行动领域：①

● 数字基础设施。加快扩建高速宽带网络基础设施，实现高速互
联网全面覆盖，以满足迅速增长的、对高速互联网的需求。具体要拉动
宽带建设、加强农村地区网络设施建设、促进移动互联网和新型服务的
发展，并开发数字化在医疗等领域的应用潜力。

● 数字经济与数字工作。支持与推进德国经济数字化进程，为新
的数字市场提供支持，为数字经济创造面向未来的规范性框架，以更好
地挖掘大数据、云计算等新的数字技术所蕴含的潜力。同时关注数字化
转型时代的劳动力市场与经营方式的转变，寻求数字职场、能源转向等
方面的解决思路。

● 创新型国家。推动公共管理的数字化转型，向公众和企业提供
便捷、高效和安全的数字化公共管理服务。

● 在社会领域构建数字生活。加强全社会各个人群的媒体能力，
促进民众的数字融入与数字参与，扩大与社会不同人群的对话，支持与
促进全社会参与数字化进程。

● 教育、科研、文化与传媒。促进教育和科研及其基础设施的投
资，挖掘其中蕴含的创新潜力，开发新的运作模式并创造相应的框架条
件，以更好地利用数字化所带来的新的可能性。

● 社会与经济的安全、保护与信任。保障网络安全，加强数据保
护，保障数字化商业模式中的消费者权益，加强数字基础设施安全，让
数字化潜力更好地在经济与社会发展中得到发挥。

● "数字议程"的欧洲与国际维度。把德国的数字议程带入欧洲和
国际层面，顺应互联网的全球属性，力争在欧洲与国际层面确立规则和
框架，同时积极参与数字化转型的讨论、推动发展合作方面的数字化
进程。

---

① Bundesregierung, Digitale Agenda 2014－2017, Berlin, 2014, https：//www. digitale-agenda. de/
Content/DE/_Anlagen/2014/08/2014－08－20-digitale-agenda. pdf；jsessionid = 385D811D4317
C8BF023F24DFFDE17AE2. s4t2？_blob = publicationFile&v = 6.

二 德国数字化战略的内容及实施

"数字议程"的出台，体现了德国政府首次把经济、社会和政治的数字化转型视为一个独立的政策领域，着手协调各方在该领域的行动。但"数字议程"的内容仍然偏于宽泛和抽象，实际操作性不强，更多的是一种指导性的政策方针。近年来，随着新的技术与解决方案不断涌现、数字化转型不断推进，人们的认识不断刷新，同时也不断面临新的问题与挑战。联邦经济部因此及早对"数字议程"做出了补充和更新。

2016 年 3 月，联邦经济部长加布里尔在汉诺威消费电子、信息及通信博览会上介绍了"数字战略 2025"。该战略描述了成功构建德国数字化转型的重要措施和手段，提出到 2025 年应当完成的十大步骤，包括建设全覆盖的千兆级光纤网络；开创新的创业时代，支持初创企业，方便其融资，促进其与成熟企业的合作；建设和完善数字经济的法规与政策环境；在能源、交通、医疗、教育和公共管理方面挖掘数字化潜力，促进智能网络应用；维护数据安全与数据主权，推进软硬件安全的新体系开发；开发中小企业的新模式，促进与支持中小型企业、手工业和服务业参与数字化转型；建设德国区位 4.0，以广泛全面的促进措施，帮助企业实现工业 4.0；促进研发，加强对研究项目的资助，加快引入尖端技术带动数字化转型；加强数字化教育，使数字化融入教育的各个层面，同时促进终身教育；成立联邦数字局，作为智库和服务机构，对联邦政府提供支持。[①]

2016 年 9 月，在上述"数字战略 2025"的框架下，联邦经济部又发布了"数字化行动计划"，提出了在未来 12 个月内具有优先级的 12 点行动计划，具体包括：（1）促进数字产业中心发展；（2）加速中小企业数字化；（3）扩建千兆级光纤宽带网络；（4）促进数字技术领域的私人投资；（5）保障数字价值链安全；（6）鼓励更多风险投资；（7）推进电子政务建设；（8）能源转向数字化；（9）医疗行业数字化；（10）加强金融技术；（11）推进数字交通；（12）通过社会分享经济促进参与。[②]

---

① BMWI, "Digitale Strategie 2016", 2016, http：//www. de. digital/DIGITAL/Redaktion/DE/Publikation/digitale-strategie – 2025 – broschuere. pdf？ _blob = publicationFile&v = 6.

② BMWI, "Aktionsprogramm Digitalisierung. 12 Punkte für die Digitale Zukunft", 2016, http：//www. bmwi. de/Redaktion/DE/Publikationen/Digitale-Welt/aktionsprogramm-digitalisierung. html.

经济与社会的数字化转型，涉及全社会的各个领域与各个层面，相关行为者包括各级政府、经济界、学术界、市民社会等，全国信息技术峰会（Nationaler IT-Gipfel）作为数字化转型的中央论坛，为所有行为者提供一个广泛讨论和合作的平台。实施方面则由联邦政府的"数字议程"控制小组牵头协调，该小组由联邦政府负责实施与推进数字化战略的三个部（联邦经济与能源部、联邦内政部和联邦交通与数字基础设施部）主管的国务秘书组成。这三个部中，联邦经济与能源部起到主导作用，联邦内政部负责网络安全战略、数据保护及数据开放、公共管理数字化，联邦交通与数字基础设施部则主要推动宽带基础设施建设以及交通领域的数字化进程。此外，联邦政府的其他各个部门也参与各自相关领域的项目。①

同时，联邦政府还有一套系统的监测评估机制，先后发布了四份《德国"数字议程"实施状况报告》。详细描述"数字议程"在各领域实施的进展，列出本阶段的发展重点，介绍各部门对下一步工作的计划。2017 年中发布了总结性的《数字议程 2014－2017 任期报告》，就联邦政府在经济社会数字化转型方面所采取的措施以及面对的挑战进行了全面总结。此外还有分领域的调研报告，如在数字经济方面，由联邦经济与能源部每年出具数字经济监测报告。

自"数字议程"发布以来，德国政府在其数字化战略框架下为发展数字经济所采取的重要措施，除对能源、交通、医疗、金融等专门领域数字化进程的促进，还涵盖基础设施、"工业 4.0"、中小企业、创新创业、数字职场、人才保障、安全互信及法规适应等各个方面。

基础设施方面，推出 5G 战略，建设高速宽带网络，支持"工业 4.0"和智能联网发展。为解决农村及偏远地区的网络建设问题，设立总额约为100 亿欧元未来投资基金。"中小型企业特别促进计划"中也有 3.5 亿欧元用于生产经营场所千兆级基础设施的建设。

"工业 4.0"平台在联邦经济与能源部支持下创建，旨在把各方面行为者纳入整个数字化转型进程，共同面对挑战、寻求解决途径，保障德国的国际竞争力，使德国在"工业 4.0"的发展中始终占据国际高地。这是一个经济界、学术界、工会与政界重要行为者对话的平台。约有 300 名专家与政府

① BMWI, Saarbrücker Erklärung, 2016, http://www. de. digital/DIGITAL/Redaktion/DE/IT-Gipfel/Publikation/2016/saarbruecker-erklaerung. pdf? _blob = publicationFile&v = 3.

专家合作，分五个工作小组，就顶层工业框架、标准规范、研究创新、安全联网系统、法律框架以及就业培训等主题提出行动建议和方针，并有针对性地向中小企业介绍"工业 4.0"解决方案的具体应用案例。依托"工业 4.0"平台创建的 Verein Labs Network Initiative 则为中小企业提供支持，帮助其进入各个试验中心测试其新技术。该平台还建立了顶层工业框架 RAMI4.0，发展服务于"工业 4.0"的统一、开放与兼容的国际标准，为"工业 4.0"在国际上的发展和不同标准间的协调奠定了基础，同时还与包括中国在内的各国合作推进标准化和安全。"工业 4.0"主题也成为 2017 年德国担任二十国集团（G20）峰会轮值主席国期间的重要议题。

中小型企业是德国经济区位数字化转型成功的关键。但当前德国大多数中小型企业对数字化技术仍然利用不足，对其运营流程的数字化还没有提到战略高度。因此，除上述"工业 4.0"平台对中小型工业企业给予特别支持外，"中小企业数字化"也成为联邦经济部的资助重点。德国政府首先在各地设立了十几个"中小企业 4.0 能力中心"以及"中小企业 4.0 事务所"，旨在为中小企业提供数字化进程中的咨询与指导。此外还有总额达 1038 万欧元、针对两个样板地区的"Go-digital 资助项目"，为中小型企业提供外部咨询服务，在信息技术安全、网络营销与数字化运营流程等方面提供全流程的支持。最后则通过激励投资发动"中小型企业数字化攻势"。

在创新创业方面，首先是对数字技术创新的促进。"Smart Data－数据创新"、"智慧服务Ⅰ"和"智慧服务Ⅱ"、"智慧服务世界－为经济提供的基于互联网的服务"及"PAiCE－用于经济界的数字技术"等计划，分别资助大数据、智慧服务、生产流程等相关方面的创新。同时，文化创意产业被视为创新发动机，因此也设立了文化创业产业能力中心，以促进文化创意产业与其他经济领域的合作及跨行业的创新成果转化。对初创企业的支持，则从创业阶段即已开始。首先是资金支持，通过 EXIST 计划、高技术创业基金等项目，提供资金支持创业及成果转化；同时改善风险资本市场的框架条件，鼓励风险投资，帮助初创企业度过资金难关。除资金支持外，还有"数字创新"创业竞赛等其他形式，以及"数字枢纽"等措施帮助上升中的初创企业与成熟企业建立联系。

为促进大企业、中小型企业与初创企业之间的合作，吸引投资者，共同推进德国主导工业的数字化转型，2016 年 11 月第一批数字枢纽（Digital Hub）建设启动，选取 5 个地点发展特色数字经济，具体为美因河畔法兰克福以及达姆施塔特（金融技术）、柏林（物联网与金融技术）、多特蒙德（物流，重点为内部物流）、汉堡（物流，重点为海运链及城市物流）、慕尼黑（交通）。2017 年 4 月，第二轮数字枢纽倡议启动，计划在 7 座城市创办新的数字枢纽：路德维希港和曼海姆（化工）、斯图加特（未来工业）、纽伦堡和埃尔朗根（健康）、科隆（保险科技）、卡尔斯鲁厄（人工智能）、波茨坦（媒体）、德累斯顿与莱比锡（智慧系统、能源、物联网）。这些数字枢纽可以方便企业的合作和彼此之间的知识与技术交流转化。同时还要把这些数字枢纽向国外推介，提高它们的国际知名度，帮助它们接触到国外的创业者和投资者。

为尽早把握数字化转型对职场的影响，联邦劳动部早在 2015 年 4 月就发布了相关绿皮书，并在此基础上启动了"职场 4.0"对话进程，初步成果汇编为一册白皮书。该对话的重点诸如"时间与地点灵活的工作"，"就业与继续教育""健康与参与"等。另外还有"数字职场 4.0"平台，跨部门的"职场 4.0"创新、科研与转化战略也正在起草，涉及劳动保护、员工数据保护、薪酬改革等。

针对数字化转型中企业面临的人才问题，联邦政府主要从两个方面入手。首先着眼于各级学历教育、职业教育、继续教育直至终身学习，在其中引入数字经济时代的新内容、新课题，提高全民信息素养，帮助就业者和求职者跟上数字化转型的步伐。同时联邦政府也致力于应对专业人才匮乏的问题。在联邦劳动局"地区人才"创新办公室的支持下，围绕劳动力市场的地方行为体，例如劳动局、职业介绍所、工商会与协会以及企业在全国建立了 469 个旨在保障本地专业人才的联盟，并成立了主要服务于中小型企业的保障专业人才能力中心（KOFA）。联邦政府把人口结构变迁与数字转型视为劳动力市场所面临的共同挑战，努力改善专业人才监测机制。同时也常重视"从娃娃抓起"，致力于提高中小学生的信息素养，让他们尽早接触与学习信息通信技术与编程等课程，激发他们对于理工类学科的兴趣。

网络安全与数据保护一直是数字化进程中非常受到重视的问题。为此联邦政府于 2016 年 11 月推出了新的网络安全战略，以保障德国在数字时代的行为能力和主权。同时进一步建设国家网络防御中心、提高网络攻击防御能力与快速反应能力。

在法规环境方面，联邦政府积极调整现有法律法规，使之适应数字化转型的需要，为数字经济发展提供应有的知识。通过了促进数字高速网络建设的《数字网络法》，并对能源转向、网络运营、知识产权等方面的一系列法案进行了修订和改革。同时也在欧盟层面积极推动相关法律法规的修订和未来数字内部市场的建立。

三　德国数字经济发展现状

德国政府推动数字化转型进程的战略十年以来，各个方面都取得了相当大的进展，经济与社会的数字化转型取得了较好的成果。联邦经济与能源部 2017 年的《数字经济监测报告》表明，德国产业经济的数字化正在继续向前推进。2017 年数字经济指数为 100 点中的 54 点。其中加工业直接得益于"工业 4.0"的推进，分指数达到 42 点，比 2016 年提高 3 点。大型企业与中小型企业的数字化程度有所提高，分别有 17% 的大型企业和 19% 的中小型企业被评定为数字化程度"高"。从行业上看，不同行业的数字化程度仍然呈现很大差距。信息通信行业仍然走在数字化进程的前列，数字化程度"高"的企业占到 78%，此外，知识密集型服务业、金融保险业以及商业的数字化程度也高于平均水平。能源供应、机械制造及化工医药行业的数字化程度属中等，而后是汽车制造业及其他加工制造业，这一领域的数字化水平在 2017 年首次达到"中等"水平。而后是交通物流业与医疗服务行业，虽然有所进步，但数字化程度仍属"较低"。

从数字经济规模看，数字经济在德国经济中的重要性不断上升。信息通信行业产值约为 1050 亿欧元，连续第二年超过 1000 亿欧元大关，远远超过了机械制造、化工制药等传统工业。信息通信行业对就业的促进作用也相当显著。2016 年该行业就业人数再度上升，新增就业人数 4.1 万。该行业自 2010 年来已经创造了近 20 万的新就业岗位，目前该行业就业人数已超过 110 万。[1] 而工业与工业服务业 2016 年通过数字化创造的产值近 2000 亿欧元，推及整体经济，2016 年的数字产值达到 3320 亿欧元，占到整个经济产值的 12%。[2]

德国的信息通信行业在创新方面的投入也进一步增长，2016 年该行业企业的创新预算达到 172 亿欧元，比上一年度增长近 18%；研发与软件开发投

---

① BMWI, Monitoring-Report Wirtschaft DIGITAL 2017, 2017, p. 88.

② http://ap-verlag.de/digitalisierte-unternehmen-sind-erfolgreicher/35485/.

入也比上一年度增长 9 亿欧元，达到 86 亿欧元。但从创新应用领域看，德国经济界整体对这方面的潜力的挖掘还远远不够。目前仅有三分之一的企业使用"智慧服务"，五分之一的企业使用"大数据"，开始运用"工业 4.0"的加工制造企业仅占七分之一，而人工智能的应用几乎还没有起步。①

德国数字经济表现最好的领域是数字经济企业与传统行业企业之间的合作，薄弱点在于专业人才不足、网络基础设施以及法规条件对数字化发展的适应过慢。从应用方面看，数字技术、产品与服务的使用，处于平均水平，在电子商务应用上体现较好，社交媒体使用较少，公共管理对新的信息技术解决方案的开放程度较差。

四 德国数字经济发展的路径小结

纵观德国数字化战略近几年的发展及德国经济社会数字化转型的进展，可以看到，德国政府力争在兼顾利益与公平、效率与安全的前提下推进经济的数字化转型，提高德国在全球的竞争力。其推动德国数字经济发展的路径，可以总结为顶层设计、基础建设、制造业、创业创新、中小企业、法规适应、安全互信以及教育培训等八个方面。

1. 顶层设计、科学布局数字经济战略

德国自 2006 年推出第一份包含信息通信技术发展内容的战略以来，既有战略性、纲领性、引领性的数字经济产业规划与政策体系，也有数字经济各领域的具体实施方案。以联邦经济与能源部、联邦教育与科研部、联邦交通与基础设施部为主导，以"工业 4.0"、智慧交通、能源转向数字化、医疗卫生数字化等为重点突破方向，搭建全社会参与的讨论与合作平台，同时在十年的时间内，数次对其数字化战略进行升级、调整与补充，使之适应信息科技的新发展与数字化转型带来的新的问题和要求。

2. 以基础设施建设夯实基础

数字经济的核心是数据与信息，数据与信息的高速、稳定与安全传输，离不开基础设施的建设。德国认识到本国数字基础设施的薄弱环节，提出建设覆盖全国的千兆级光纤宽带网络的规划来补齐数字经济发展的短板，为互联网经济、"工业 4.0"、云技术和信息物理系统等数字技术的应用创造良好

---

① BMWI, Monitoring-Report Wirtschaft DIGITAL 2017, 2017, p. 92.

的物质条件，为数字经济的发展夯实基础。基础设施建设的重要性和紧迫性也获得了几乎所有行为体和所有政党的认同。

3. 以"工业4.0"为引领，通过制造业智能化带动数字经济整体发展

"工业4.0"是德国政府在《高科技战略2020》中提出的十大未来项目之一，被视为以智能制造主导的第四次工业革命。这一战略将制造业与信息通信技术和网络空间充分结合，具有革命性，跨行业、跨部门，影响面极大，不仅带来制造业的智能化升级，也会对整个社会经济生活带来连锁反应。德国提出"工业4.0"战略，不仅旨在保持与发挥其传统制造业大国的地位与优势，还要借助"工业4.0"的发展，推动生产、物流、标准、职场、研发、教育培训、法律法规等的全方位发展，带动经济社会的数字化进程。

4. 以创新创业为动力，鼓励投资为之助力

创新是数字经济发展的根本动力，而大量的初创公司则是创新的生力军。德国的数字经济战略以各种形式鼓励与促进创新创业，并着眼于实效，致力于提供帮助、搭建平台，帮助创新创业企业与成熟企业之间的知识技术转化交流与合作，使其能够真正发挥其应有的社会与经济效应。同时通过政策及税收手段，鼓励投资，尤其鼓励风险投资，力争为创新创业企业解决资金上的燃眉之急。

5. 以中小型企业为关键

中小型企业是德国经济的中坚力量，也是德国经济数字化转型的关键。但中小型企业因为其规模及传统的经营模式，数字化转型也是其面临的巨大挑战。德国政府充分认识到这一点，通过设立能力中心、数字枢纽等机构，为中小型企业的数字化提供知识以及技术上的指导与援助，在鼓励投资等政策上也向中小企业倾斜，同时为中小企业简化办事流程、减轻负担，促进与支持中小企业参与数字化转型。

6. 更新法律法规，营造良好发展环境

经济与社会的数字化进程，以及层出不穷日新月异的新技术、新运作模式，对法律法规的更新与适应提出了很高的要求。为更好地规范数字经济的新发展，避免法律法规的滞后对数字化进程造成障碍，德国政府一直不遗余力地进行法律法规的修订与更新，不仅对现有法律法规进行普遍的适应性调整，而且在起草新的法律法规时，也要具有前瞻性，根据未来发展的需求对其进行适应性审视。同时也积极参与欧盟相应法律法规的更新。

7. 以网络安全与数据保护为坚强后盾

数字化时代的网络安全与数据保护，是德国政府和各行为体均极为关切的问题。为此联邦信息技术安全局每年发布安全状况报告，2015 年还通过了信息技术安全法，确保信息通信、水利、医疗卫生、食品、交通运输以及金融保险领域的关键基础设施运营者都能遵守信息技术安全标准。同时德国也非常重视数据保护，注重数据主权的捍卫。

8. 提高全民信息素养，以人才为发展的保障

经济与社会的数字化进程离不开人的因素。德国政府一方面从娃娃抓起，在各级各类学校教育和职业教育以及终身教育中注入数字化主题，力求提高全民信息素养，使其更好地融入数字化社会和数字化职场中；另一方面非常重视培养与吸纳信息通信技术专业人才，力求在老龄化时代不出现人才的断档与缺口，视人才为发展的根本保障。

五　德国数字经济发展所面临的问题与挑战

可以看到，德国在经济社会的数字化转型方面的行动积极，相关战略也取得了较好的成效，数字经济有了较为令人可喜的发展。但也必须看到，德国的数字经济在很多方面都还有较大的增长空间，德国要在全球的数字化大潮中争取领先，使数字化成为自身的竞争优势，还需要克服当前存在的诸多障碍。同时，数字化转型的速度、多样性及创新力既带来机遇，也带来挑战。数字产品的安全、社会市场经济的稳定等都需要各个利益相关方的共同合作。未来的数字化战略必须要能够灵活地、实时地对新的现象和问题做出反应，迅速有效地把握人工智能、机器人或区块链等新的数字技术所带来的挑战。

1. 存在的问题

首先是德国政府对于数字化这一新领域的驾驭仍然显得力不从心，工作方式陈旧、官僚程序复杂、数字素养欠缺，都导致各相关主管单位难以对长远发展做出战略性和前瞻性规划，对近期问题做出迅速反应，从而对数字化带来多方面的持续性的不良影响。政府所迫切需要解决的问题，一是政出多门。联邦各部委机构及它们之间目前的合作形式，并不足以应对数字社会飞速发展中的挑战。在联邦议院中，数字化议题也分散在至少四个不同的委员会中，无法反映出数字化进程的整体状况。数字化战略的实施由联邦经济与

能源部、联邦内政部、联邦交通与数字基础设施部共同负责。这种分散式结构导致政出多门，也带来了不必要的摩擦损失，影响到讨论和执行的效率，亟须明确职责，理顺关系，发挥最大的协同效应。二是当前立法与实施的进程，跟不上数字化转型的发展，以及数据利用和新技术开发的增长速度，在新的应用方式、新的运营模式和新的传播途径不断出现的情况下，很多领域立法跟不上，就会出现法律灰色甚或空白地带。法律法规的滞后带来很大的不确定性，从而阻碍到德国数字经济的发展。

从经济界本身来看，制约德国数字经济竞争力增长的重要因素，除了政务发展滞后，办事流程烦冗、法律法规滞后，发展环境受限等外部原因之外，经济界本身也存在问题。调查显示，企业对自身在数字化转型中面临的问题认识如下：最大的问题是数据保护（38%）和 IT 安全（37%）、员工接受度（29%）、专业人员的数字能力（28%）决策与内部协调（25%）投资意愿不足（16%）。[1] 这里体现出，德国企业对数字化仍然存在的疑虑以及创新和进取精神的缺失。德国企业战略落后，固守欧洲市场，思路单一，创新速度过慢。尤其是中小型企业往往还沉浸在其机械制造年代的成功中，并没有真正意识到"工业 4.0"时代的到来。而德国较为稳健的民族特性，也造成风险投资方面的巨大缺口。虽然近几年德国采取了种种措施试图激励风险投资，但收效并不显著。

从教育和人才方面看，专业人才的匮乏和全民信息素养的不足，都会成为数字经济发展的巨大障碍。德国的学校教育和职业培训，无论从内容上还是从形式上，都仍以传统为主，很容易与数字化转型的现实与未来要求脱节，而整个教育培训体系对数字化进程的发展，都呈现滞后。而德国由于人口结构变迁的影响，从整体上正面临专业人才缺乏的威胁，尤其信息技术专业人才，培养上有缺口，而顶尖人才却外流严重。另外，全民信息素养的不足，也造成民众对数字化进展总的看来不够开放，多持过于谨慎的态度。[2]

2017 年的《数字经济监测》报告询问了德国经济界在数字化转型方面对政策的期待，调查结果显示，呼声最高的是宽带基础设施的扩建（87%）、有利于数字化转型的法律法规框架（81%），以及由公共资金支持的重要创

---

① http://ap-verlag. de/digitale-transformation-der-wirtschaft-laeuft-noch-nicht-rund/31327/.

② Initiative D21 e. V. , n "2016 D21-Digital-Index. Jährliches Lagebild zur Digitalen Gesellschaft", 2016.

呈现互补态势，其中蕴藏大量合作机会。

第三，两国在数字经济发展战略上诉求相似，拥有共识。德国的"工业4.0"与中国的"中国制造2025"均体现了中德双方以数字化革命、智能制造带动产业转型、改变经济增长方式、增强国际竞争力的诉求，中国正在大力实施的创新驱动发展战略，与德国政府高度重视可持续发展、实施"工业4.0"的战略理念不谋而合。随着中德经贸关系平稳发展，在数字领域加强交流与合作的需求将会更加强烈。

第四，数字化议程在G20框架里的推进，也将推动中德两国在该领域深化合作。2016年的杭州G20峰会上，中国提交了第一个《包容性的数字经济高级指导原则》，率先提出要开展数字经济领域的发展与合作。在中国的推动下，数字经济成为热门议题之一。在峰会通过的《二十国集团创新增长蓝图》中，创新、新工业革命和数字经济等领域的政策和措施成为重要内容。在杭州G20峰会后，"数字经济"合作成为中德合作的核心议题。

2017年德国担任G20主席国，在汉堡召开的G20峰会口号为"塑造联动世界"，与2016年的"杭州峰会"共识保持着密切的连续性，数字经济即是其中的一个核心内容。本届G20峰会的重点议题之一，就是"数字化时代的全球性挑战"。德国视数字化为世界经济强劲、可持续、平衡与包容性增长的重要成功因素。要为"工业4.0"在全球的发展打造公平的条件、统一的标准和可比的法规框架，从而使企业未来保持全球竞争力并能相互间发展合作关系。一些重要的领域，例如日益复杂的全球价值创新链中的网络安全，跨国的消费者保护，以及国际性的数据保护规定也必须与世界贸易相适应。因此德国在国际层面上与其他工业国家积极展开合作，推进经济数字化进程。以杭州峰会为基础，德国在汉堡峰会上提出要在经济发展中抓住数字化机遇，在更广泛的领域更全面地推广数字经济，促进经济的可持续包容性发展。而中国国家主席习近平在汉堡峰会上围绕世界经济形势所做的讲话，也为中德关系的进一步发展加入了新的含义，为中德数字经济的合作指明了方向。双方决定推动"中国制造2025"与德国"工业4.0"两大战略对接合作，释放两国制造业优势和互联网科技潜力。智能制造、数字化领域的多项双边合作协议也陆续签署。

如今，数字经济已经成为"一带一路"倡议和欧洲发展战略对接的新亮点，而德国正是欧盟最核心的国家之一。相信通过加强政策对话，实现互利共赢，充分发挥各个相关合作机制的作用，加强德国"工业4.0"与"中国制造2025"的合作对接，德国与中国在数字经济领域合作潜力不可限量。

"中国制造2025"战略和德国"工业4.0"框架下中德合作的成果和困难

关海霞*

摘　要：当前，全球新一轮科技革命和产业革命正在酝酿新的突破，以信息技术和制造技术深度融合为特征的智能制造越来越受到重视，世界各国和众多企业都希望借助智能制造这一新方法、新技术、新模式，将消费和需求有效衔接起来，提高生产效率，提升产品性能，创造新的市场空间，培育新的经济增长动力。德国近年提出了"工业4.0"战略，智能制造是其中的重要内容，该方案描绘了工业发展未来的方向，吸引了各国的高度关注。2015年我国有关部门和学者也提出实施制造强国战略的首个十年行动纲领《中国制造2025》，将智能制造作为"十三五"及今后一个时期制造业创新发展的重点和主攻方向。两者都是结合各自国家的发展实情制定的战略方针。两者异曲同工，却殊途同归。这为两国间和两国企业间深化交流、合作奠定了基础。在"中国制造2025"战略和德国"工业4.0"方案的框架下，两国可以利用各自的优势，推动两者的战略对接，促进两国工业的发展，共同应对未来的挑战。

关键词：中国制造2025　德国工业4.0　智能制造　战略对接

一　引言

当前，全球新一轮科技革命和产业革命正在酝酿新的突破，以信息技术

＊　关海霞，北京外国语大学德语学院讲师、博士。

和制造技术深度融合为特征的智能制造越来越受到重视，世界各国和众多企业都希望借助智能制造这一新方法、新技术、新模式，将消费和需求有效衔接起来，提高生产效率，提升产品性能，创造新的市场空间，培育新的经济增长动力。

德国制造一直在全球享有盛誉，德国 "工业 4.0" 方案的出台，更是突出了德国制造业希望占领未来制造业发展高地的野心。而我国出台的 "中国制造 2025" 战略也体现了我国希望加速制造业发展，在未来制造业发展中，占有一席之地和话语权的决心。

但是，众所周知的是，实体经济是一个国家经济发展的基石，而制造业在实体经济中，更是占有重要的一席之地。全球化的发展，让高科技领域的技术不可能为一国所有，各国都有各自的发展优势，各国也在积极发展新的技术和生产高科技含量的产品。各国之间的竞争也越发激烈。所以，各国都在积极发展制造业，希望在未来制造业的发展中，领先于其他对手，拥有更多的话语权。美国、日本等传统的制造业强国的发展一如既往的强势，韩国、印度等新兴国家也在虎视眈眈，为了应对全球化带来的挑战，如果国与国之间能够合作，共同发展，那么，就有可能获得一个共赢的局面。中德之间经济合作发展极其良好，双方在汽车制造、环保、医药等方面有着深入的合作与发展。两国未来制造业发展规划的出台，给两国合作提供了更多的可能性。两国也在不断尝试合作的多种可能。那么，双方到底有哪些合作可能性？合作过程中，会遇到什么困难和挑战？未来合作的前景如何？本文将在下面的分析中，尝试解答这些问题。首先，我们先要来看看两国出台各自方案的背景及其具体的内容。

二 "中国制造 2025" 战略和德国 "工业 4.0" 方案

1. "中国制造 2025" 战略

中国作为世界加工厂的历史已经成为过去。中国现有的工业结构已经落后，劳动力成本优势进一步削弱。中国不再愿意看到 "中国制造" 这个品牌继续成为低廉商品的代名词，而是希望把 "中国制造" 这个品牌打造成创新、高质量和高效率的代表。在这个背景下，对中国工业结构进行现代化的改造，可以说是迫在眉睫。而德国 "工业 4.0" 方案给中国工业界各个层面带来了很大的触动，引起了中国企业，尤其是制造业的巨大重视。德国的

"工业4.0"将全面改造价值创造结构，改变整个世界的工业布局。中国很清楚地认识到德国版"工业4.0"本身所蕴藏的机会。因此，中国企业把下一步工业发展的重点放在了创新和高科技上。"中国制造2025"方案也就孕育而生。通过该方案，中国企业希望更新生产设备，用自己的创新技术，取代从国外引进的技术。在这一背景下，2015年，在学术界和工业界的倡议下，在分析了国内外市场的基础后，遵循产业升级和转型的客观规律，由工信部牵头，中国工程院起草，编制了中长期十年规划，提出了"中国制造2025"方案。2015年5月20日，这项方案的详细内容向社会进行了公布。

该方案列出了建设制造业强国规划的第一个十年行动计划，明确了十个重点发展行业，主攻方向是推进智能制造，主要形式是"互联网＋"。其目的是增强国家工业竞争力，到2025年，迈入制造强国行列，建国100周年时占据世界强国的领先地位。

该方案的总体结构可以用"一二三四五五十"概括①：

所谓"一"就是前面提到的该计划的目标。所谓"二"，就是指通过信息化和工业化的两化融合，来实现制造业强国的目标。所谓"三"就是要通过"三步走"的一个战略，来实现从制造业大国向制造业强国转变的目标。② 所谓"四"，就是确定的四项基本原则，即：市场主导，政府引导；立足当前，着眼长远；全面推进，重点突破；自主发展和合作共赢。③ 所谓"五五"是指两个五，第一个"五"指的是"五条方针"，即创新驱动、质量为先、绿色发展、结构优化和人才为本。④ 第二个"五"指的是以实现智能制造工程为核心的五大工程。即：国家制造业创新中心建设工程、工业强基工程、绿色制造工程、高端装备制造业创新和智能制造。最后，所谓"十"，就是"十个重点领域"，即：新一代信息通信技术产业、高档数控机床和机器人、航空航天装备、海洋工程装备及高技术船舶、先进轨道交通装备、节能与新能源汽车、电力装备、新材料、生物医药及高性能医疗器械和

---

① 王晓玲（责任编辑）：《工信部长苗圩解读"中国制造2025"》，2015年5月19日，载：http://companies.caixin.com/2015 – 05 – 19/100810484_all.html#page2。
② 王晓玲（责任编辑）：《工信部长苗圩解读"中国制造2025"》，2015年5月19日，载：http://companies.caixin.com/2015 – 05 – 19/100810484_all.html#page2。
③ 王晓玲（责任编辑）：《工信部长苗圩解读"中国制造2025"》，2015年5月19日，载：http://companies.caixin.com/2015 – 05 – 19/100810484_all.html#page2。
④ 王晓玲（责任编辑）：《工信部长苗圩解读"中国制造2025"》，2015年5月19日，载：http://companies.caixin.com/2015 – 05 – 19/100810484_all.html#page2。

农业机械装备。这些领域为中国制造业实现由大变强，高端引领要在哪些技术上突破提出了方向，也是实现制造业强国必须达到的基础技术目标。

这就是整个中国制造业"中国制造 2025"战略的主要内容。从内容上，不难看出，"中国制造 2025"强调的是提高现有的工业制造水平和技术水平。

2. 德国"工业 4.0"方案

为了在新一轮工业革命中占领先机，在德国工程院、弗劳恩霍夫协会、西门子公司等德国学术界和产业界的建议和推动下，2011 年在汉诺威博览会上，德国首次提出了"工业 4.0"的概念。这个概念背后蕴藏着巨大的价值创造潜能和技术革新力。所谓"工业 4.0"就是标志着以信息物联系统（CPS）为基础的第四次工业革命，反映了工业经济数字化、信息化、智能化、网络化的发展趋势。因此，"工业 4.0"的三大主题就是"智能工厂""智能生产""智能物流"。

德国"工业 4.0"的主要特点可以概括为：一个核心、两个重点、三大集成、四个特征和六项措施。① 一个核心就是"互联网＋制造业"，企业将把它们的机器、存储系统和生产设施融合到 CPS 中，构建智能工厂、实现智能制造。两个重点分别是"领先的供应商策略"和"主导的市场策略"。三大集成是指：企业内部灵活且可重新组合的纵向集成，企业之间价值链的横向集成，全社会价值链低端到高端工程数字化集成。四个特征为：生产可调节、产品可识别、需求可变通和过程可监测。六项措施分别为：一是实现技术标准化和开放标准的参考体系："工业 4.0"会涉及不同公司的连接与集成。必须开发出一套统一的共同标准，这种伙伴关系才能形成。二是建立复杂模型管理系统，以便更好地管理日益复杂的生产和产品体系。三是要建立一套综合工业宽带基础设施："工业 4.0"的基本前提就是要有足够安全、覆盖面广的高质量通信网络。四是要建立生产安全保障机制：企业生产的安全和保障是智能生产体系成功的关键要素。一方面生产本身和产品不能对人类和环境造成危害；另一方面要防止设备和产品被滥用或被盗用，尤其是产品中所附带的数据和信息。五是创新工作组织和设计：在智能工厂中，员工的角色将发生巨大的转变。实时控制日益精准，这将改变工作的内容、过程和环境。这也为员工提供了机会，使其承担更大的责任，同时让其更好地自

---

① 邹力行：《深度分析：德国工业 4.0 与中国制造 2025 比较》，《国际金融报》2015 年 10 月 26 日，第 19 版。

我发展。所以，要创新工作组织和工作设计，设置提高员工参与性的工作设计和终身学习方案。六是加强培训和持续的职业教育。

总的来说，德国"工业 4.0"是一个革命性的基础性科技战略，它的立足点并不是单个技术的提升，而是要从制造业最基本层面上进行变革，使制造业基本的技术手段、经验同当今的生产技术的特点相融合，提出创新的解决方案，从物、人、市场、经营方式、生产模式等全方面进行创新和改革，从而实现整个工业发展质的飞跃，保证德国制造业强国的地位。

三 中德合作的可能性与成果

1. 合作的可能性

不管是"中国制造2025"还是德国"工业 4.0"都是两国的重大战略，是为了提高两国的制造业水平或在未来领导制造业发展方向提出来的。但相比较而言，"中国制造2025"更偏向于单个工业领域某些单个技术的发展。这更多的是因为中国工业技术基础和产业基础都比较薄弱，在工业技术发展上不能一次性实现质的飞跃，必须依照产业升级规律，结合自身特点，一步一步进行。在改造传统行业的同时，发展新型产业，使传统与现代相结合。

而德国"工业 4.0"寻求的是从"工业 3.0"阶段跨越到"工业 4.0"阶段，实现"质的变化"。德国"工业 4.0"的实现过程，更多的是对一个国家基础科学研究成果的考验，很多细节方面的任务目标，都是要以"高、精、尖"的理论知识为依据。因此，在德国"工业 4.0"实施的具体措施中，有加强科学基础研究、改善科学基础研究条件、提高科研创新能力的内容。而我国的基础研究相对比较薄弱，应用型研究领域较强，这会导致我们的科研创新能力后劲不足。

因此，结合两国各自方案的特点，两国制造业发展的特点以及现状，中德双方在这两个战略政策下，是可以很好地进行合作互补的。

一是互联网、大数据、云计算等产业在中国各大互联网公司整合消费端的黄金十年里，已经形成了明显的技术优势和市场竞争优势，而且技术和发展远超德国同类型公司；而德国企业在制造业领域有着雄厚的根基，在自动化技术和嵌入式系统领域有着核心技术和手段。

二是中国拥有庞大的制造型企业和消费群体，对德国高技术、高质量的产品有着特殊的偏好。双方企业的合作与对接，有利于各自企业在对方国家的市场开发。目前，中企和德企都把各自国家看作投资的重要市场。

三是中国产业结构调整，产业转型升级等刚需，决定了中国企业对于智能化生产和数字化经济发展的迫切意愿。

四是在智能生产发展的今天，双方在制造业领域都想制定相对统一、适合的标准，引领制造业的发展方向，尤其是在国际竞争中，能够与美国抗衡。

五是德国先进的制造业软件公司与中国企业已经深度融合。比如华为和SAP。中国和德国可以在这个框架下，一起分享理论、技术与市场。

六是中德两国都十分愿意推动"中国制造2025"和德国"工业4.0"的战略对接和深度融合。在双方的推动下，中德两国部委间的高级别协调机制和工作小组成为两国在这两个框架下合作的助力。

2014年10月，中德双方发表《中德合作行动纲要：共塑创新》，宣布两国将开展"工业4.0"合作，实现德国"工业4.0"和"中国制造2025"的对接。2015年10月，德国总理默克尔访华时，中德两国总理共同决定，以"一带一路"倡议为契机，推进德国"工业4.0"与"中国制造2025"的战略对接，其核心就是在新一轮科技革命和产业变革背景下，为制造业发展构建智能工厂、实现智能制造。

目前，两国已在各自的框架内，开展了不少合作，在智能制造方面的合作，已呈现多样性和多元性。比如在标准化领域，中德双方都有一些工作组，来开展相关的合作。在新能源汽车领域，双方在智能技术方面开展了研发合作，包括智能充电系统以及智能电网、智能电表等。双方的一些合作已取得卓越的成绩。

2. 合作的范例分析

下面结合一些成功的合作范例，来说明中德合作所蕴含的潜力。

（1）智能工厂：福田—戴姆勒工厂

福田—戴姆勒是落实"中国制造2025"对接德国"工业4.0"的首家企业，是中德双方合作精心栽培的汽车制造业"试验田"。其发展势头迅猛，影响广泛。2015年10月默克尔访华期间，还特别去参观了这一中德合作的结晶体。该合作项目充分结合了"中国制造2025"和德国"工业4.0"的要求，以及中德双方各自的需求：一方面，中国汽车制造业，尤其是载重汽车制造可以完成产业升级，顺利、快速地从传统的重卡汽车制造生产转向智能制造生产；另一方面，德国可以利用德国传统的制造业优势和市场，实现

"工业4.0"技术从理论到实践的转变，转化为经济效益，推动制造业的发展，抢占汽车制造业的高端发展市场。双方合作的具体成果主要可以概括为：

- **成效好：福田—戴姆勒——中德"创新合作"的典范**

福田—戴姆勒在"中国制造2025"战略和德国"工业4.0"背景下合作的典范项目，就是福田—戴姆勒欧曼全球数字化工厂的设立。欧曼全球数字化工厂的智能生产水平有着极高的代表性，它是中国第一座实现世界标准制造水准的重卡全球样板工厂，年产能高达20万台；其主线智能化程度达60%，物流最合理、效率最高、数字化管理极为完善，4分钟就可生产一台重卡。2014年，企业通过注入奔驰动力，引入戴姆勒卡车TOS+运营系统，在制造水准上同步戴姆勒奔驰，实现了技术与制造水准、研发与质量管理上的全面升级，取得了跨越式的进步。

- **有发展眼光，抢占未来重卡制造发展标准领域**

未来，制造业发展将是一场"标准"争夺战。谁能够掌握行业标准，便能屹立不倒。这也是"中国制造2025"战略将"智能制造过程"定为战略主攻方向的重要原因。而对于所有物流公司和司机而言，重卡作为一种生产资料，产品质量是重中之重，这关系到在货物运输过程中整车的稳定性和安全性。在这一背景下，福田戴姆勒欧曼摒弃陈规，开创了以中国为运营中心的新型合作模式。福田戴姆勒将投资5亿元，并由戴姆勒主导设计，引进戴姆勒的先进验证设备和技术，德国人"精益求精"的生产理念，在中国建一个欧洲标准的"重卡产品验证中心"，依照科学的实验方法，实现产品质量的全面提升和升级。这或许能为整个中国重卡行业树立一个品质典范。而欧曼由此整合欧系技术优势与中国制造优势，在此基础上，大幅升级整个生产标准，从而建立起先进的行业标准。

目前，在整个中国重卡行业，还没有一家重卡研发制造企业能专门设立产品验证中心，将产品质量全面上升到战略高度。

- **创新足：互联网＋智能汽车，演绎"新重卡时代"**

福田—戴姆勒汽车构建"智能重卡车互联网"，致力于实现"人、车、手机"的互联网信息交互。该平台吸收了奔驰重卡的智能化车队管理系统的精髓、未来，欧曼智慧重卡将实现远程诊断、实时油耗管理、驾驶管理、维保管理型车监测、行车配货、紧急求助等功能，从而打造出面向物流公司，具有高度车辆、人员、业务、货物管理便利性的"智能化车队管理系统"。

● 再深化：推动中国制造智能升级

近年来，随着全球制造业格局的变化，谋求制造业的转型与升级，成为全球范围内的共同命题。在"中国制造2025"中，明确要求"加快推进新一代信息技术与制造技术融合，把智能制造作为两化深度融合的主攻方向"。福田—戴姆勒作为中德"中国制造2025"和德国"工业4.0"框架下合作的示范性项目，从一开始合作就将"智能"应用于生产过程、产品开发层面。比如，福田—戴姆勒汽车2013年底导入OTD体系，关注汽车从生产接受订单到交付的整个流程。2014年，导入TOS＋运营系统，推进了管理构架、目标体系、物流优化、车间管理、共为改善、人员培养六大方面的工作，形成了具有福田—戴姆勒汽车特色的精益制造系统。

"中国制造2025"三十年大战略就是为了在未来工业发展中，在制造业的转型与升级中，占据先机。福田联手戴姆勒，借助德国"工业4.0"，引领中国重卡制造业再升级，从目前发展来看，是必然而可行的。因为双方"英雄所见略同"，一致看齐"智能制造"，说明双方有更长远、更广阔的合作空间。从重卡市场的未来发展趋势看，价格不再会成为购车行为中的主导地位，取而代之的是"排放标准、智能化、高效物流"。通过接轨德国"工业4.0"，吸纳德国制造业标准化、精益化、高智能化优势，有利于福田—戴姆勒重卡制造的转型升级，乃至中国汽车制造业再升级。

（2）蓬勃发展的中德产业园

随着"中国制造2025"和德国"工业4.0"对接的深入，除了一些典型的示范性项目之外，近几年，蓬勃发展的中德工业产业园的发展，为中德两国企业在两个方案框架下的合作，为两种方案的对接，提供了广阔的发展平台。借助这些平台，可以实现中国制造庞大的"量"与德国所代表的、世界先进工业制造的"质"握手，推动中国制造业向高端化、智能化发展的华丽转身。中德产业园区的发展为中国制造对接德国"工业4.0"，推动中国制造向中高端迈进的新途径，创新与发达国家合作的新模式，构建中德两国高层次合作的新平台提供了示范性经验。目前，中德产业园发展已上升为国家战略。而这里不得不提到的是中德沈阳高端装备产业园。

● 中德沈阳高端装备产业园

众所周知，沈阳是中国东北的老工业基地。整个东北都面临着产业升级、产业转型的局面。随着德国"工业4.0"和"中国制造2025"战略的出台、对接和融合，沈阳的中德高级装备制造产业园成为中国制造业与德国

"工业4.0"有效对接的重要平台。

在发展定位上，中德沈阳高端装备制造产业园是两国在两个技术框架下合作的试验区，是开放型经济新体制探索区，是国际先进装备制造业发展示范区，更是创新驱动和绿色集约发展的引领区。该中德产业园区的发展，目的就是推动沈阳市制造业向数字化、网络化、智能化转型升级，实现"中国制造2025"与德国"工业4.0"的融合发展。

据报道，目前中德沈阳产业园重点推进项目达到74个，其中智能制造项目10个，先进机械制造项目14个，汽车制造项目30个，工业服务项目14个。世界著名的机器人制造商库卡、西门子电控及信号系统项目、德国绿城等已开始在此选址对接，在环保、智能制造、汽车制造等方面开展全方面合作。

中德沈阳工业园区位于沈阳的铁西区。铁西区工业企业超过3000家，规模以上企业482家，跨国公司超过100家。德国在沈阳投资的60余家企业中、宝马、采埃孚、巴斯夫、贺利氏等22家企业集中在这里。尤其是宝马，它将全球技术最先进的整车工厂、发动机工厂以及本土之外的唯一研发中心，也设在了铁西区。这样中德沈阳产业园区就有了浓厚的国际化氛围。这些都为更多的德国企业进驻该园区打下了坚实的基础。

中德装备园集中体现了德国"工业4.0"的三大主题：智能制造、智能工厂、智能物流，会成为"中国制造2025"和德国"工业4.0"对接的重要载体。

- 佛山中德产业园

除了中德沈阳高端装备工业园区，目前在建的青岛（中德生态园）、芜湖、揭阳（中德金属生态城）、太仓（中德中小企业合作示范区）、合肥（国家中德智能制造国际创新区）、佛山等各具特色的中德产业园区蓬勃发展，正在成为中德创新合作的高地。

以中德佛山工业园区为例，活跃的民营经济是佛山经济的特色，庞大的制造业基础是佛山傲人的资本，这些得天独厚的条件，转化为中德工业服务区引资、引智的最大优势。

从2012年挂牌至今，5年来佛山市委、市政府积极借力该平台，实现中国制造庞大的"量"与德国所代表的、世界先进工业制造的"质"的握手，从而推动佛山迈向国家制造业创新中心。在佛山中德服务工业区的推动下，还成立了"中德工业城市联盟"，助力"中国制造2025"与德国"工业

4.0"的深度对接。许多佛山的民营制造业企业已经借助中德产业园区这个平台，迈开了对德"走出去"的步伐。例如，瀚蓝环境与欧洲领先的环保企业德国瑞曼迪斯成立中外合资公司，首个在佛山的危废实体项目（5万吨/年）已在进行前期准备。瑞曼迪斯集团是德国最大、全球领先的环境服务企业之一，在废弃物处理领域，尤其是危险废弃物处理、处置领域拥有世界先进的技术和管理经验。瑞曼迪斯集团拟在佛山中德工业服务区内设立瑞曼迪斯华南总部暨佛山市绿色工业服务中心项目，将与瀚蓝环境共同在南海区和三水区建立一个涵盖工业危险废物收集、运输、存放、综合再利用、焚烧及填埋的综合性处理中心。

佛山的另一家上市企业大自然家居，认购ALNO股本中550万股新股，并从惠而浦（Whirlpool）购买ALNO已发行股本中的现有137.5万股股份，认购完成后，大自然家居共持有ALNO 687.5万股股份，成为ALNO的第三大股东。ALNO集团主要从事厨具及配件的开发、制造及销售，其总部位于德国的普富伦多尔夫，在全球64个国家拥有约6000名商业合作伙伴，并在法兰克福证券交易所上市，大自然家居借此次收购获得了德国的技术和人才。

另一家顺德上市企业广东万和新电气股份有限公司也顺应最新潮流，在2017年5月宣布和总部位于德国黑森州韦茨拉尔市的博世集团热力技术事业部强强联合，双方将共同筹建合资公司，对合资公司分别持有一半股权。合资公司将致力于电热水器、太阳能热水器、热泵热水器及供热系统的研发和生产，并将分别在佛山和合肥设立工厂。

四 中德合作存在的困难

虽然两国在对接过程中，已经取得了不少令人欣喜的成绩，但是，中德两国的合作也面临不小的困难和挑战。

1. 数据安全保护和标准制定

数字经济需要一个受保护的虚拟空间，尤其是对工业数据而言。要想成功发展"工业4.0"，就必须保护带来创新成果的企业及科研机构研发人员和工程师的"主权"。他们必须拥有数据的"管辖权"。就数据本身而言，它不会为你带来价值，数据的技术也不会让你的产业更先进，数据必须转成信息后才会对产业产生价值。而工业大数据对于生产价值来讲，核心就是工

业物联网。① 而工业物联网和"工业 4.0"的前提是具有针对性，因而实现
比现在更智能的安全存储（云解决方案）和数据交流的大幅提高。从今天的
制造业现代化转型到未来的智能生产，需要把管理员与操作员互动的数据，
设备机群的数据、流程质量相关的数据，通过传感器和控制器网络进行整
合。② 在这个过程中，大数据和云计算是整合的核心技术。大数据环境中的
数据管理与分配对自我意识设备和自学设备至关重要。因此，数据的质量、
安全，数据保护、访问控制等方面，都是关键。只有相同及相关行业企业愿
意交换一定数据，这些方案才能充分发挥潜力。而交换的前提，就是数据安
全的保障。

推进"工业 4.0"，在全球都面临着信息安全、工业互联标准缺失以及
系统整合复杂性等挑战。"中国制造 2025"和德国"工业 4.0"对接，说到
底，是要求数据沟通的顺畅和安全。所谓的智能化，它所要求的前提，也是
对大量数据的处理和掌控。数字化是"中国制造 2025"的奠基石，包括工
业数据采集（数据处理、后生命周期数据）云端的大数据科技、数据管理
（传感、网络技术，一致有效的数据结构，数据处理方式等）都是未来工业
数据化的推进方向。可是中德两国之间在数据保护方面缺乏信任。目前尚未
修订完毕的中国《网络安全法》中，有一项规定，要求企业除了强制履行数
据本地化义务，还需向官方提交加密数据的解密路径。此类规定吓退了很多
德国企业，将可能成为中德两国在"工业 4.0"领域和"中国制造 2025"和
"工业 4.0"对接过程中最大的障碍。到目前为止，中德两国都还没有签订
具可操作性的《中德网络安全协议》。这会极大阻碍中德企业在两个框架下
的合作和沟通，从而阻碍中德企业在生产智能化、数字化的转变过程中的对
接和合作效果。想实现端到端全生命周期管理都基于数据来驱动，需要更大
范围、更大维度的信息交流，需要用开放的心态推动信息共享和信息交流。

另外一个问题是工业互联网标准的制定问题。互联网是有标准的，而工
业互联网是没有标准的，需要在数据传输层面达成国际统一标准。在生产实
践中，企业之间数据互联需要借助统一标准来实现，从而实现数据的安全对
接和交换。合理且现代化的工业互联网标准将为工业生产的质量和智能化提
供助力。因此对于工业互联网标准制定的争夺，其实是国家产业实力之争，

---

① 张礼立：《工业大数据是德国工业 4.0 的核心驱动》，《智慧中国》2016 年第 1 期，第 36 页。
② 张礼立：《工业大数据是德国工业 4.0 的核心驱动》，《智慧中国》2016 年第 1 期，第 37 页。

是对未来国际市场话语权的争夺。作为标准的制定者,在未来工业发展的大潮下,一定会更有先机。

但是,由于双方之间的信任度问题,以及安全、法律等原因,中德两国在产业数据交换问题上明显滞后,甚至可以说是停滞不前。德国抱怨中国的产业政策依靠随意更改的行政决议,在投资方面,对中德企业采取双重标准。德国希望,中国在产业政策方面,能够具有更多的法律保障性;而中方却抱怨德方企业实施技术保护,不愿意提供数据共享。因此,在制定工业互联网,智能制造标准等问题上,中德两国摩擦不断。

双方在数据安全保护和产业标准问题上的分歧,会成为"中国制造2025"和德国"工业4.0"战略对接最大的拦路虎。

2. 职业教育的滞后

智能制造是一场技术革新。不管是"中国制造2025"还是德国"工业4.0",这两个蓝图的实现,都需要高水平的职业技术工人来推动。智能制造的实现,会让制造业对于产业工人人数的需求降低,但是,对职业技术工人的素质提出了更高的要求。

德国传统重视职业教育,德国"双元制"的职业教育体系,为德国经济的发展输送了大量高质量、高水平的技术人才。德国制造业传统优势的维护和发展,离不开本国高质量、高水平的职业工人的奉献。德国推出"工业4.0"以来,德国职业教育也顺应时代的潮流,对职业教育的培养进行了革新,推出了专门针对"工业4.0"的职业技术工人培训,而德国的企业、高校也积极参与其中,职业教育不再局限在中等教育领域,而是向高等教育领域融通。

反观中国职业教育的发展,相对于中国经济发展的速度和智能化制造的发展,已经出现了滞后现象。随着智能制造的发展,智能设备逐步替代单一岗位技能的劳动者。中国职业教育体制下培养出来的技术工人,已经不能适应现代高智能化企业的生产模式。智能制造的发展,需要能够独立操控智能制造的自动化设备,掌握一定专业技能和相关专业知识的技术人员。他们需要具备足够的应变能力和沟通能力,具有创新能力,通晓国际规则和国际标准。

改革落后的职业教育培养体系,建立符合"中国制造2025"发展战略需要的技术人才培训体制,以及对现有的中低能水平的职业技术人才进行再培训,是"中国制造2025"和德国"工业4.0"对接中的关键一环。

3. 中德工业发展的不平衡性

虽然中国的经济取得了令人瞩目的成绩，建立了相对完善的工业体系，自主研发能力也在不断提高，但中国制造业大而不强确是不争的事实。而德国是老牌的工业强国，工业基础实力雄厚，工业生产标准本身层次就很高。相比德国制造企业的良好基础，中国制造企业的自动化水平参差不齐，在对接过程中，人员、资本以及对"工业4.0"的理解都存在差异。

中国制造业企业创新能力不足，产品附加值不高，总体处于国际产业链和价值链的中低端。与德国在"工业3.0"基础上迈向"工业4.0"不同，中国企业不仅要追赶"工业4.0"，还要在"工业3.0"，甚至"工业2.0"方面"补课"。

所以，在中国开展与德国"工业4.0"的对接时，中国企业需要更多的时间。这种发展水平的差距，也增加了中德两国技术对接的难度。

五　未来中德合作的前景

尽管"中国制造2025"和德国"工业4.0"的对接存在不小的困难，但是，在中德两国高层的推动下，中国对接德国"工业4.0"也还是取得了不少成就。"中国制造2025"对接德国"工业4.0"是双方战略发展的需要。中国制造业发展大而不强，生产的产品大多属于生产链的中低端产品。中国需要引进德国的高、精、尖技术，来发展和壮大自身；但是，中国拥有巨大的消费市场和劳动力市场；而德国是老牌的制造业强国，制造业基础发达、雄厚，但是需要更广阔的市场和发展空间。因此，两国在未来的发展中，具有很强的互补性。

双方现在所面临的困难，也是今后两国在对接过程中，合作的重点所在。智能制造是未来工业发展的方向，是一场社会革新。智能制造发展的关键就是智能制造工业标准的设计。中德两国在这方面已经开始起步，尽管在数据安全，知识产权保护方面存在分歧，但并非不可调和。中国企业要努力打造"工业数据空间"，建立可以安全交流数据的受保护网络空间。双方要进一步加强人文交流合作，增强互信，消除不必要的误解，尽快就《中德网络安全协议》达成一致，加快推动对接的速度。

不管是"中国制造2025"，还是德国"工业4.0"，都是由人来制定，并最终需要人来完成。没有合格的人，就完成不了这一历史任务。"中国制造

2025"和德国"工业 4.0"的对接，需要重视对劳动力技能培训的跟进。中德两国在职业工人的培训方面，可以进行合作。中国可以借鉴德国职业教育"双元制"教育体系，采取更加有效的措施，吸引企业参与进来，尤其迫切需要能够对接"工业 4.0"的中国企业。借鉴德国企业与大学合作的"双元制"职业教育新模式，培养高水平、高素质的，具有"匠心"精神的产业技术工人，这是两国战略对接成功的保障。

中国企业掀起对德直接投资热潮之解析

徐　清*

摘　要：中国企业正加快实施"走出去"战略，利用国际资源，开拓国际市场，攀登全球价值链的高端。近年来，中国企业掀起赴德投资的热潮，截至 2016 年，中国已经连续三年成为在德投资项目数量最多的国家。这与稳定健康发展的中德关系，德国经济的重要地位，以及德国作为投资目的地具有的明显优势都紧密相关。同时，中国企业到德国投资仍面临不少问题和挑战，需要政府、企业和社会共同努力、积极应对。

关键词：中国企业　对德直接投资　解析

一　中国企业掀起赴德直接投资热潮

近年来，我国加快实施"走出去"战略，增强企业国际化经营能力，致力于培育一批世界水平的跨国公司。作为开放型经济大国，面对国内环境、资源等要素约束趋紧，以及国际贸易和投资格局的变革，需要进一步统筹国内国际"两种资源、两个市场"，树立全球资源配置的战略思维，主动融入世界经济，抢抓发展新机遇，充分利用国外的资源和要素优势，更好地从全球获取人才、资金、技术、市场、资源，拓展发展新空间，在国家间实现资源和要素的合理流动与重新组合配置，全面参与国际资源配置领域的产业分工和市场竞争，形成资源全球化配置的新格局。在企业"走出去"的进程

---

* 徐清，江苏省社会科学院世界经济研究所助理研究员。

中，我国正积极培育具备技术开发能力和形成世界级品牌的大型跨国公司，从被动嵌入全球价值链转向主动实现全球价值链的控制力，将本土企业打造成全球价值链的链主，增强企业全球价值链整合与国际化经营能力，从而全面提高开放型经济水平。

据 2017 年 6 月联合国贸易和发展会议发布的《2017 年世界投资报告：投资和数字经济》显示，2016 年中国以 1830 亿美元的对外直接投资总额首次成为全球第二大投资国。这表明我国的"走出去"战略已取得了明显进展。其中，对德国的投资尤其耀眼。中国连续三年，即 2014~2016 年，成为在德投资项目数量最多的国家。据德国联邦外贸与投资署发布的《2016 年外国直接投资报告》显示，2016 年中国在德投资项目数量为 281 个，分别高于 2015 年的 260 个和 2014 年的 190 个。这些项目均为绿地投资项目或扩建项目，不包括收购与并购在内。这 281 个项目预计将为德国创造至少 3900 个工作岗位，远高于 2015 年的 1170 个岗位。根据中国商务部统计，2016 年，中国对德投资流量为 29.45 亿美元，同比增长 258.6%，存量达到 88.27 亿美元。

从行业上看，中国企业投资主要分布在商业与金融服务领域，达 27%；机械制造与设备为 11%；电子与半导体行业、汽车行业各为 10%。从投资的业务范围上看，中国企业投资最多的是销售与市场支持，为 44%，其次是商业与服务业，为 15%，零售为 13%，制造与研发为 11%。从收购并购项目数来看，中资 2016 年对德企收购的项目数仅占所有外资对德企收购项目数的 3%。但中资对德并购项目则有显著增长，达到了 1707 项，是 2015 年的 4 倍。中资并购项目虽然数量不多，但金额巨大。中国在德并购额从 2015 年的 12 亿欧元激增至 2016 年的 110 亿欧元，而德国在华并购额为 35 亿欧元，这使得 2016 年成为首个中国在德并购额超过德国在华并购额的年份。在这些并购项目中，最引人瞩目的当属美的并购德国工业机器人巨头库卡，这一并购项目一波三折，最终德国联邦经济和能源部 2016 年 8 月决定不对库卡并购案启动涉及德国对外经济法规的审查程序，从而为这一并购项目亮了绿灯。

二 中国企业赴德投资的原因分析

企业"走出去"的首要问题就是走到哪里去。近些年来，华为、三一重工等中国知名企业纷纷走向德国，徐工集团还获得了北威州 2013 年最佳投资奖，成为首家获得该奖项的中国企业。那么究竟为什么会掀起中国企业赴德投资热潮呢，德国对于中国企业具有怎样的吸引力呢？

德国是欧洲第一、世界第四大经济体。尤其是 21 世纪以来，欧洲接连遭遇次贷危机和欧债危机这两次重大危机的挑战，德国不仅在两次危机中自身表现突出，而且成为欧盟各国携手共同应对危机的中坚力量，在欧盟发挥了"稳定军心"的作用。德国位于欧洲中部，基础设施完备，交通便利，劳动者素质高，教育和科技水平领先，尤其重视实体经济发展，德国产品在世界上拥有极高的声誉。中国社会科学院世界经济与政治研究所发布的《中国海外投资国家风险评级报告（2017）》显示，在全球 57 个评级对象中，德国排名第一，是中国海外投资最安全的国家。

除此以外，中国企业掀起赴德投资热潮还可以归结于以下几点原因。第一，中德关系稳定健康发展，经贸关系尤为紧密。中德两国自 1972 年建交以来，在政治、经济和人文上联系日益紧密，合作不断深入，总体上保持了稳定健康发展的态势。2010 年，两国建立了战略伙伴关系。2014 年，两国关系被提升为全方位战略伙伴关系。两国经济优势互补，互利共赢惠及人民。2016 年，中德贸易额达 1512.9 亿美元，占中国与欧盟贸易额约三分之一，中国首次成为德国最大贸易伙伴，德国也是中国在欧盟最大投资国和技术引进国。德国企业来到中国投资使中国更多地了解了德国，对德国企业的管理和经营理念都有了一定的认识。多年以来，德国一直是我国在欧洲最大的贸易伙伴，中德经贸关系的快速发展，成为两国双边关系发展的助推器，而两国间的友好关系进一步促进了中德经贸关系的不断深入，从而也为中国企业到德国投资创造了良好的环境。德国技术与中国市场、德国品质与中国速度高度互补，双边经贸合作已经进入增效提速的关键期。随着"中国制造2025"与"德国工业4.0"深入对接，两国互惠合作将拓展新的领域，释放出更大潜力。

第二，欧债危机背景下德国经济一枝独秀，吸引中资力度加大。欧洲主权债务危机是继次贷危机后欧洲遭遇的又一场严重危机，与次贷危机不同的是，欧债危机是欧洲经济治理和社会发展深层次矛盾的爆发。这场危机导致欧洲经济下滑，影响了投资者信心，但中国对德投资却逆势上扬，这主要是因为德国经济在欧债危机中的表现可谓一枝独秀，不但自身没有发生主权债务危机，还保持了相对较高的经济增长。德国是欧洲稳定债务危机局势的中坚力量，可以说欧债危机凸显和巩固了德国在欧盟的重要地位。此外，德国也适时采取各种措施主动吸引外资。2011 年 6 月在首轮中德政府磋商中决定建立中德投资咨询联络处，为在投资中遇到困难和问题的两国企业提供咨询服务，进一步为两国间双向投资提供便利。德国不少地方政府还在我国举办各种投资推介会，开通中文网站，设立专门机构，介绍德国吸引投资的优惠政策，搭建中国投资者赴德投资的桥梁。

第三，紧密对接德国优势，中德双方互利双赢。德国作为投资目的地具有明显的优势，比如先进的技术、完备的基础设施、领先的教育和研发水平，高素质的劳动者队伍等。这些优势其实过去就存在，但为什么近几年才会掀起赴德投资的热潮？除了德国自身投资环境进一步改善之外，关键是由中国经济和中国企业现在所处的发展阶段决定的，具备了能够与德国优势有效对接的能力。改革开放近四十年来，我国已经拥有了一批有实力的国有和民营企业，具有资金、管理和人才等方面的优势，可以在国际市场参与更为激烈的竞争。同时，国内经济转型升级的要求恰恰可以与德国的优势找到契合点。中国投资的企业类型主要是德国的中小企业，并且是中长期投资，这尤其受到德国的欢迎。从行业来看，投资集中在德国的优势行业，比如机械制造，还有就是我国大力发展的战略性新兴产业。德国的中小企业拥有先进的技术和强大的创新能力，其中很多是隐形的世界冠军。中德两国企业可以在产业发展中相互借鉴，优势互补，共同开发产品，开拓市场。在面对中国的投资，特别是收购和兼并时，德方最重视的问题莫过于就业岗位，在这个方面，中国投资者不仅能够承诺保留现有岗位数量，还能进一步创造就业机会，这就大大降低了中国对德投资的阻力，使中德双方达成双赢。

三　赴德直接投资存在的主要问题

虽然德国投资环境良好，投资风险相对较低，但中国企业到德国投资仍需要克服不少困难，对于遇到的问题也要积极加以解决。特别是由于国情不同，我国企业还要在一些细节上多下功夫。第一，语言障碍和文化差异，中国企业要融入德国社会，只靠英语是不够的，应当要提高学习德语的积极性，并了解德国的历史、政治、文化和风俗习惯。在这个方面，来中国投资的外国人学习中文和中国文化的主动性似乎更高。德国人做事严谨，时间观念强，但也常常给人刻板、不善变通的印象，与德国人共事就需要了解他们的思维方式，以及行为处事的特点和风格。在跨国并购中，70%的并购没有实现期望的商业价值，而其中70%失败于并购后的文化整合，这就是著名的跨国并购"七七定律"。如果不能应对好文化差异，就可能造成误解和误判，甚至导致水土不服。第二，要善于与德国媒体打交道。德国媒体往往会戴着有色眼镜，片面看待来自中国的投资行为。中国企业应当采取更加积极的姿态，通过传统媒体和各种新兴媒体向公众展示其良好的投资意愿和社会责任意识，来打消德国公众的疑虑，改善舆论环境。第三，德国法律法规众多，条款规定细致入微。例如，德国的税收制度就非常复杂，不用说对外国人而言，就是德国本国的非专业人士常常也会觉得是雾里看花。中国投资者应认真学习有关税收的法律法规和知识，并依照德国企业的通常做法聘请专业的税务顾问，严格依法纳税，同时也应做好税务筹划，合理减轻税收负担。德国社会福利体系完善，工会力量强大，雇员的各项权益都以法律形式得到保护，中国投资者要积极适应德国的法律和政策环境，并严格遵守，避免造成不必要的矛盾和问题。第四，相对于绿地投资，德国社会近年来对来自中国的大规模并购投资非常担忧，要求政府修改外国投资法，并加强对外资审查的呼声不断。其实德国对并购投资的谨慎心理由来已久，在过去往往是出于对并购后就业岗位的考虑，而现在则更多的是出于对尖端技术转移的忧虑。例如2012年，潍柴动力为了获得重大关键技术高端液压技术，投资收购德国凯傲集团及其旗下林德液压的股权时，林德液压的工人普遍对此心怀戒心，凯傲集团则担心高端液压技术流失，在入股协议上特意加上了潍柴动力不得将液压技术带入中国的条款。

四 对德国直接投资的原则和路径

第一，要始终从自身优势和需求出发来选择投资区域和目标市场。抓住企业的比较优势，同时确定目标国德国的比较优势，合理对接，取长补短。市场开拓型的投资与追求高新技术、高端研发的投资在战略上具有明显区别，对德国投资将推动对外投资从以市场开拓为主向提升全球价值链控制力转型，突破由发达国家跨国公司所主导的国际分工体系，提升我国本土企业跨国经营、并购、研发的能力。第二，结合产业转型升级调整对外投资方向。国际经验表明，产业结构的转型升级可以在国际直接投资中实现。在德国这样的发达国家投资高新科技产业，利用其研发和管理优势，生产新技术产品，可以推动国内产业结构的提升，促进经济增长。第三，要遵循市场原则，明确企业的主导地位，坚持国有与民营企业并举、大中小企业并举、传统产业与高新技术企业并举，壮大"走出去"的队伍主体，把打造"走出去"骨干集团摆上更加重要的位置。加快培育一批具有核心竞争力和行业影响的骨干企业，形成"走出去"的中坚力量。第四，以优势产业"走出去"带动一批企业抱团"走出去"。从产品输出转变为产业输出，变单个企业"走出去"为整个产业链"走出去"，是一种抱团"走出去"的模式。这种方式"走出去"的效果更好，将改变过去单个企业在海外单打独斗、孤军奋战的局面，也可以避免同行业企业恶性竞争。同产业的企业抱团"走出去"有利于信息共享，资源整合，增强抗风险能力，提高国际谈判中的议价权和话语权。第五，企业"走出去"在追求利润、市场、技术和人才的同时，应该积极推动本土化战略，与当地经济社会以及人文发展紧密融合，肩负起企业的社会责任，树立起企业的良好形象。第六，"走出去"的方式很多，一般而言，采取并购的方式可能遇到的阻力会更多一些，但我国企业在德国并购的案例说明，如果能够积极保证和促进就业，照顾好员工的各项利益，就可以减少阻力，从而顺利完成并购以及并购后的整合。第七，"走出去"不仅仅是去投资，也是学习先进科学技术和管理方式的有效途径。许多中国企业都是奔着"德国制造"的声誉到德国投资的，通过学习和借鉴"德国制造"的经验，改进生产工艺，提升产品质量，努力打造"中国制造"的升级版。

五　推动我国企业对德国直接投资的政策建议

1. 整合完善融资和担保体系，深化推进银企合作，注重发挥好政策性银行的独特优势

完善金融支持体系是促进企业"走出去"的重要措施。第一，积极推进银企合作。建立银行与企业的合作平台以及信息共享平台，银行为企业提供绿色通道的便捷服务。对于一些特大项目可组织一家银行牵头，多家银行参与的银团贷款。第二，完善投资担保体系。设立以政策性融资担保公司牵头、企银担多方联动的企业"走出去"担保资金。第三，大力发展金融创新。支持金融机构加快创新步伐，逐步改变传统的盈利模式，针对不同类型的"走出去"企业设计金融产品，提供差异化的金融产品和服务，如加强离岸金融服务，提供出口应收账款质押贷款、海外资产抵押贷款甚至股权融资等形式多样的产品和服务。鼓励有条件的企业发行公司债、企业债、短期融资券和中期票据等债务融资工具。推进知识产权质押融资、产业链融资等金融产品创新。第四，注重发挥好政策性银行的独特优势。国家政策性银行是国家"走出去"战略的直接实施者，应充分体现其政策性、战略性和在战略目标下承担的风险性。积极与政策性银行建立战略合作关系，增加贷款额度，提高贷款的政策性贴息率和延长贴息期限，进一步优化贷款条件。发挥好政策性金融服务的带动引领作用，政策性金融通过融资支持与风险保障，使企业"走出去"的起步风险降低，从而逐步吸引商业融资参与。第五，重点解决中小企业"走出去"过程中的融资难问题及民营企业的融资担保等问题，为企业"量身定制"多元化、个性化的金融解决方案，逐步建立健全面向产业"走出去"的完备的金融服务体系。

2. 加大对外投资的财税支持力度，完善税收优惠和激励政策

财税政策对鼓励和规范我国企业对外投资具有重要的促进作用。第一，要认真落实国家有关的财税支持政策，积极支持企业申请国家的专项资金。第二，整合现有的各项扶持资金政策，加大扶持和补助力度，创新资金使用方式。财政资金要发挥好引导作用，积极吸引社会资本参与扶持对外投资。探索财政资金使用从事后补贴变为事前参与孵化的方式。再次，从税收支持政策的角度看，目前主要侧重于税收抵免等直接鼓励措施，应逐步过渡到加速折旧、延期纳税、设立亏损准备金等间接鼓励措施。可以借鉴国外的设立海外投资风险准备金的做法，特别是在战略性新兴产业对外投资方面，允许企业按一定投资比例计提海外投资损失准备金，计入当期费用在税前扣除。建立海外投资延迟纳税制度，即对公司未汇回的国外投资收入不予征税，这就如同从政府取得一笔无息贷款，既有利于企业减少筹资成本，又有利于解决企业资金周转的需要。当然，也要防止企业将利润转移并积累在避税地，利用延期纳税的优惠从事避税活动。复次，出台专门针对中小企业"走出去"的补助政策，设立中小企业海外投资基金。最后，做好税收服务工作，建立健全境外税收争端的专业援助体系，积极引导和鼓励纳税人增强维权意识。

3. 简化企业境外投资手续，积极完善备案制的实施

过于复杂的核准程序和过长的核准时间会导致对外投资成本上升，使企业错失最佳投资时机，影响企业"走出去"的积极性，因此，有必要对现有

的程序进行改革。实行备案制是加快政府职能转变的重要方面，是推动政府管理由注重事前审批，向注重事中、事后监管转变的模式创新。从核准制逐步向备案制管理方式转变主要体现在规范审批方式，减少审批环节，缩短审批时间，从而为中国企业"走出去"松绑。

实施备案制的同时，也要积极探索与之配套的监管与服务举措。加强事前咨询等信息服务工作，积极发展和推动非政府中介组织深入参与到对外投资各个环节中，做好事后监测与预警等服务。

4. 加强对政府支持政策的评估，及时调整和完善

对政策进行跟踪评估有利于提升政策的科学性、合理性和可行性，企业在国外遇到的情况和问题瞬息万变，及时掌握企业动向，可以适时对政策进行微调和预调。第一，明确对政策进行跟踪评估的范围，凡是政府出台的支持政策，尤其是提供的金融、财税和其他奖励鼓励政策都需要纳入政策评估体系。第二，政策跟踪评估的主要内容包含两个方面，一是不定期地对政策执行和资金使用情况进行跟踪检查，必要时将委托中介机构进行专项检查。坚决杜绝骗取国家优惠政策、挪用专项扶持资金的行为；二是对政策执行效果进行评估，跟踪反馈政策执行效果或难点，及时研究政策执行中的新情况、新问题。第三，加强企业"走出去"的统计工作，由商务部门负责每年对"走出去"工作做出报告，全面评估对外投资管理的效果与影响，为指导企业对外投资，调整对外投资政策和改善对外投资管理提出具体可行性建议。第四，借鉴美、日等发达国家经验，更加注重研究和制定企业"走出去"的后续政策支持，延长政府政策的支持链条，使其贯穿企业境外投资的全过程。与企业"走出去"的前期主要以金融和税收等支持政策不同，后续支持政策则主要在信息、咨询等方面。对于大型对外投资项目应有专人负责跟踪服务，及时了解企业信息和诉求，协助企业应对各类可能出现的风险。

5. 继续搭建和完善中德高层次政府间合作平台和交流机制

高层次政府间合作平台和交流机制有利于为企业"走出去"营造氛围，提供信息，创造机会，降低风险。首先利用好中德两国在国家层面已有的交流与合作机制，继续办好有关的投资合作推介会、中国企业跨国投资研讨会、投资考察等活动，增强互信。在此基础上，进一步建立联系协调机制和投资促进机制，为企业投资德国牵线搭桥，并协调和保障我国在德国投资企业和人员的利益。同时，商务、外事和侨务等部门协同合作，挖掘新的投资机遇，开拓新的投资领域，设立更多的投资促进机构或服务中心。

6. 建设综合性信息服务平台

企业"走出去"最大的问题之一就是缺乏信息以及信息不对称。政府部门在信息的采集和分析方面具有明显优势，应当建立可靠的综合性信息服务平台。第一，整合信息资源，由商务部门综合汇总由各政府机构、驻外机构、商会、中介组织、媒体等提供的信息，将信息进行分类，建立各种数据库，例如，国别投资环境数据库、境外合作项目数据库、国际承包工程招投标资料库、国际知名会展信息库，等等。国家主管部门发布的《对外投资合作国别（地区）指南》中的德国版报告主要是宏观信息，无法满足企业的微观需求，还需要建立行业、产业等信息库。第二，加强动态信息的搜集，及时捕捉投资机会，跟踪投资动态，监控投资风险。第三，重视信息的筛选，尤其注意加强对网络信息真伪的甄别，切实提高信息的质量。第四，加强对信息的分析和解读，充分发掘信息的价值，帮助企业更好地有效利用信息，减少企业对信息的误读和误判。第五，加强信息交流和信息共享，不因部门和地域的因素而产生信息保护主义，保证政府和企业、企业和企业之间的信息畅通。第六，尽早建立我国自己的信用评级体系，将各类信息转换为更具有相关性、及时性、可靠性以及可比性的信用评级信息，摆脱对国外信用评级机构的依赖。

7. 加速发展中介服务机构

目前对于企业"走出去"的各项配套服务都较为滞后，金融、保险、法律、会计、咨询等服务业未能同步"走出去"，使不少企业在德国感到孤立无援，企业对于德国提供的这些服务较为陌生，有些价格过于昂贵，对于中国企业的情况也不一定熟悉，因此，必须大力支持本国的配套服务业"走出去"，给企业以有力的支持。第一，鼓励金融和保险机构"走出去"，在德国设立分支机构，主要为企业提供融资和保险服务，同时也为企业提供一般性金融业务，而在海外并购融资时则可以深度参与，既可以随时为企业提供资金支持，也可以协助企业防范和化解金融风险。金融和保险机构要进一步与国际接轨，丰富金融产品，适应国际市场的规则。第二，推动我国的法律、会计、咨询等服务业国际化，培育大型的具有跨国服务竞争力的事务所，但这需要相当长的时间。法律服务业方面，由于我国律师业没有实行开放政策，在没有"引进来"的情况下就"走出去"困难很大，因此大力培养熟悉国际法律的人才是当务之急，主要是为企业提供基本的法律咨询。会计服务业方面，由于我国会计师必须取得国际专业资格才可以在当地注册执业，而且国际会计市场基本已由四大会计事务所垄断，我国会计事务所"走出去"也困难重重，目前也应该以为企业提供会计和财务咨询服务为主。咨询服务业也同样如此。因此，现阶段应着重鼓励法律、会计、咨询等服务业派出专门人才"走出去"，跟随企业在德国的经营活动。

8. 加快国际化人才的引进和培养

缺乏国际化人才是阻碍中国企业"走出去"的重要原因。我国与德国在语言、风俗习惯、价值观念、宗教信仰等方面都存在明显差异，国际化人才要求既要懂外语、熟悉德国环境、也要掌握一定专业知识技能，还要具有在德国独当一面的管理工作能力。政府和企业应当更加重视培养和引进国际化人才的工作。第一，在引进人才方面，实行人才本土化战略。在德国有不少华侨、华人、中国留学生，要充分吸引这些人才，国际化人才是国际定价，不能照搬国内的工资标准，要创新薪酬机制，做到能吸引人才、留住人才，激励人才。此外，必须吸引德籍人才加入，员工越多元化、本土化，企业国际化就越容易成功，比如联想的董事会里面有不少外籍董事，而欧美在华企业的高管很多都是中国人。在体制机制上，民营企业吸引外籍人才没有制度障碍，但在国企当中，在人才引进机制上进行改革势在必行。例如，外籍人士在国企中是否有顺利的职业上升通道，外籍高管是否能进入国资背景的母公司董事会，这也是国有企业"走出去"终究绕不开的问题。第二，在培养国际化人才方面，可以由政府组织各类培训活动，凡有"走出去"意向的企业，都需要让准备派驻德国的员工参加培训，对德国当地的政治、经济、法律、文化等有充分了解。定期选派具有扎实的外语功底和管理知识的人才到德国大型跨国企业学习先进的管理经验。既要培养复合型国际化高级管理人才，又要培养在并购对象搜寻、调查评估和并购交易谈判方面的专才。考虑建立海外人员培训的专项基金，资助企业自己举办的培训活动或参加社会组织提供的培训。

9. 做好企业国际化宣传工作

做好在德国的宣传工作对于优化企业"走出去"的外部环境，促进企业不仅能"走出去"，而且能"走得稳""走得远"具有重要的意义。第一，对外宣传应当以塑造企业形象，打造品牌效应为重点，强调"互利共赢"的理念，积极展示企业在德国的发展对促进当地的经济社会发展的重要贡献，尤其应大力宣传企业实现的社会责任，通过企业从事的各类公益事业和活动来提高企业在当地的知名度和认可度。第二，外宣工作要善于用德国当地民众熟悉的语言和方式，增强针对性，对于当地媒体一些带有偏见的报道，要秉持对话、开放的态度，摆事实、讲道理，做出有理有节的回应。第三，创新宣传方式，加大宣传力度。利用各种传统和现代媒体，适当提高企业在德国媒体的曝光率，使当地民众更加了解企业。可以定期邀请当地社会的各界人士来企业参观，企业也可以走进当地的学校、社区举办各种形式的宣传介绍活动。加强企业的外文网站建设，用德语发布企业的年度报告。积极参加德国的各类展会和推介会，包括大学生就业招聘会，利用一切有利的时机增加企业的知名度，展示企业的亲和力。同时，也注重企业国际化在国内的宣传，树立我国企业国际化的典型和标杆，积极总结企业"走出去"的成功经验，从而形成示范效应，增强其他企业"走出去"的勇气和信心，带动更多的中国企业"走出去"到德国投资。

中德人文交流机制的内涵、特点与挑战[*]

闫　瑾　朱劼尧　董明智^{**}

摘　要：中德人文交流历史悠久，自新中国成立以来，共经历了三个发展阶段。近年来随着双边关系的发展，尤其是 2014 年中德"全方位战略伙伴关系"的推进，两国在人文领域的交流合作不断加深，2017 年 5 月"中德高级别人文交流机制"正式建立。本文以中德人文交流机制为研究对象，对其内涵、特点与存在的挑战进行了探讨。"中德高级别人文交流机制"涵盖教育、文化、媒体、体育、青年五个主要领域，具有交流领域广泛，重点突出；合作层次丰富，形式多样；参与机构众多，引领作用突出；与经贸合作互为促进等特点。虽然中德人文交流取得了丰硕成果，但仍面临民间力量参与不足、交流不平衡、媒体作用有限、缺乏科学评估体系等挑战，有鉴于此，本文也提出了相应的对策建议。

关键词：中德关系　人文交流　机制内涵

一　中德人文交流的发展历程

中德人文交流历史悠长，在 17 世纪便以传教士等形式开始了交流。17 世纪末和 18 世纪初，中国的瓷器、漆器、丝织品等在德国受到热捧，对德

---

* 本文得到中国人民大学国际关系学院双一流建设项目的支持。

** 闫瑾，中国人民大学欧洲问题研究中心副教授；朱劼尧，中国人民大学国际关系学院国际政治专业 2016 级硕士研究生，现为德国埃尔朗根 – 纽伦堡大学教育系访问学者；董明智，中国人民大学国际关系学院国际政治专业 2016 级硕士研究生，现为北京市东直门中学老师。

国文化产生了不可忽视的影响。19世纪末和20世纪初，中国的古代小说、诗歌、典籍和思想家们的学说在德国掀起了"中国文化热"。德国的哲学、文学也在中国受到了喜爱，在中国的"西学"中占据了重要位置。第二次世界大战结束后，中德两国都进入了新的历史发展阶段，中德人文交流也开启了新的发展历程。新中国成立以来，中德人文交流合作可划分为三个发展阶段。

从新中国成立到两德统一为第一个阶段，是中德人文交流的探索发展时期。二战后德国分裂为民主德国和联邦德国，分属于以苏联和美国为首的东西方阵营，中国与两个德国的人文交流也分别开展。同属于东方阵营的中国与民主德国迅速开始了人文交流，1951年，尚未正式建交的两国就签订了第一个文化合作协定，共同推广对方的优秀文化。这是自中德两国有交往以来，首次官方通过协议正式展开人文交流合作。1955年两国又签署了新的文化合作协定，对1951年的协定进行了补充，在广播、电视、科研等领域建立了合作关系。进入60年代后，中国与民主德国的关系开始恶化，文化交流几乎中断。70年代后期伴随着两国关系的缓和，文化交流逐渐恢复。冷战前期分属于东西阵营的中国与联邦德国进行着尖锐的政治与意识形态对抗，文化领域的交流极其有限。随着国际形势的变化，中国和联邦德国之间的关系缓和，1972年两国正式建交。1979年，两国签署了全面的文化合作协定，涉及科学、教育、文学、艺术、体育、新闻媒体、电影电视、语言培训、出版等多个领域，正式开启了人文交流合作。

1990年两德统一，民主德国并入联邦德国，中国与德国的交往就以中国与联邦德国这一条脉络延续下去，中德人文交流合作进入了第二个发展阶段，即稳步发展期。1993年双方签署了一系列的协议性文件，包括1994～1996年文化合作计划书和在华设立德意志学术交流中心办事处等文化方面的协议。2005年两国签署了新的文化合作协定，进一步拓展了双边文化关系。这一协定明确指出双方"进一步发展在各个领域和各个级别上的文化合作和伙伴关系"①，涉及教育、科研、艺术、体育、文物古迹保护等多个领域，是中德文化合作的纲领性文件。2011年中德两国开启政府磋商机制，涉及政治和经济、环境与社会问题以及科学、教育、文化与媒体三大领域，为全面推

---

① 《中华人民共和国政府和德意志联邦共和国政府文化合作协定》，http://tradeinservices. mof-com. gov. cn/b/2005 - 11 - 01/63715. shtml。

进中德战略伙伴关系开启了新篇章。磋商机制为两国部门间合作提供了直接的沟通平台，实现了科学、教育、文化与媒体领域合作的顶层规划。

2014 年中德关系升级为"全方位战略伙伴关系"和"创新合作伙伴关系"，出台了涉及 200 多项合作倡议和项目的《中德合作行动纲要：共塑创新》（以下简称《行动纲要》），中德合作，包括人文交流合作，开始迈入制度化、战略化、全面化和稳定化的高速发展阶段。《行动纲要》的第四部分强调了中德两国加深教育和文化领域交流合作的重要意义，明确规划了涉及科研、职教、文物保护、体育、旅游、媒体等十多项合作项目，为 2020 年前中德人文交流活动的开展指明了方向。[①] 2017 年，中德高级别人文对话交流机制成立，致力于整合现有成功但独立的项目和活动，为进一步加强人文交流搭建更高层次的平台。双方在该机制内确定重点发展领域，年度重点合作项目，拓宽交往渠道，丰富交流内涵，中德人文交流开始机制化进程。

总体来说，二战以来，中德人文交流合作随着两国政治关系的变化而变化。在第一阶段受东西方关系和双边关系波动影响，冷战结束后则随着两国政治关系的紧密而不断合作升级，和政治关系保持同速发展。经过多年的发展，中德人文交流在内容、形式、深度、规模上不断拓展，稳定的合作机制逐渐形成，成为政治、经济之外双边关系的另一重要支柱。

二　中德人文交流机制的内涵

中德人文交流涉及教育、文化、旅游、妇女等多个领域，内涵丰富。在中德高级别人文交流对话机制下，双方重点建设教育、文化、媒体、体育、青年这五个领域。其中，教育、文化是中德人文交流的传统重点领域，形成了多种交流形式和内容，成果丰富。近几年由于双方发展的需要，媒体、体育、青年领域交流日益频繁，展开了一系列的合作。

（一）教育

教育是中德两国人文交流的重要领域。从 20 世纪 80 年代以来，中德教育交流和合作发展顺利，呈现出合作规模大、重点突出、形式多样、政府支

---

① 详见《中德合作行动纲领：共塑创新》，http://news.xinhuanet.com/world/2014－10/11/c_1112772707.htm。

持力度强、合作对象广泛等特点。中德教育合作的主要形式为互派留学人员、互派专家和短期研究学者、校际交流、联合科研、联合研讨会等。[①] 合作重点集中在高等教育、职业教育和语言教学等领域。[②]

据统计，建交 45 年以来，中国赴德国留学 13 万多人次，德国来华留学近 8 万人次。中国已连续多年成为德国最大的国际学生生源国，2016 年中国在德留学人员超过 3 万，德国学生学者在华留学 8000 多名，屡创历史新高。[③]

中德两国政府在教育领域建有多个合作平台和机制，带动两国教育交流合作。

其一，中德政府磋商。中德政府磋商是中德两国之间级别最高、规模最大、议题最广的政府间对话机制，磋商原则上每两年举行一次，议题涉及政治、经济、教育、文化、科技、体育等多个领域。至今，中德政府磋商已经举办了四轮，两国教育部长在磋商中就联合设立"中德职教合作联盟"，共同建设"中德高教战略合作伙伴关系"，深化两国在职业教育领域的合作，促进两国人文交流等达成了一致。

其二，中德职教合作联盟。2011 年首轮中德政府磋商期间，在两国总理见证下，中国教育部与德国联邦教育与研究部共同签署了《关于共同设立"中德职教合作联盟"的联合声明》。中德双方组建了由政府、学校、行业组织共同参加的中德职教合作领导小组，每年定期举行会议，商讨合作战略；双方还在联盟框架下分别在重庆、上海、天津和青岛设立了中德职教合作示范基地，开展了一系列示范合作项目。

其三，中德教育政策战略对话。此对话机制由中国教育部与德国联邦教育与研究部共同建立。最初名为"中德高教战略对话"，曾于 2004 年、2005 年、2006 年分别在北京、德国、曲阜举行了三届。2009 年，为进一步加强合作，双方决定更名为"中德教育政策战略对话"，对话主题也由高等教育扩展到职业教育、语言教学等多个领域。

此外，两国还开展了中德语言年等活动，支持汉语和德语在对方国家的

---

① Rolf Stober, *Kooperation deutscher und chinesischer Hochschulen: Bestand und Bedarf*, Institut für Asienkunde, 2001.

② 中华人民共和国驻德使馆教育处网站，http://www. de-moe. edu. cn/article_list_read_one. php? id = 1957.

③ 《学习互鉴·文化交融——"中德留学 45 年"活动在京举行》，中德人文交流网，http://sino-german-dialogue. tongji. edu. cn/0c/a5/c7539a68773/page. htm。

推广，促进两国人文领域的全面交流。①

中德职业教育合作历史久、基础好，是两国人文交流的一大亮点。从1980 年中国国家教育委员会与德国巴伐利亚州开展政府对话达成职业教育合作共识算起，中德职业教育合作已成功走过 30 多年。中德两国在政府、学校和科研机构之间开展了广泛的交流与对话，成功举办了中德职教合作论坛、联合办学和开展师资培训、学生交流等合作项目。随着中德人文交流机制的建立，中德两国在职业教育领域的合作将进一步深入，并且向合作方式更加多样化，合作层次更高，合作领域更加广泛的方向发展。

中德职业教育合作模式主要有三种：政府间合作、校际合作和校企合作。②

第一，中德职业教育合作主要是由政府牵头，"自上而下"地进行。2011 年，中国教育部与德国联邦教育与研究部共同签署了《关于共同设立"中德职教合作联盟"的联合声明》，旨在于两国政府层面上促进中德职教合作效益和层次的提升。2017 年 5 月 24 日，国务院副总理刘延东出席"中德职业教育合作研讨会"并指出，"中国和德国都有着重视教育、崇尚创新的传统，都高度重视职业教育在发展经济、保障民生、促进就业中的重要作用。经济越发展，越需要高质量的职业教育。希望双方充分发挥优势，以实施'中国制造 2025''工业 4.0'等战略为契机，依托中德高级别人文交流对话机制，加强先进制造业等领域人才培养合作"。

第二，校际合作是中德职业教育合作项目的主流形式。一方面，校际合作可以实现资源共享。通过充分利用丰富的德国职业教育资源，发展本地区的职业教育和推进人力资源开发，可以达到"双赢"的目标。另一方面，校际合作还可以促进经验交流。通过借鉴德国经验，弥补中国职业教育在办学理念和管理水平方面的差距，提升中国职业教育整体办学水平。

第三，发展校企合作也是中德职业教育合作的重要模式。比如，中国与德国五大汽车制造商联合开展德系汽车机电技能型人才培养和培训，开发适合中国国情的机电一体化汽修培训课程标准。③

① 《中德教育合作平台和机制概况》，中华人民共和国驻德使馆教育处，http://www.de-moe.edu.cn/article_list_read_one.php? id = 1963。

② 《中德职业教育合作指南》，中德职业教育研究院，http://www.cd-gfb.com/article_19.html。

③ 《中德职教合作概况》，中华人民共和国驻德使馆教育处，http://www.de-moe.edu.cn/article_list_read_one.php? id = 1962。

（二）文化

文化交流是中德人文交流的重要内容，涉及美术、文物、音乐、电影、戏剧等多个领域。2005 年两国签署了新的文化合作协定，从各层级和各领域拓展双边文化关系，成为中德文化合作的纲领性文件，中德文化交流合作开始加速。2014 年的《行动纲要》对 2020 年前的中德文化合作重点进行了明确规划，成为开展合作的行动指南。中德文化交流合作主要通过三类组织机构实施：一是文化中心、博物馆、图书馆、音乐厅等文化机构。除了两国固有的常设文化机构外，中德两国各自或合作成立了一些旨在推动中德文化艺术交流的机构，如中德艺术交流创作中心；二是基金会和从事文化产业的公司，如德国艺术与教育国际交流促进会；三是民间的非营利性交流协会、组织，如中德文化创意产业协会。

中德文化交流合作主要有以下四方面内容。

一是互设文化中心并支持对方的文化中心在本国开展文化活动。根据中德两国政府签署的双边文化协定，柏林中国文化中心与德国设在中国的歌德学院享有对等地位。文化中心是中德开展文化交流最重要的机构，承担着多项任务，服务广大民众。柏林中国文化中心经常举办展览、图书推介会、文化知识讲座、音乐会和电影展映等活动，开设了舞蹈、绘画、太极、气功、烹饪等特色课程，设立有图书馆和阅览室，提供有关中国的最新资讯。歌德学院通过开展电影放映、音乐节、表演工作坊、作家论坛等多种多样的文化活动，"驻留项目""翻译赞助项目""互探——德中文化管理交流项目"等长期项目，促进中德两国艺术文化领域的交流与合作。

二是文化机构间的合作。中德两国博物馆、美术馆、剧院、图书馆和音乐厅之间以及在文化艺术数字媒介领域都开展了丰富的交流与合作。2009 年，中国文化遗产研究院与德国考古研究院签署了关于考古和文化遗产保护合作的谅解备忘录，开展联合工作，合作内容包括考古研究、人员培训、专家互访、学术交流、编辑出版等。2016 年，故宫博物院和柏林国家博物馆共同召开了第 34 届世界艺术大会·中德博物馆论坛，并签署了战略合作协议，将在理论、实践学术对话，公众服务，作品互展等多个方面展开交流与合作。

三是联合举办大型年度系列活动。2007 年 8 月～2010 年 10 月，中德共同举办了"德中同行"活动，旨在促进德中双方的相互理解。在历时三年的项目框架下，中德企业、各地政府、民众广泛参与，开展了丰富的文化活动，如"德中同响"音乐会，展示德国美食和风俗的"德国大道"活动。"德中同行"取得成功后，中德又携手推出交流年系列活动。自 2012 年以来，两国每年共同确立一个主题在两国举行系列活动，以进一步促进人文交流。为庆祝中德建交 40 周年，2012 年中国在德国举办了以"合作与对话"为主题的"中国文化年"活动，在德国 40 多个城市举办超过 500 场活动，通过音乐、戏曲、舞蹈、展览、对话、电影等多种形式充分展现了中国文化，促成了两国的艺术文化机构、艺术家的直接合作，为中德省州、城市之间的友好交流提供了平台。接着，2013/2014 年举办了"中德语言年"活动，2015 年为"中德创新合作年"，2016 年为"中德青少年交流年"，2017年是"中德旅游年"。

四是举办论坛、展览等活动。自 2013 年起，德国国际文化交流基金会与中国人民对外友好协会共同主办"瓦尔特·谢尔论坛"——中德文化论坛，旨在为与会者提供一个回顾中德文化交流历程、展望中德文化交流前景的全新平台。2015 年 5 月柏林举行以"感知中国"为主题的柏林亚太周。同年 5 月 13 日"中国 8——莱茵鲁尔区中国当代艺术展"开展，是中国当代艺术在德国最大规模的展览。"2016 中德青少年交流年"的框架下开展了"结伴创造艺术！德中大型艺术家驻留交流项目"，是中德近年来规模最大的艺术家驻留项目之一。

（三）媒体

媒体是民众了解外部世界的重要工具，在促进不同国家的人民互相了解、信任，塑造积极的国家形象方面具有重要意义。中德两国重视媒体交流合作，早在 1974 年，新华通讯社就与联邦德国德意志新闻社建立了正式的合作关系，开始了中德新闻媒体机制化的交流与合作。随着中德两国关系的密切，两国媒体对对方国家的报道也相应增多，其中不乏一些争议性内容。同时，相较于两国密切的交往，两国媒体间的交流则长期没有发展和突破。两国政府、媒体和学者都意识到了加强媒体间交流，消除误解和偏见，全面展示自身和了解对方的重要性，近年来建立了多种类型、多个层面的媒体交流机制，进行了有益的探索。

2008 年，德国罗伯特·博世基金会创立了"中德媒体使者"奖学金项目，每年资助 8 位中国记者到德国进行 3 个月的交流，参加有关德国和德国媒体概况的培训，并在媒体见习和德国多个城市进行考察。自 2011 年起，中国国务院新闻办公室和德国外交部每年联合举办"中德媒体对话"活动，这是首个中德政府间媒体交流机制，也是迄今为止中德媒体间规模最大的长期交流机制。两国的相关政府机构、媒体行业协会、重要媒体负责人和专家学者参与对话，讨论如何推进中德媒体间的合作交流，并就新闻领域的发展问题进行探讨。自 2010 年起，环球时报社和德国罗伯特·博世基金合作，每年共同举办"中德媒体论坛"。每届论坛邀请中国和德国主流媒体的高层各 10 位代表，围绕中德媒体之间共同关心的话题展开讨论。话题不局限于媒体领域，而是包括两国国内面临的城市化、环境等发展问题，价值观、言论自由等争议性话题，以及双边关系、世界局势等国际问题。这些话题包含了当下两国最关切的领域，有些甚至是两国存在分歧的敏感问题。而正是通过对争议性问题进行讨论，双方媒体得以更全面地了解事实，尝试从对方的价值、文化和身份来看待问题，有利于减少误解和偏见，也能丰富自身的思维和认知。

近年来的中德媒体交流活动已经取得了一定的成果。自 2012 年起，华为公司每两年发布一份题为《中国与德国——认知与现实》的调查报告，报告中对中德两国纸质媒体中涉及对方国家的报道进行了研究。通过对比 2012 年、2014 年、2016 年的研究结果发现，中国媒体对德国的报道比德国媒体对中国的报道要更正面，但正面报道的比例在下降，中性报道增多；同时，德国媒体有关中国的负面报道的比例显著下降，中性报道增多。可见近几年两国媒体对对方国家的态度更趋于客观，中德媒体交流取得了可喜的进展。但不可忽视的是，德国媒体有关中国的人权、法制等问题的报道仍然偏消极。除此之外，两国媒体都聚焦于对方的政治和经济领域，涉及文化和社会题材的报道较少，都没能全面地展示对方国家形象。①

（四）体育

体育也是中德人文交流机制的重要内容。

近代中德体育交流百余年的发展历程，大致可以分为三个阶段。第一，开创阶段（1863~1949 年），这一阶段中国引进了兵操和德国体操等，输出了围棋和武术等。第二，扩展阶段（1949~1990）。这一时期，中国与两个

---

① 《中国与德国——认知与现实》，报告详见 http://www.huawei-studie.de。

德国邦交正常化的先后实现和《中德文化合作协定》及《中德文化交流计划》等的签订，为中德体育交流创造了有利条件。双方体育的交流与合作从民间、半官方上升为包括官方的多层次交流。第三，发展阶段（1990年至今）。1990年10月，两德统一。中德两国高层互访频繁，中德关系进一步发展，这也为体育交流创造了良好氛围。1997年，两国签署了《中德1997-1999年文化交流计划》，双方更加重视体育交流。2008年，中国奥委会主席刘鹏和德国联邦内政部长朔伊布勒在北京签署了《中德体育合作意向书》，这是中德体育交流史上一个重要的里程碑。[①] 2017年，中德高级别人文交流对话机制建立，体育是中德人文交流重要领域之一。在机制首次对话期间，举办了中德足球合作成果展和举办青少年足球精英教练员培训班。

中德两国政府在体育领域构建的交流平台机制主要包括中德政府磋商和中德体育研讨会。

其一，中德政府磋商。中德政府磋商是中德两国之间级别最高、规模最大、议题最广的政府间对话机制，议题也涉及体育领域。2016年第四轮中德政府磋商联合声明中指出："中德交流年临近结束之际将在德国举办第六届中德体育研讨会。双方欢迎共同在2万所中国中小学培训足球教练的计划，愿加强青少年足球人才培养合作。"[②]

其二，中德体育研讨会。2008年，国家体育总局与德国内政部签署了《中德体育合作意向书》，决定创办中德体育研讨会。首届研讨会于2009年举办。从此，研讨会成为两国体育交往的亮点活动，两国每年轮流举办，中德专家先后就体育体制、体育法、体育管理、运动医学、体育设施、冬季运动项目等主题进行了广泛研讨，取得了显著成果。[③]

中德足球合作是中德体育交流的亮点。德国足球文化源远流长，曾多次获得世界杯冠军，有完善的青训体系和先进经验。中国领导人高度重视体育运动，明确提出振兴中国足球。2014年3月习近平主席访问德国期间，专门看望在德国训练的中国少年足球运动员。2017年7月，习近平在柏林参观了"中德校园足球合作"图片展，并观看了中德校园足球友谊赛。习近平在观

---

① 潘华：《中德体育交流百年回眸》，《体育文化导刊》2010年第7期，第135~138页。

② 《第四轮中德政府磋商联合声明》，外交部，http://www.fmprc.gov.cn/web/zyxw/tl371629.shtml。

③ 《第五届中德体育研讨会在深圳成功举办》，国家体育总局，http://www.sport.gov.cn/n16/n33193/n33208/n33463/n33883/7202043.html。

看比赛时指出，"中德两国足球合作正在不断深入推进。提高足球水平是一项系统工程，中方愿同德方加强足球领域全方位交流合作。相信在双方共同努力下，中德足球合作一定会结出更多硕果"。①

自改革开放以来，中德足球交流始终稳定健康发展。德国的施拉普纳先生是中国国家足球队第一位外籍教练，与中国足球结缘 25 年，促成 U16 中德青少年友谊赛；2016 年 11 月，中德两国签署首个中外国家级双边足球合作协议；② 2017 年 6 月，首届中德足球峰会在法兰克福举行，来自中德两国的足协、俱乐部的代表出席并进行密切交流。

中德足球论坛是双方足球合作的重要平台，于 2010 年、2011 年、2016 年举办了三届，论坛主要围绕青少年足球、足球产业、科学训练与比赛、科技团队、足球文化、足球管理体系、运动员教育和就业等内容进行了探讨。来自德方的专家、教练与中国足球界人士共同为中国足球的发展献计献策。③

足球合作是中德人文交流的亮点，校园足球合作尤为突出。2016 年 11 月，中德两国代表在柏林签署了足球战略合作文件，其中包括中国教育部与德国足协签署的《中德青少年校园足球战略合作协议》，这标志着两国将全面加强在青少年足球领域的交流与合作。2017 年 6 月，德国体育用品行业巨子阿迪达斯联手中国教育部和中国教育电视台推出中国首档官方校园足球教学片《天天足球》。中国正在大力发展校园足球，计划到 2020 年中国全国足球场地数量将超过 7 万块，将培训 5 万名校园足球教师，建设 2 万所中小学校园足球特色学校。④ 相信在双方共同努力下，中德足球合作一定会取得丰硕成果，促进两国人文交流。

（五）青年

青年是中德人文交流的重要参与群体，为中德关系的长期健康发展提供持续动力。中德在青年领域的交流合作可以分为两种类型，一种以加强中德青年交流为主旨，不局限于特定领域；另一种针对特定领域开展中德交流合

① 《习近平与默克尔观看中德校园足球友谊赛》，中德人文交流网，http://sino-german-dialogue. tongji. edu. cn/21/c7/c7542a74183/page. htm。
② 俞可：《人文交流应注重找准公约数》，人民网，http://theory. people. com. cn/n1/2017/0724/ c40531 - 29423381. html。
③ 张俊斌：《中德足球交往研究》，《体育文化导刊》2016 年第 10 期，第 14～18、44 页。
④ 《刘延东：中德足球合作前景广阔》，新华网，http://news. xinhuanet. com/ttgg/2016 - 11/26/ c_1119996514. htm。

作，以青年为主要参与对象。

加强中德青年交流的主要参与机构/部门为中国全国青年联合会（简称"全国青联"）和德国联邦家庭、老人、妇女和青年部。2006 年，全国青联与德国联邦家庭、老人、妇女和青年部签署了《关于青年领域合作的协议》，建立了中德青年政策对话和青年工作者定期互访机制，开启了青年交流合作的热潮。2010 年、2012 年和 2014 年，全国青联与德国青年部联合举办了三届"中德地方青年组织交流合作洽谈会"。自 2012 年起，全国青联和德国墨卡托基金会每年合作举办"中德未来之桥——青年领导者交流营"项目，项目为期十年，以促进中德两国优秀青年领导人才之间的交流与对话。全国青联还与德法青年办公室合作，实施中德法三边青年交流项目。全国青联与德国青年联盟、德国社民党青年团、德国青年体育联合会等组织建立了交流合作关系。[①]

青年是中德两国交流合作的重要参与群体，在教育、体育领域甚至是主要参与者，这两个领域的交流合作发展也促进了青年间的交流。除此之外，在农业、科技、创业、艺术等领域，一些项目活动以青年为目标群体，促进该领域青年的交流合作。2015 年，中德两国农业部签署了《关于开展中德青年农业实用人才能力建设项目的意向书》，旨在培养具有国际视野和较高管理水平的中国青年农业经理人，使其成为德国农业企业和机构与我国合作的桥梁。2017 年 6 月，国家科学技术部、德国联邦教育与研究部共同主办了"中德青年创新创业合作交流周暨百名德国青年中国（江苏）行"活动，中德两国高校、科研机构和企业青年代表 300 余人参加。2010 年，北京团市委与德国勃兰登堡州体育青年联合会签署了合作意向书，确定双方在体育、文化、科技和培训等青年热衷的领域加强交流合作，形成互访机制。2012 年，中国国际青年交流中心和德国魏玛欧洲青少年教育与交流中心共同主办了"中德青年文化艺术交流营"。2016 年 7 月，教育部留学服务中心和中国驻德国大使馆教育处共同主办了"春晖杯"中德青年创客论坛。2016 年 11月，德国华人新能源协会主办了首届中德能源青年大会。2017 年 5 月，作为中德高级别人文交流对话机制首次会议的配套活动，中德青少年国际营地论坛召开，围绕青少年工作和校外教育情况、青少年营地发展及国际合作等主题进行了交流；中方还举办了青少年足球精英教练员培训班，请国青队德籍

① 中国外交部网站，http://www.fmprc.gov.cn/ce/cede/chn/sbwl/t833143.htm。

主教练拉斯为全国 U18 和 U16 年龄段队伍男女足球骨干教练员授课。

除此之外，2016 年，中德两国共同举办了以"交流、友谊、未来"为主题的"中德青少年交流年"。活动内容包括大中小学生交流、实习生和志愿者项目、中德校园足球合作、艺术院校和青年创新团队合作等，涉及教育、文化、体育、科技、语言等多个领域，共计开展了 250 多场活动，6 万多名青少年参加，极大地促进了中德青年之间的广泛交流。

三 中德人文交流的特点及挑战

经过多年的发展建设，中德人文交流已形成较为成熟的机制，具有交流领域广泛，重点突出；合作层次丰富，形式多样；参与机构众多，引领作用突出；与经贸合作互为促进等特点。但不可忽视的是，目前的机制仍存在一些问题和挑战，影响中德人文交流的实际效果。

（一）中德人文交流的特点

综合而言，中德人文交流主要有如下四个特点。

首先，中德人文交流领域广泛，重点突出。中德人文交流内涵丰富，涉及科研与教育、文化、体育、媒体、旅游、青年、妇女等多个领域，交流内容不仅包括信息往来、人员交往，还涉及领域发展、合作形式探讨等深层问题。同时，中德人文交流突出焦点领域，以双方关切的内容为合作重点，并随着两国各领域的发展情况和交流合作进展调整合作重点，满足双方实际的发展需求。冷战结束初期，两国交往较之现在相对有限，中德人文交流的重点领域集中在文化、科研与教育领域。随着两国交往广度和深度的增加，两国在旅游、媒体、体育等领域也有了更多的合作需求，人文交流的领域得以扩展。同时，各个领域的合作重点也在逐步调整。随着中国高等教育水平的提高和两国高等教育交流合作的成功，两国在教育领域的合作扩展到了中小学层面，并根据中国的发展需要及德国在职业教育领域的突出优势，使职业教育成为合作重点。在体育领域，近年来中国足球进行了重要改革，而德国足球在人员培养、管理等方面具有优秀经验，两国在足球领域具有巨大的合作空间，成为合作新重点。

其次，中德人文交流合作层次丰富，形式多样。中德人文交流涉及多个层次，形成了连接多个部门、机构、企业、民间团体、个人的交流合作网络。各参与主体通过论坛、培训、展览、资助等多种形式，开展人文交流活动。中德政府磋商机制、高级别人文交流对话机制作为人文交流的顶层设计，统筹协调教育部、文化部、科技部、国务院新闻办、全国青联、全国语委等多个部门机构。各部门机构指导组织下属机构和地方机构开展相应工作。企业和民间团体与政府机构合作或参与其项目，也自行组织项目活动。交流形式非常多样，大部分是不定期举行的活动和短期项目，也有一些定期举行的长期项目。"交流年"系列是中德人文交流打造的最成功的品牌项目，具有周期固定、主题鲜明、紧扣合作重点、参与部门机构众多、配套活动丰富、受众范围广泛的特点，取得了丰硕的交流成果。

再次，中德人文交流参与机构多，引领作用突出。机构是中德人文交流的重要执行者，其中政府机构和受政府资助的非政府机构为主体，缺乏政府资助的基金会、交流协会等非政府机构参与程度有限。中国文化中心和歌德学院是中德两国最重要的对外文化机构，肩负着语言传播、文化交流合作、国情宣传的重要使命，通过开设语言班，举办各类型的文化活动，提供奖学金等多种形式促进中德人文交流合作。在教育领域，国家留学基金委和德意志学术交流中心是中德交流合作的重要机构，通过提供奖学金和资助科研项目促进两国人才往来和科研合作。在青年领域，中国的全国青联和德国的青年联合会、体育青年体育联合会、墨卡托基金会是促进中德青年交往的重要机构。在文化领域，柏林中国文化中心、德国考古研究院、文化遗产研究院等机构是重要的对外交流合作机构。

最后，中德人文交流与经贸合作互为促进。中德两国密切的经贸关系带动了中德人文交流。如今的中德经贸合作超过历史上的任何时期。德国是中国在欧洲最重要的贸易伙伴，中国也是德国在亚洲地区处于第一位的经济伙伴国，双边贸易额在 2016 年达到 169.9 亿欧元。早自 2002 年起，中国就已成为位列美国之后，日本之前，德国在欧洲区之外的第二大出口市场。而德国进口最多的货物则来自中国。① 中德密切的经贸合作为加强人文交流奠定了良好的基础。同时，进一步密切两国经贸关系需要加强人文交流。要深入开展经贸合作，必须要对两国的发展需求、消费模式、经营理念及文化习惯等有深入了解。只有依托广泛的人文交流，并借此形成相互理解和信任的关

① 德国驻华使馆，http://www.china.diplo.de/Vertretung/china/zh/05 - wi/bilateral/0_Bilaterale_Wirtschaftsbeziehungen.html。

系，经贸合作才能持续稳定发展。

(二) 中德人文交流的挑战

尽管中德人文交流目前为止成果丰富，但仍存在一些困难和挑战，需要我们深入研究，积极应对。

第一，中国参与对德人文交流的民间力量不足，官方背景的机构为主体，非官方背景的企业、基金会、协会等参与度较低。德国在对外人文交流中，十分注重企业和社会力量的参与。例如，大众汽车集团设立文化交流基金，向两国 35 岁以下从事文化、教育、科学、媒体等领域工作的年轻人开放资助申请；克虏伯基金会中国奖学金项目连续 30 年为德国大学生提供语言课程和赴华学习机会。相比之下，在我国对德人文交流中，无论是在相对范围较窄的科技、体育领域，还是在实际范围宽广的文化、青年、妇女等领域，都呈现出较强的政府性、精英性，民间力量的角色并不突出。有能力支持项目活动的企业缺乏支持对外人文交流的意识，忽视了其中潜在的有利于自身发展的益处，如人才培养、技术交流等方面。民间协会在资金、运作、组织等方面能力不足，缺乏开展对外交流的经验。民间的基金会更多关注国内的教育、环境、城市化等发展问题，极少从事于对外人文交流领域。此外，中国参与对外交流的机构官方背景浓厚，开展工作时可能引起德国民众的疑虑，影响对外人文交流真正发挥民间外交的作用。相较而言，德国则通过将执行权下放给官方、半官方和民间机构，实现"权事分离"，给予了机构高度自主性，充分发挥其灵活性和亲民性，提高了民众的参与度。①

第二，中德人文交流在地区上呈现不平衡态势，不同的地区、城市享有的交流合作资源差距较大。目前中国参与对德人文交流的城市集中在东部地区，特别是沿海发达地区，而中西部及边远地区涉及少，并且都是大中型城市。省市在进行对外交流时大多依赖自身财政和资源，缺乏中央财政支持，因此，省市自身的发达程度影响其对外交流合作的开展。以友好城市为例，目前中国与德国建立了 76 对友好城市关系。其中，位于东部沿海发达地区的江苏（22 对）、广东（6 对）、山东（6 对）分列前三甲，而西藏、新疆、

---

① Otto Singer, *Auswärtige Kulturpolitik in der Bundesrepublik Deutschland：Konzeptionelle Grundlagen und institutionelle Entwicklung seit* 1945, Wissenschaftliche Dienste des Deutschen Bundestages, Berlin, 2003.

宁夏这些西部省份都没有城市与德国城市建立友好城市关系。①

第三，新媒体在人文交流中的作用还有待加强。虽然两国媒体交往已取得了一定的进展，但是德国媒体在人权、法制等方面对中国的报道仍然较为负面，不利于中国塑造积极的国家形象。同时，现有的媒体交流多集中在传统媒体，新媒体行业的参与相对较少。脸书、推特、微博、微信等新媒体兼具新闻传播、宣传推广、高频互动的多重功能，具有亲民性、即时性、传播性的特点，可挖掘新媒体在进行官民互动和民间交往中的潜在作用，从而塑造更全面的国家形象。

第四，中国缺少衡量对外文化交流活动效果的科学评估体系。中德双方开展了丰富多彩的交流活动，但每一个政府资助的人文交流项目的设计和实施都需要耗费大量财政资金，需要经过严格的事前和事后评估机制，需要预算、决算、审计监督，但目前其评估则呈现碎片化、短期化、不系统的特点。诚然，人文交流活动旨在建立信任、加强关系和增进相互理解，其影响是渐进的，很难在短期内评估其益处。但缺乏有效的评估机制，对外交流工作就难以有针对性地提高，影响交流效果，会造成大量的资源浪费，延缓了公共外交工作的进展。

四　加强中德人文交流的政策建议

（一）加强民间力量在中德人文交流中的作用

在中国对德人文交流过程中，要妥善处理好政府和民众的角色分工，加强民间力量的作用。一般而言，在人文交流的开启阶段，需要发挥政府的动员力量和搭桥作用，因而这一时期政府的引导角色可能会较为突出。然而，"国之交在民相亲，民相亲在心相通"。这也是人文交流的真谛所在。因此，随着时间的推移，人文交流应由"自上而下"逐渐过渡到"自下而上"和两者并举，更多地发挥地方、民间、个体的力量，使民众成为支持发展中德关系的核心。在这方面中国可借鉴德国的经验模式，将更多的权力下放给政府及非政府机构，如文化机构、基金会等，充分发挥其在搭建交流平台中的

---

① 中国国际友好城市联合会网站，http://www.cifca.org.cn/Web/SearchByZhou.aspx? guojia = %B5%C2%B9%FA。

亲民性、非官方性等优势特征，吸引更多的普通民众参与到活动中。①

此外，在对德人文传播方式上，有必要采用"精英与平民"的目标群体双轨并行模式，既要注重精英舆论对大众舆论所具有的引导性和疏导力，又要注意中德人文交流的"社会驱动力"与"平民浪潮"，重视对德国高校、智库、劳工组织、利益集团等非政府机构的对口交流。

（二）借助"一带一路"倡议，促进中西部地区对德交流

借助"一带一路"倡议，挖掘中西部城市发展潜力，促进对德人文交流。人文交流在推进"一带一路"建设中具有重要地位，有助于推进民心相通、构建政治互信、深化经贸合作。② 而且，"一带一路"建设的三大支柱是互联互通、产能合作和人文交流。作为"一带一路"建设的三大支柱之一，人文交流迎来了重要的发展机遇。

目前中国参与对德人文交流的城市集中在东部地区，特别是沿海发达地区，而中西部及边远地区涉及少，并且都是大中型城市。针对区域不平衡问题，我国应为欠发达的内陆城市提供更多的政策倾斜，协助其发掘自身文化资源，开展对外文化交流工作。"一带一路"倡议为我国中西部城市的发展提供了良好的契机，为推动文化、教育、体育等领域的人文交流提供了重要的历史机遇。可借助"一带一路"倡议的框架，挖掘中西部城市的发展潜力，促进对德人文交流。

（三）加强中德体育交流，推进中国足球发展

加强中德体育交流，推动中国足球振兴。德国足球文化源远流长，曾多次获得世界杯冠军，有完善的青训体系和先进经验。德国足球也曾跌入低谷，他们重新崛起的成功经验值得中国借鉴。

首先，重视青少年足球人才培养。德国足球的成功，得益于广泛的群众基础，特别是从 2002 年以来，德国加强了青少年足球人才的培养。据德国民调显示，在被采访的近 2 万人中，有 5.1% 的民众将足球当作首选的运动，

---

① Otto Singer, *Auswärtige Kulturpolitik in der Bundesrepublik Deutschland: Konzeptionelle Grundlagen und institutionelle Entwicklung seit* 1945, Wissenschaftliche Dienste des Deutschen Bundestages, Berlin, 2003.

② 邢丽菊：《推进"一带一路"人文交流：困难与应对》，《国际问题研究》2016 年第 6 期，第 5 ~ 17 页。

他们每月参加足球活动 7.9 次，每次耗时大约 97 分钟，18 岁的学生中，约有 15% 的人每天都踢球。正是这种对足球运动的热爱与投入，才营造了德国深厚的足球文化，铸就了德国足球世界瞩目的战绩。①

其次，大力发展校园足球和教练培训。2001 年，德国的学校就开展了校园足球项目，德国全日制学校下午一点后就没有课了，让孩子踢球或参与体育锻炼。为了解决校园足球教师紧缺问题，德国足协于是推出了"2000 + 计划"（每年培养超过 2000 名足球教师），5 年时间共培训了超过 10000 名足球教师，其资金来源于足协和社会各界的赞助。② 目前，我国也正大力发展校园足球，计划培训 5 万名校园足球教师，建设 2 万所中小学校园足球特色学校。中德双方可以就校园足球发展进行深入合作交流。

最后，完善运动基础设施。1959 年，战败后的联邦德国经济十分困难，但是德联邦议会和政治界一致认为民族复兴要从强健民众的身体做起，推出了体育"黄金计划"，共耗资 174 亿马克修建了 67095 个体育设施，其中包括儿童游乐场、足球场、体育馆、游泳池等。这些场地设施免费向公众和各地协会开放，其经费来源也得到了社会各界的支持，"黄金计划"为足球及其他运动的兴盛，奠定了扎实基础。③ 这一经验值得中国借鉴。

（四）借鉴德国职业教育经验，促进中国职业教育改革

我国与德国的职业教育合作已有 30 多年历史，取得了一些成就，也存在许多问题，如职业院校毕业生就业不对口，职业院校招生难等。中德双方需进一步加强职业教育合作。

首先，加大企业参与程度。职业教育是与经济、市场联系紧密的教育，要搞好职业教育建设，企业的热心参与不可或缺。国家应出台相应的政策，在税收和补助等方面给予企业倾斜，鼓励企业参与职业教育。同时，学校也要积极配合企业，鼓励专业教师定期参加培训和实践，适当地从企业里招聘有从业经验的技术人员担任专职教师。④

其次，制定新的培养方案。根据德国的经验，就业市场的需求决定了职

---

① 《中德足球大腕齐聚法兰克福峰会将掀起中德足球合作的新高潮》，http://sino-german-dialogue. tongji. edu. cn/0c/99/c7542a68761/page. htm。
② 张俊斌：《中德足球交往研究》，《体育文化导刊》2016 年第 10 期，第 14～18、44 页。
③ 张俊斌：《中德足球交往研究》，《体育文化导刊》2016 年第 10 期，第 14～18、44 页。
④ 刘传熙：《中德职业教育差异探讨》，《中国职业技术教育》2016 年第 26 期，第 81～84 页。

业院校的办学方针、发展模式和教学理念，而劳动力市场却处在动态的演变过程中，高职教育发展须与其保持同步。纵观我国高职教育十几年发展的历程，对在校生实操能力的培养依然与企业现实岗位标准存在差距。为此，职业院校应该积极引入企业岗位标准和真实案例，并与企业专家联合制定人才培养方案，加快专业课程的项目化教学改革。

最后，打造"双师"教学团队。职业院校一线教学任务应该由具备全面专业职业素养的真正意义上的"双师型"教学团队完成，即要求他们不但应拥有专业理论知识，还应该具备相关行业岗位实际操作能力。[①] 为了保证以上能力同时具备，需相应提高高职教师的"限制门槛"，即除了拥有相应专业的学历、学位和相应等级的教师资格证书外，还须获得职业技术等级资格，并不断参加行业、企业和教育部门举办的专业技术、教学能力的继续教育培训，以获取相应培训证书，进一步将其作为高职教师的绩效考核、薪酬管理的重要依据，鞭策教师在日常教学工作中不断提升自身能力。

（五）加强中德媒体交流，力争塑造全面的中国形象

充分发挥媒体作用，塑造积极的中国形象。

其一，加强中德媒体教育合作。可以为中国媒体专业学生提供奖学金，鼓励中国学生赴德交换学习，为其提供在德国媒体实习的机会。同时，也应吸引德国媒体专业学生来中国交换学习，通过亲身体验，增进对中国的了解。

其二，中国应充分发挥新媒体的作用。中国媒体应利用脸书、推特等国外热门社交平台，采用亲民化、符合当地文化特色及语言习惯的方式，灵活使用视频等新颖的形式宣传中国，塑造积极的中国形象。

（六）建立科学的人文交流评估机制

建立科学评估体系，对中德人文交流过程和结果进行综合评估和评价。为了保证中德人文交流的可持续发展，政府必须有意识地建立相应的科学评估体系，对中德人文交流的过程和结果进行综合评估和评价。科学的评估体系有助于及时发现中德人文交流中出现的问题，促进中德人文交流更好地发展。

---

① 牛曼冰、郭龙：《中德职业教育对比研究》，《中国成人教育》2015 年第 14 期，第 145 ~ 146 页。

此外，还可以建立人文交流信息数据库，对中德人文交流进行动态监测，提前进行危机预警。① 具体而言，横向上，可以建立包含中德人文交流各大领域的信息数据库，同时将语言、科研与教育、艺术文化、旅游、体育、媒体、妇女等领域纳入其中；纵向上，建立从地方基层到大中城市直至中央的"自下而上"的数据信息，形成对德人文交流的立体数据网络。同时，将中德人文交流过程中出现的民意民情变动、国家形象指数、孔子学院变化、友好城市缔结数量、留学生人数统计等有关信息分门别类地汇总到数据库中。在此基础上，根据数据库提供的数据，对中德人文交流状况进行动态监测，对可能会出现的问题进行危机预警。

参考文献

1. 韩冬临：《中外人文交流与国家形象构建》，中国社会科学出版社，2017。
2. 黄平，刘作奎主编《中国和中东欧国家人文交流：过去、现状和前景》，中国社会科学出版社，2017。
3. 巨慧慧：《中国与中东欧国家人文交流》，《学术交流》2016 年第 9 期。
4. 李文红，于芳著：《世界变革中的中德关系研究》，人民日报出版社，2017。
5. 李梦佳，房乐宪：《人文交流对中欧关系的政策含义——基于对中欧留学生交流状况的分析》，《国际论坛》2015 年第 4 期。
6. 刘传熙：《中德职业教育差异探讨》，《中国职业技术教育》2016 年第 6 期。
7. 牛曼冰，郭龙：《中德职业教育对比研究》，《中国成人教育》2015 年第 14 期。
8. 潘华：《中德体育交流百年回眸》，《体育文化导刊》2010 年第 7 期。
9. 邢丽菊：《推进"一带一路"人文交流：困难与应对》，《国际问题研究》2016 年第 6 期。
10. 许利平，韦民：《中国与周边国家的人文交流》，时事出版社，2015。
11. 杨松霖，孙凯：《中美人文交流：现状、问题与对策》，《江南社会学院学报》2016 年第 2 期。
12. 俞可：《以人文交流构建中德命运共同体》，《上海教育》2017 年第 19 期。
13. 赵启正：《公共外交与跨文化交流》，中国人民大学出版社，2011。
14. 张俊斌：《中德足球交往研究》，《体育文化导刊》2016 年第 10 期。
15. 张利华：《中欧文化外交及影响》，知识产权出版社，2014。

---

① 杨松霖、孙凯：《中美人文交流：现状、问题与对策》，《江南社会学院学报》2016 年第 2 期，第 33 ~ 38 页。

16. Cathcart A. "Soft Power Struggle: Ai Weiwei and the Limits of Sino-German Cultural Cooperation", 2011.

17. D'Hooghe I. "The limits of China's soft power in Europe: Beijing's Public Diplomacy Puzzle", in *Public Diplomacy and Soft Power in East Asia*, Palgrave Macmillan US, 2011.

18. Hartig F. "Confucius Institutes in Germany and the Limits of Debate", *Asian Currents*, 2011: 21 – 3.

19. Kurlantzick J. *Charm Offensive: How China's Soft Power is Transforming the World*, Yale University Press, 2007.

20. Maaß K J. "Aktuelle Herausforderungen der Auswärtigen Kulturpolitik", in *Deutsche Außenpolitik. VS Verlag für Sozialwissenschaften*, 2011: 584 – 602.

21. Rob Burns, Wilfried Van der Will. "German Cultural Policy: An Overview", *International Journal of Cultural Policy*, 2003, 9 (2): 133 – 152.

22. Schreiner P. *Außenkulturpolitik: Internationale Beziehungen und Kultureller Austausch*, Transcript Verlag, 2014.

23. Singer O. "Auswärtige Kulturpolitik in der Bundesrepublik Deutschland: Konzeptionelle Grundlagen und Institutionelle Entwicklung Seit 1945", *Wissenschaftliche Dienste des Deutschen Bundestages*, 2003.

24. Stober R. *Kooperation Deutscher und Chinesischer Hochschulen: Bestand und Bedarf*, Institut Für Asienkunde, 2001.

25. Weigl A. Auswärtige Kulturpolitik der Volksrepublik China: eine Untersuchung Kultureller Programme der Konfuzius-Institute in Berlin, Hamburg und Hannover, 2009.

谈一点希望和几点调研工作体会

梅兆荣[*]

　　在座各位都是研究德国和欧洲问题的专家、学者，在中国欧洲学会德国研究分会第 16 届年会之际，我想谈一点希望和几点调研工作体会。

　　根据我多年来的观察，在国与国的关系中，媒体和智库的作用很大。两国之间出现一些误解、偏见、成见，很多都与媒体的误导和智库散布的观点有关。我从一些德国朋友交谈中得出结论，欧洲国家对华决策的依据，首先当然是其驻华使馆特别是大使的报告，其次是欧洲商会的报告，然后就是媒体记者的新闻报道和智库学者的研究报告。媒体和智库虽然不是权力机构，但他们以自己的方式潜移默化地较大程度地影响民众和官方对中国的认知和两国关系，其中当然也有积极作用的正能量，但很多是片面的、不客观的，产生大量的负面效应。

　　最近，德国、欧洲媒体都在散布一种舆论，称中国在市场准入和投资机会方面跟欧洲"不对等"。欧盟甚至发表了一个材料，列出了它认为实行贸易保护主义的国家，有十几个是二十国集团（G20）成员，排名第一的是俄罗斯，第二名就是中国。其"根据"就是欧盟商会提供的报告、德国驻华大使的报告以及欧盟某些智库发表的报告。这是欧盟在对外关系中的一种伎俩，先给你戴上一顶帽子，施加压力，要你在市场准入、政府采购等方面让步。也就是说，先给你脸上抹黑，他们占领"道德制高点"。据我多年来的分析研究，西方政界这种手法似乎有一种不成文的"理论"，就是先制造舆论，不管其论点是否客观、真实、全面，即使根据不足甚至是捕风捉影，只

---

　　* 梅兆荣，中国前驻德国大使。

要在舆论上散布出去了，受众脑子里就会留下某某对你不利的印象。那么我们应当怎样应付这种伎俩？我想我们的智库、学者、媒体应该发挥作用，利用我们的知识、智慧和方式发出声音。首先是正面宣讲我们的政策、理念、主张和实际情况。现在我们国家全面深化改革的战略布局和外交上的新思想、新理念和新举措很多，西方多数人是不了解或不理解的，甚至是有偏见的。我们应用通俗易懂的语言和对方能够接受的方式，进行有力的宣传解释，批驳一些诬蔑不实之词，抵消他们散布的疑虑、曲解和妄议，从而减少误解、偏见和成见，这应是我们学术界应有的使命担当。这方面，我深感中国的智库做得还不够，我们的软实力没有充分发挥出来。智库、学者也要依问题导向开展研究工作，了解实际存在的问题，然后进行有针对性的深入研究，做对症下药的应对。当然，这样做要实事求是，讲道理，而不是武断地批驳。

我跟德国人打交道长达半个多世纪，从德国人民身上学到了不少东西，但也有一个深刻的体会，即中国的儒家思想讲究"谦让"，而经过启蒙运动的欧洲人却不认可。"谦让"在中国人看来是美德，一些欧洲人，特别是其精英和政客却把我们的"谦让"视作"窝囊"。他们常常表现出一种特点，就是个人的权利不容侵犯，如果你自己的权利被剥夺了还不理直气壮地说出来，说明你这个人"窝囊"，连自己的权利都不懂得维护。由此我得出结论：特别是德国、欧洲的一些政客只尊重"讲理的强者"，就是说，他们对敢于理直气壮地捍卫自己正确观点或正当权利的人只会"尊重"。

在当前形势下，智库的重要性越来越突出。我体会，智库起作用，就要体现国家的政策，为中国的民族和国家利益服务，而不是写些不痛不痒、不针对问题、充满抽象概念的学术性文章。我常常在想一个问题：毛主席1949年说中国人民站起来了。确实，政治上我们是站起来了，经济上也开始进入世界前列，但我们的知识界在精神上是否也已经站起来了？我们的政治定力是否足够坚定？有时我读到一些文章，似乎是在贩卖西方的观点。对西方的观点，我们要了解、研究，但是否像西方商品那样加以接受并转手贩卖给我们中国的受众，就值得考虑了。所以，我希望德语界的同行，要有坚定的中国政治定力，发挥中国软实力应有的正能量作用，这在当前错综复杂的国际斗争中尤其重要。

下面我谈几点调研工作的粗浅体会。第一个问题，什么叫调研，调研的目的是什么？我长期从事调研工作。我的理解，调研就是认识客观世界，就是把客观真实的情况弄清楚，用恰如其分的文字加以表述。调研两字，一个是"调"，另一个是"研"。调，就是把相关的客观情况统统收集起来，包括各种现象和观点，然后在此基础上进行分析研究，去粗取精，去伪存真，透过现象抓本质。

分析研究既要同横向比，也要从竖向比；既要看到对我有利的一面，也不要放过对我不利的一面；要敢于把真实情况全面地如实反映。有人说，上面领导喜欢听好消息，如果反映坏消息，领导看了不高兴。在我看来，作为唯物主义者或者说严肃的学者，应该敢于反映真实情况。我长期在国外一线工作，养成了前线哨兵的本能，就是重要情况要及时向中央报告，以使中央根据真实可靠的情况正确决策。报喜不报忧，喜事浓墨重彩，坏事轻描淡写。我认为这是责任感缺失的表现。

记得陈云同志曾说过，要"不唯上，不唯书，只唯实"。唯实就是要实事求是。毛主席曾说过，实事求是是我党思想路线的灵魂。温家宝总理对"解放思想"作过他的解读。他说，第一就是破除迷信，反对本本主义；第二坚持实践是检验真理的唯一标准；第三要有批判的思想和创新的能力。搞调研不能人云亦云，要善于听取不同的看法，站在中国的立场上，以马克思主义辩证唯物主义和历史唯物主义的立场、观点和方法进行认真分析研究，最后做出判断。做到了这一条，才能给领导起真正的参谋作用。

调研和政策是有联系的。政策应建立在客观调研的基础上，即根据客观存在的情况，加上我方主观因素，即我们的利益和条件，决定我们的政策策略。政策要符合客观情况，但与客观情况不完全是一回事。无论是制定政策还是执行政策都要以调研为基础。有时政策定了，但是具体情况发生了变化，你就得根据新的情况调整观点。调研是认识世界，政策是改变或影响世界。有一种情况，上面是什么政策，我就跟着走，符合这个政策的材料我就引用，不符合的就把它舍去。这不是正确的调研态度。调研结论与政策不相符的时候，我认为应该客观反映，让相关领导和主管部门考虑调整政策。现在有一种情况叫"跟风"，上面有什么"风"，就研究什么并且按上面的意见去找根据，说得不好听，这是投机，不是实事求是的正确调研态度。

分析研究问题，有一个站在什么立场上看的问题。有一次我去某大学作形势报告，那里的党委书记讲了一句发人深思的话。他说，他发现社会科学和自然科学有一个很大的不同。自然科学只要有一个数据错了，整个工程方案就不能成立。盖房子如果数据不对，盖起来了也会塌下来。而社会科学的问题，怎么讲似乎都有道理，就是所谓"仁者见仁，智者见智"，关键是你站在什么立场，从什么视角，为谁的利益看问题。现在是信息爆炸的社会，各种信息和观点纷繁复杂。为了研究，要倾听各种观点，但要有自己的政治定力。就国际问题而言，就要站在中国的立场上，为中国的利益考虑问题，而不应是中立的，更不能站在西方的立场上说话。

最后一点调研工作体会：有位知名学者说，学者的特点是将简单问题复杂化，而官员的特点是将复杂问题简单化。这个说法的含义是什么，我不清楚。可能是一种批评，也可能是指各有千秋。我的看法，学术研究是重要的，官员应向学者学习，因为学者书本知识广泛，往往钻研得深一些，并把问题提升到理论高度。但我对所谓的"纯学术研究"不感兴趣，学者亦应重视官员的长处，因为官员了解实际情况，或者说更接地气。不管是学者还是官员，都要解决为谁服务这个问题，这一点是不能含糊的。

因时间关系，不多说了。总之，调研工作非常重要，但不是为了调研而调研，而是为我们国家的利益，为我们制定和执行政策服务。

谢谢大家！

图书在版编目(CIP)数据

动荡欧洲背景下的德国及中德关系 / 郑春荣主编
. -- 北京：社会科学文献出版社，2022.9
（德国研究丛书）
ISBN 978 - 7 - 5201 - 2306 - 8

Ⅰ.①动…　Ⅱ.①郑…　Ⅲ.①德国 - 外交关系 - 欧洲
联盟 - 文集②中德关系 - 国际关系史 - 文集　Ⅳ.
①D851.62 - 53②D829.516 - 53

中国版本图书馆 CIP 数据核字（2022）第 147664 号

德国研究丛书
动荡欧洲背景下的德国及中德关系

主　　编 / 郑春荣

出 版 人 / 王利民
组稿编辑 / 祝得彬
责任编辑 / 刘学谦
责任印制 / 王京美

出　　版 / 社会科学文献出版社·当代世界出版分社 (010) 59367004
　　　　　　地址：北京市北三环中路甲 29 号院华龙大厦　邮编：100029
　　　　　　网址：www.ssap.com.cn
发　　行 / 社会科学文献出版社 (010) 59367028
印　　装 / 三河市龙林印务有限公司

规　　格 / 开　本：787mm × 1092mm　1/16
　　　　　　印　张：16.5　字　数：288 千字
版　　次 / 2022 年 9 月第 1 版　2022 年 9 月第 1 次印刷
书　　号 / ISBN 978 - 7 - 5201 - 2306 - 8
定　　价 / 98.00 元

读者服务电话：4008918866